edition suhrkamp 2406

W0084012

Das Altern der Bevölkerung gilt als zentrales gesellschaftliches Problem der Zukunft. In seinem neuen Buch zeigt der bekannte Sozialwissenschaftler Franz-Xaver Kaufmann, daß diese These falsch ist: Nicht das *Altern* der Bevölkerung ist das Problem, sondern der *Rückgang* der Bevölkerung. Es werden zu wenige Kinder in Deutschland geboren, und dieser Mangel läßt sich auch nicht durch Zuwanderung beheben. Diesen lang tabuisierten Aspekt des demographischen Wandels rückt Kaufmann ins Zentrum seiner Untersuchung und zeigt die Zusammenhänge zwischen demographischer, wirtschaftlicher und sozialer Stagnation auf. Solange die deutsche Politik sich der Bevölkerungsentwicklung nur fatalistisch anpaßt, werden sich die wirtschaftlichen und sozialen Probleme langfristig verschärfen und die Zukunftsperspektiven in den kommenden Jahrzehnten weiter verdüstern.

Franz-Xaver Kaufmann ist Professor emer. für Sozialpolitik und Soziologie an der Universität Bielefeld. Im Suhrkamp Verlag hat er zuletzt veröffentlicht: *Varianten des Wohlfahrtsstaats* (es 2301) sowie *Sozialpolitisches Denken. Die deutsche Tradition* (es 2321).

Franz-Xaver Kaufmann
Schrumpfende Gesellschaft

*Vom Bevölkerungsrückgang
und seinen Folgen*

Suhrkamp

edition suhrkamp 2406
Erste Auflage 2005
© Suhrkamp Verlag Frankfurt am Main 2005
Originalausgabe

Satz: Jung Crossmedia Publishing, Lahnau
Druck: Nomos Verlagsgesellschaft, Baden-Baden
Umschlag gestaltet nach einem Konzept
von Willy Fleckhaus: Rolf Staudt
Printed in Germany
ISBN 3-518-12406-4

1 2 3 4 5 6 7 – 10 09 08 07 06 05

Inhalt

Vorwort

»Land ohne Lachen« betitelte DER SPIEGEL zu Beginn des Jahres 2004 einen ausführlichen Bericht über die niedrige Fertilität und den absehbaren Bevölkerungsrückgang in Deutschland: »Deutschland schrumpft – und ergraut. Die Bundesrepublik rangiert mit ihrer Geburtenrate unter 190 Staaten auf Platz 185. Vier von zehn deutschen Akademikerinnen verzichten auf Mutterglück und Mutterstress.«[1] Das ist ein bemerkenswerter neuer Akzent in der deutschen Publizistik. Soweit Zukunftsperspektiven der Bevölkerungsentwicklung überhaupt zur Kenntnis genommen wurden, dominierte bisher die absehbare Alterung der Bevölkerung die Diskurse. Noch Ende 2002, als ich dem Kulturwissenschaftlichen Institut des Wissenschaftszentrums Nordrhein-Westfalen in Essen einen Vortrag zu dieser Thematik ankündigte, gab ich ihm den Titel »Bevölkerungsrückgang: Tabu und Investitionslücke«.[2] Das Tabu scheint mittlerweile gebrochen, und der SPD-Fraktionsvorsitzende Franz Müntefering wie der sozialpolitische Sprecher der CDU/CSU-Fraktion Horst Seehofer waren sich in der Plenarsitzung des Deutschen Bundestages vom 6. November 2003 einig: »Wir haben in Deutschland mit Blick auf die Demographie nicht das Problem, daß es zu viele alte Menschen gibt, sondern daß es zu wenig junge Menschen gibt.« Und der neue Bundespräsident Horst Köhler sagte unmittelbar nach seiner Wahl unter stärkstem Beifall der Bundesversammlung: »Wie kommt es, daß wir in Deutschland immer weniger Kinder haben? Glauben wir nicht mehr an unsere Zukunft? Kinder bedeuten Neugier, Kreativität und Zuversicht. Kinder sind Brücken in die Welt von morgen. Wir müssen uns alle anstrengen, eine familien- und kinderfreundliche Gesellschaft zu werden.«

1 DER SPIEGEL, 2/2004, S. 38. Die von insgesamt elf Mitarbeitern recherchierte Titelgeschichte gibt mit weiteren Satellitenartikeln auf journalistische Weise einen beachtlich kompetenten Überblick über vielfältige Aspekte der Problematik.

2 Ich danke dem Direktor des Kulturwissenschaftlichen Instituts, Prof. Dr. Jörn Rüsen, für die Einladung als ›Senior Fellow‹ im Sommersemester 2003. Die Einladung als ›Senior Fellow‹ wird mit der Erwartung einer Publikation des ausgearbeiteten Vortrags verbunden. Hier ist das Ergebnis!

So beschwörend hat noch kein deutsches Staatsoberhaupt zur demographischen Lage gesprochen. Aber vielleicht kam die seinerzeitige nachdenkliche Frage des Bundespräsidenten Richard von Weizsäcker, ob wir dabei seien, uns Kinder einfach abzugewöhnen, der Problemlage näher. Über die Ursachen und die Konsequenzen aus der nunmehr öffentlich akzeptierten Diagnose gehen die politischen Meinungen nach wie vor weit auseinander. Und der wissenschaftliche Aufwand, um mehr Klarheit in die verwickelten Zusammenhänge zu bringen, bleibt in der Bundesrepublik nach wie vor bescheiden. Hierzu beizutragen ist das Ziel dieser Schrift.

Die demographischen Befunde sind recht eindeutig und werden hier nur kurz resümiert. Vor allem soll es um die *mutmaßlichen Folgen* der absehbaren demographischen Entwicklung und die daraus zu ziehenden Konsequenzen gehen. Denn obwohl das entscheidende demographische Ereignis, nämlich der brüske Geburtenrückgang zwischen 1965 und 1975, nun schon drei Jahrzehnte zurückliegt, werden sich dessen wirtschaftliche und soziale Konsequenzen im wesentlichen erst in der Zukunft zeigen. Es ist eine Eigenart demographischer Prozesse, daß sie sich sehr langsam entwickeln, aber dafür auf die Dauer eine um so größere Wucht entfalten. Das ist noch keineswegs ins öffentliche Bewußtsein gedrungen. Unsere gegenwärtigen wirtschaftlichen und sozialpolitischen Schwierigkeiten sind *noch nicht* demographisch bedingt. Die Bundesrepublik befindet sich im Gegenteil aus demographischer Sicht immer noch auf der günstigen Seite, allerdings nicht mehr lange. Wir müssen also über Zusammenhänge sprechen, die sich empirisch noch nicht in eindeutiger Weise belegen lassen, denn Deutschland ist der »Pionier« der sogenannten *lowest fertility*, wie die internationale Demographie das Phänomen bezeichnet. Es geht also im folgenden vor allem um die Formulierung theoretisch plausibler Zusammenhänge aus der Sicht unterschiedlicher Disziplinen, insbesondere der Ökonomie und der Soziologie. Es geht darum, die Anschlußstellen zwischen Demographie und anderen Forschungsfeldern bzw. Wissensgebieten auszuleuchten. Und es geht schließlich darum, Perspektiven für mögliches politisches Handeln zu formulieren – so gut das eben geht.

Trotz der nun erwachten öffentlichen Aufmerksamkeit bleibt die wissenssoziologische Beobachtung richtig, daß die demographische Problematik in der Bundesrepublik in Wissenschaft und Politik bisher gleichermaßen vernachlässigt, wenn nicht verdrängt wurde. Der Umstand, daß das Thema nun die öffentliche Tagesordnung erreicht hat, bedeutet keineswegs, daß nun ein vernünftiger Umgang mit der Problematik zu erwarten ist. Noch immer sträuben sich maßgebliche Politiker und die meisten Sozialwissenschaftler, der Problematik die erforderliche Beachtung zu schenken. Das ist angesichts des historischen Schattens der nationalsozialistischen »Bevölkerungspolitik« einerseits verständlich. Es ist andererseits nicht hilfreich in der gegenwärtigen, durch einen glücklicherweise völlig anderen Kontext bestimmten Situation. Deshalb sollen auch die bisherige Verdrängung des Themas, ihre Gründe und alternative Begründungen im folgenden dargestellt und diskutiert werden.

Mich selbst hat die demographische Problematik in ihren wirtschaftlichen und sozialen Zusammenhängen seit meiner Dissertation begleitet.[3] Ein Stipendium der französischen Regierung bot mir 1957/58 die Möglichkeit, das Ende der Vierten Republik in Paris zu erleben und am dortigen, noch auf einem Stockwerk zusammengedrängten *Institut National d'Études Démographiques (INED)* die in Frankreich seit dem Ende des 19. Jahrhunderts virulente demographische Problematik zu studieren. Alfred Sauvy, dem damaligen Direktor des INED, verdanke ich die breite interdisziplinäre Orientierung auf Bevölkerungsfragen, welche ich auch im folgenden zu entfalten suche.

Frankreich war das Pionierland des ersten Geburtenrückgangs, der dort bereits in der ersten Hälfte des 19. Jahrhunderts einsetzte. Frankreich wurde – etwa hundert Jahre später – auch zum Pionierland einer auf die Mehrung der Geburten orientierten Familienpolitik und darf heute als eines der wenigen europäischen Länder gelten, die sich einigermaßen im demographischen Gleichgewicht befinden. Wie Deutschland befinden sich vor allem die südeuropäischen Länder infolge ihrer andauernd niedrigen Fertilität derzeit in demographischer Hinsicht auf einem abschüssigen Weg, wo eine regressive Entwicklung sich zu beschleunigen droht; und die meisten Länder Osteuropas scheinen ebenfalls auf diesen Weg einzuschwenken. Unter den Prozessen

---

3 Franz-Xaver Kaufmann: Die Überalterung – Ursachen, Verlauf, wirtschaftliche und soziale Auswirkungen des demographischen Alterungsprozesses. Zürich u. St. Gallen 1960.

des sozialen Wandels gehört der demographische Wandel zu den langsamsten. Auch eine mögliche Besserung der demographischen Lage ist nicht kurzfristig zu erwarten. Unsere Vorväter wußten, daß man Bäume für seine Enkel und Urenkel pflanzt. Diese Haltung müssen wir wieder lernen.

Für Hinweise und freundschaftliche Ratschläge zu diesem Vorhaben, die ich allerdings nur teilweise befolgt habe, danke ich Karl Gabriel, Lutz Leisering und Kurt Lüscher. Zu danken habe ich auch Frau Elsbe Lüch für vielfältige Hilfen, insbesondere für die Herstellung der Tabellen und Grafiken.

Bielefeld, im Dezember 2004   *Franz-Xaver Kaufmann*

1. Kapitel

Wachsen ist leichter als Schrumpfen

1.1 Überblick

Die neuzeitlichen Transformationen im Verhältnis von Natur, Mensch und Gesellschaft, die wir heute vorzugsweise als Modernisierung bezeichnen, sind vielfältig und verschlungen. Lineare Entwicklungen sind selten, Spannungen, Diskontinuitäten und Schwankungen um einen Trend die Regel. Eine Ausnahme bildet die nahezu gradlinige Verlängerung der durchschnittlichen Lebensspanne der Menschen in Europa seit dem Beginn der Industrialisierung zu Ende des 18. Jahrhunderts. Vorher bewegte sich die mittlere Lebenserwartung bei der Geburt in Europa mit starken Schwankungen im Bereich unter dreißig Jahre. Um 1840 betrug sie in England und Skandinavien bereits 40 Jahre, ein Wert, der im später industrialisierten Deutschen Reich erst um 1890 erreicht wurde. Vor dem Zweiten Weltkrieg lag die durchschnittliche Lebensspanne in Europa in der Größenordnung von 60 Jahren, um 1960 bei 70 Jahren und heute bei 80 Jahren. Ein weiterer Anstieg in den kommenden Jahrzehnten wird von nahezu allen Experten erwartet. In Europa verlängert sich derzeit die mittlere Lebenserwartung von Geburtsjahrgang zu Geburtsjahrgang um zwei bis drei Monate.

Das Leben der Menschen hat sich im Zuge der Industrialisierung nicht nur verlängert, sondern ist auch freier, gesünder, sicherer und vielfältiger geworden. Das ist im wesentlichen eine Folge des Zusammenwirkens von wirtschaftlicher und politischer Entwicklung, von Rechtsstaatlichkeit, Marktwirtschaft und Demokratie. Diese Entwicklung vollzog sich zudem im kulturellen Kontext von Christentum und Aufklärung, der Anerkennung von Menschenrechten und Menschenwürde. Diese normativen Grundlagen sichern das Recht eines jeden Menschen auf Leben, dem politisch die wohlfahrtsstaatliche Entwicklung entspricht. Sie wäre nicht möglich gewesen ohne die gleichzeitige Entfaltung von Wissenschaft und Technik. Wir haben allen Grund, diese neuzeitlichen Entwicklungen als unaufgebbaren Fortschritt zu bezeichnen.

Die Verlängerung der menschlichen Lebensspanne führt zwangsläufig zu einem Altern der Bevölkerung eines Landes, ja, zunehmend auch der gesamten Weltbevölkerung. Denn ohne eine parallele Verminderung der Geburtenhäufigkeit würde die Weltbevölkerung explosiv, d. h. mit einer sich steigernden Wachstumsrate zunehmen. Lange Zeit glaubte man an das Theorem der *Demographic Transition*, dem zufolge alle Bevölkerungen im Zuge der Industrialisierung und Modernisierung ihrer Gesellschaften einer gleichartigen Veränderung unterliegen, die sie von einem vorindustriellen Gleichgewicht bei hoher Fruchtbarkeit und Sterblichkeit zu einem postindustriellen Gleichgewicht bei niedriger Fruchtbarkeit und Sterblichkeit bei zwischenzeitlich starkem Wachstum und anschließend starker Alterung der Bevölkerung führe. Vieles spricht dafür, daß eine langfristig stationäre Bevölkerungsentwicklung per saldo die geringsten Probleme bereitet, so daß diese Gleichgewichtsannahme beruhigend wirkt. Sie entspricht allerdings eher einem seit der Aufklärung im Westen verbreiteten Harmonieglauben bezüglich der Folgen freier menschlicher Entwicklung als den Tatsachen. Adam Smiths »unsichtbare Hand« operiert erfolgreich nur unter bestimmbaren institutionellen Voraussetzungen!

Zum mindesten in Europa läßt sich seit einigen Jahrzehnten die Tendenz zu einer Geburtenbeschränkung beobachten, welche die Erhaltung der Bevölkerung nicht auf Dauer gewährleistet. Wir können dies als *fehlende Nachhaltigkeit der Bevölkerungsentwicklung* bezeichnen. Diese Tendenz ist nicht in allen Ländern gleich ausgeprägt. Die ›alte‹ Bundesrepublik kann als ›Pionier‹ der sogenannten *Lowest Fertility* gelten, denn hier bewegt sich die Fertilität seit 1970 dauerhaft unterhalb des Reproduktionsniveaus. In den letzten drei Jahrzehnten wurden – mit bescheidenen jährlichen Schwankungen – im Durchschnitt nur 1,4 Kinder pro Frau geboren. Das reicht zur Ersetzung der Bevölkerung nur zu zwei Dritteln. Ohne massive Zuwanderung würde die deutsche Bevölkerung bereits seit 1972 schrumpfen, und ab ca. 2010 wird auch das bisherige Ausmaß an Zuwanderung nicht mehr ausreichen, um eine Schrumpfung der Bevölkerung zu vermeiden. In der Zwischenzeit haben auch andere europäische Bevölkerungen ein vergleichbar niedriges Reproduktionsniveau erreicht, insbesondere in Süd- und Osteuropa. Die übrigen Kernländer Westeuropas erreichen zwar auch nicht eine vollständige

Reproduktion der Bevölkerung, haben aber doch deutlich mehr Kinder als die Bundesrepublik.

Was bedeutet diese ausgeprägte Tendenz zu einem langfristigen Bevölkerungsrückgang für Wirtschaft und Gesellschaft? Und inwiefern läßt sich etwas dagegen tun? Das ist das Thema dieser Schrift. Dabei ist einleitend festzuhalten, daß wir für moderne Gesellschaften bisher über keine historischen Erfahrungen mit einem langfristigen Bevölkerungsrückgang auf nationaler Ebene verfügen, so daß unsere Erörterungen ein gewisses Maß an Spekulation enthalten. Unsere historischen Erfahrungen beziehen sich auf die Antike, insbesondere auf das Römische Reich in seiner Spätphase, auf Spanien in seiner Niedergangsphase im 18. und 19. Jahrhundert sowie auf neuzeitliche Gebiete, welche am Rand der Industrialisierung geblieben sind. Alle bisherige Erfahrung zeigt einen Zusammenhang zwischen Bevölkerungsrückgang, wirtschaftlichem Rückgang und politischem Bedeutungsverlust, doch sind die Kausalitäten unklar. Hochindustrialisierte Gesellschaften weisen zweifellos höhere Anpassungskapazitäten auf. Sollten sie nicht auch einen langfristigen Bevölkerungsrückgang verkraften können?

Angesichts der seit einigen Jahren in Gang gekommenen öffentlichen Diskussion zum »Demographischen Wandel« vertritt diese Schrift eine bisher minderheitliche Position: *Nicht das Altern, sondern der absehbare und sich voraussichtlich beschleunigende Rückgang unserer Bevölkerung ist das zentrale demographische Problem.* Er wirkt sich in den verschiedensten gesellschaftlichen Bereichen aus und tendiert dazu, sich selbst verstärkende Wechselwirkungen zu veranlassen. Deshalb ist im Titel dieser Schrift von »Schrumpfender Gesellschaft« die Rede. Dieses Konzept behauptet noch keine Gegenwartsdiagnose, aber es schlägt eine Heuristik vor, die nach Ansicht des Verfassers geeignet ist, erkennbare Entwicklungstendenzen besser zu verstehen.

Vom Bevölkerungsrückgang ist nicht nur ein Rückgang der inländischen Nachfrage und eine entsprechende Dämpfung der Investitionsneigung zu erwarten, wie dies bereits die Theorie der »säkularen Stagnation« vorausgesagt hat, sondern auch die hiergegen in Stellung gebrachte Argumentation einer fortgesetzten Produktivitätssteigerung und einer überproportionalen Zunahme innovatorischer Investitionen steht auf tönernen Füßen.

Selbst bei fortgesetzter Zuwanderung muß Deutschland unter den gegenwärtigen demographischen Perspektiven mit einem nachhaltigen Schrumpfen seines Humankapitals rechnen, in das während der letzten drei Jahrzehnte mehrere Billionen DM zuwenig investiert worden sind. Das Angebot an für innovative Aufgaben qualifizierten Arbeitskräften wird weiter zurückgehen, und dementsprechend auch die Attraktivität des Standortes Deutschland. Mit einer weiteren Verlagerung von Produktionsstätten insbesondere nach Osteuropa ist für die nächsten Jahre zu rechnen, solange dort qualifiziertes Personal noch nicht knapp ist; auf längere Sicht wird aber auch diese Quelle versiegen. Der Bevölkerungsrückgang ist in Ostdeutschland schon heute voll im Gange und wird zunächst zu einer starken Ausdünnung in der Besiedlung des flachen Landes, aber auch zum Schrumpfen vieler Städte führen (vgl. Mai 2004; Ostwald (Hg.) 2004). In den zentralen Großstädten, wo Wissenschaftler, Publizisten und Politiker sich konzentrieren, wird man von alldem zuletzt etwas merken. Aber die politische Malaise, deren Zeugen wir seit den letzten Bundestagswahlen sind, könnte zur Dauererscheinung werden. Gegenwärtig ist sie jedenfalls noch nicht demographisch bedingt, im Gegenteil: Die demographische Konstellation ist mit Bezug auf die Renten-, Pflege- und Krankenversicherung noch immer extrem günstig. Lediglich das Stagnieren der Binnennachfrage mag bereits eine demographische Komponente haben.

Die Dramatik des Geburtenrückgangs wird nicht nur durch die Zuwanderung, sondern auch durch den Sterblichkeitsrückgang verschleiert. Die Bevölkerung als ganze geht in den nächsten drei Jahrzehnten weit weniger zurück als die Bevölkerung im Erwerbsalter. Der Sterblichkeitsrückgang erhöht heute vor allem den Anteil der alten Menschen an der Bevölkerung. Je mehr die Bevölkerung altert, desto wichtiger ist eine Fertilität, die das Reproduktionsniveau nicht wesentlich unterschreitet.

Die deutsche Bevölkerung hat seit drei Jahrzehnten einen zu großen Teil ihres Volkseinkommens konsumiert und Investitionen in das Humanvermögen der nachwachsenden Generationen in Billionenhöhe unterlassen. Sie hat damit das Prinzip der demographischen Nachhaltigkeit und der intergenerationellen Gerechtigkeit verletzt, weil die deutsche Politik die sozialen Einrichtungen einseitig zugunsten der älteren Generationen ausgebaut und dabei insbesondere die Kinderlosen im Verteilungsprozeß begünstigt hat. Deshalb wird es Deutschland nicht nur aus institutionellen, sondern auch aus demographischen und bildungspolitischen Gründen schwerfallen, die rote Laterne mit Bezug auf das Wirtschaftswachstum in Europa auf Dauer loszuwerden. Mit einer weiteren Verschlechterung der Standortbedingungen und mit verschärften und im wörtlichen Sinne ›unfruchtbaren‹ Verteilungskonflikten ist zu rechnen.

Diese Botschaft ist unerfreulich, und sie sollte auch nicht im Sinne einer Prophetie mißverstanden werden. Es geht mir vielmehr darum, die Größe der Herausforderungen zu verdeutlichen, denen Deutschland auch und vor allem aus demographischen Gründen gegenübersteht. *Erhöhte Anpassungs- und Umorientierungserfordernisse gehen mit sinkenden Anpassungspotentialen einher.* Aber die Kapazitäten für die erforderlichen Anpassungen sind nach wie vor hoch, so daß Fatalismus und Pessimismus nicht begründet sind. *Deutschland kann sich ändern, wenn seine Menschen es wollen.* Aber die Umorientierung auf lebenslanges Lernen und längere Lebensarbeitszeiten bzw. auf nutzbringende ehrenamtliche Tätigkeiten, auf eine Stärkung der Lebensbedingungen und die Anerkennung der Bedürfnisse von Familien und Kindern sowie eine Reform des Bildungswesens und die Berücksichtigung des investiven Charakters der Kindererziehung – um nur die wichtigsten Erfordernisse zu nennen – ist weder zum Nulltarif noch ohne nachhaltige Einstellungsänderungen von Unternehmern, Gewerkschaften, Politikern und den ›einfachen Leuten‹ zu haben. Ob die hierfür erforderliche Solidarität in einer Situation offener Grenzen mobilisiert werden kann, läßt sich nicht theoretisch, sondern nur praktisch beweisen.

Die Schrift ist in zwei Teile gegliedert: In den Kapiteln 2-4 werden die demographischen Entwicklungen und ihre mutmaßlichen wirtschaftlichen und sozialen Folgen dargestellt. Die Kapitel 5-7 beschäftigen sich mit den Ursachen der Nachwuchsschwäche und den durchaus beschränkten Möglichkeiten, ihr politisch entgegenzuwirken. Denn die Ursachenanalyse der Nachwuchsschwäche läßt zunächst nachhaltig wirksame Bedingungen erkennen, die sich nicht absichtsvoll verändern lassen. Deutschland ist ja hinsichtlich der Tendenz zur Nachwuchsbeschränkung kein Sonderfall, sondern nur der am weitesten fortgeschrittene Fall. Aber eine Analyse der institutionellen Bedingungen läßt auch erkennen, daß in Deutschland spezifische Faktoren wirksam sind, die vor allem auf eine zunehmende Kinderlosigkeit unter den jüngeren Frauengenerationen hinwirken. Die Zusammenhänge sind dabei komplex und deshalb politisch schwer zu handhaben. Dennoch lassen sich *drei zentrale Reformpostulate* formulieren: Zum einen geht es darum, die Realisierbarkeit von zwischen Familienorientierung und Berufsorientierung divergierenden Lebensentwürfen junger Frauen zu unterstützen; zum zweiten geht es darum, die Kinderarmut zu bekämpfen und die Bildungsleistungen vor allem im Vor- und Elementarschulalter zu verbessern; schließlich ist es erforderlich, die investiven Leistungen der Familien im Bereich der Alterssicherung dergestalt anzuerkennen, daß Kinderlosen zum Ausgleich für deren unterlassene Investitionen in das volkswirtschaftliche Humankapital die absehbar notwendigen Kürzungen der öffentlichen Leistungen gezielt auferlegt und sie gleichzeitig zur Ersparnisbildung für ihr eigenes Alter verpflichtet werden.

Unsere Behandlung des Problems der ›Nachwuchssicherung‹ wird manche irritieren, die in den herkömmlichen Kategorien von Familie und Familienpolitik denken. Einerseits wird gegen eine Reduktion der Problematik auf ›Bevölkerungspolitik‹ argumentiert. Andererseits begründet die Argumentation ein politisches Interesse an Nachwuchs in qualitativer wie in quantitativer Hinsicht und analysiert deshalb vor allem makrostrukturelle Zusammenhänge, welche zu einer Benachteiligung von Eltern und Kindern führen. Die Perspektive der innerhalb oder außerhalb familialer Lebenszusammenhänge lebenden Menschen kommt zu kurz, obwohl es doch letztlich auf sie ankommt, wenn eine Veränderung zum Besseren gelingen soll. Diese Schrift richtet sich aber nicht primär an Familien, sondern an politische Verantwortungsträger und eine interdisziplinäre wissenschaftliche Öffentlichkeit. Es ist ohnehin schwierig, die politische und die familiale Perspektive systematisch aufeinander zu beziehen. Im Zusammenhang mit der umfassenden und zudem konfliktträchtigen Problematik des Bevölkerungsrückgangs und seiner Folgen würde die zusätzliche Einbeziehung der Mikrodimension m. E. der Klarheit nicht förderlich sein.

Unser Thema liegt ersichtlich im Spannungsfeld von wissenschaftlicher Analyse und politischer Aufklärung, und so steht zu befürchten, daß keines der beiden Erkenntnisinteressen voll befriedigt werden kann. Damit müssen die Leser und der Autor leben. Da das Thema wissenschaftlich erst wenig erforscht, ja, im deutschen Sprachraum noch kaum systematisch behandelt worden ist, steht die wissenschaftliche Exploration des Themas im Vordergrund. Dabei bezieht sich die Argumentation im Regelfalle auf die deutschen Verhältnisse, allerdings mit Seitenblicken auf andere europäische Länder. Was in den letzten Kapiteln an politiknahen Überlegungen geäußert wird, orientiert sich an aktuellen Diskussionen. Insoweit als die wissenschaftliche Evidenz fehlt, kann es nur darum gehen, Zusammenhänge zwischen wissenschaftlicher und anwendungsbezogener Analyse in etwa plausibel zu machen.

In diesem ersten Kapitel werden zunächst die leitenden Grundvorstellungen skizziert. Von ihnen hängt die Auffassung des Themas ab. Hier geht es darum, Selbstverständlichkeiten des Alltagsdenkens so zu präzisieren, daß die damit verbundenen Vorentscheidungen sichtbar werden. Im zweiten Teil des Kapitels ist sodann zu verdeutlichen, daß und warum das Thema in der deutschen Wissenschaft und Öffentlichkeit bisher weitgehend verdrängt wurde.

1.2 Zunahme und Rückgang – Wachstum und Schrumpfen

Im Titel ist von Bevölkerungs*rückgang* und *schrumpfender* Gesellschaft die Rede. Was soll diese Unterscheidung? Zunahme und Rückgang beziehen sich auf eindimensionale, Wachstum und Schrumpfung auf mehrdimensionale, ›systemische‹ Prozesse der *einsinnigen Größenveränderung im Zeitablauf*.[1]

1 Das ist ein Vorschlag begrifflicher Unterscheidung. Bisher sind mir ausgearbeitete Semantiken diminuierender Prozesse nicht bekannt. Das Fehlen begrifflicher Klarheit wird besonders eindrücklich in einem kürzlich erschienenen Sammelband mit dem Titel »Schrumpfungen« (Hager u. Schenkel 2003), worunter allerlei Arten wachstums- und beschleunigungskritischer Überlegungen, aber auch Verlegenheiten angesichts fehlenden Wachstums präsentiert werden. Ein lebhafter ›Schrumpfungsdiskurs‹ findet im Anschluß an Häußermann u. Siebel (1988) derzeit in der Stadtforschung statt (vgl. zuletzt Nagler/Rambow/Sturm 2004); allerdings bleibt auch hier das Konzept der Schrumpfung diffus: »Die Schrumpfung hat sich vom Tabu zum Modebegriff gewandelt, und man tut gut daran, die Gefahren ebenso wie die Chancen zu sehen, die sich mit dieser Wandlung verbinden. Wie jeder in Mode gekommener Begriff zeigt auch die Schrumpfung schon nach kurzer Zeit erste Abnutzungserscheinungen.« (Rambow 2004: 6)

Beiden Begriffspaaren ist also gemeinsam, daß sie eine bestimmte *Richtung* der Größenveränderung in mathematisch ›positiver‹ oder ›negativer‹ Hinsicht anzeigen. Damit ist die Vorstellung wellenförmiger oder zyklischer, aber auch irregulärer Größenveränderungen ausgeschlossen. All diese Vorstellungen von Größenveränderungen sind rein begrifflicher Art; wir versuchen mit ihnen Beobachtungen realer Größenveränderungen im Zeitablauf *typisierend zu deuten.* Wie plausibel eine solche Deutung ist, läßt sich nur durch die Prüfung der jeweiligen empirischen Befunde entscheiden.

Wenn vom Bevölkerungszuwachs oder -rückgang die Rede ist, so orientieren wir uns an einer einzigen statistischen Datenreihe, als deren älteste Erhebungsgrundlage Volkszählungen gelten können. Die ›Bevölkerung‹ wird uns hier in einer einzigen Zahl vorgestellt, nämlich als Summe der auf einem definierten Territorium lebenden Menschen. Es handelt sich um eine *eindimensionale Darstellungsweise*, welche auch unser alltägliches Nachdenken über Bevölkerung dominiert. Sie ist brauchbar als erste Orientierung. Aber natürlich können wir auch Bevölkerungen mehrdimensional beschreiben – vorzugsweise nach Alter, Geschlecht, Nationalität oder territorialer Verteilung. Und wir können Zusammenhänge zwischen diesen Dimensionen und den Faktoren der Veränderung – Geburten und Todesfälle, Zu- und Abwanderung – untersuchen. Das ist das Geschäft der Demographie. Werden Größenveränderungen der Bevölkerung als Aggregat in so komplexer Weise dargestellt, kann man auch von Bevölkerungs*wachstum* oder -*schrumpfung* sprechen.

Das Erkenntnisinteresse dieser Schrift ist nicht demographischer, sondern interdisziplinär-sozialwissenschaftlicher Art. Veränderungen in Größe und Zusammensetzung der Bevölkerung interessieren hier nicht um ihrer selbst willen, sondern im Hinblick auf ihre wirtschaftlichen und sozialen *Folgen.* Es geht also um einseitige Einflüsse oder Wechselwirkungen zwischen unterschiedlichen gesellschaftlichen Teilentwicklungen. Deshalb ist im Titel von *schrumpfender Gesellschaft* die Rede. Damit wenden wir uns einem Gegenstand von grundsätzlich unabsehbarer Komplexität zu, der sich nur in grob vereinfachender Weise denken läßt. Ebendies geschieht in verschiedenen Disziplinen der Sozialwissenschaften auf unterschiedliche Weise. Um die Komplexität zu strukturieren, müssen wir uns also an bestehenden

Denkmodellen in verschiedenen Sozialwissenschaften orientieren. Dabei zeigt sich, daß diese Denkmodelle um so präziser sind, je einseitiger sie die Komplexität des Gegebenen reduzieren.

Unter den Sozialwissenschaften ist die soziologische Gesellschaftstheorie am ehesten geeignet, den *Zusammenhang* zwischen unterschiedlichen makrosozialen Prozessen zu thematisieren. Sie tut dies auf Kosten der Detailgenauigkeit im einzelnen, sie kann daher nur einen Interpretationsrahmen bieten. Wir gehen hier vom Paradigma der strukturellen Ausdifferenzierung gesellschaftlicher Teilsysteme wie Wirtschaft, Politik, Wissenschaft, Religion, Familie, Öffentlichkeit oder Kunst aus, welche sich nach eigenständigen Gesichtspunkten organisieren und eine entsprechende Eigendynamik entfalten.[2] Schon hier sei darauf hingewiesen, daß ›Bevölkerung‹ kein gesellschaftliches Teilsystem bildet, auch wenn es sich eindeutig um ein makrosoziales Phänomen handelt. Demographische Entwicklungen spielen in der neueren Gesellschaftstheorie bisher praktisch keine Rolle: »Im Prinzip ist die Gesellschaft heute von demographischen Vermehrungen oder Verminderungen einer Bevölkerung unabhängig« (Luhmann 1997: 151).

Wachstum und Schrumpfen sind somit keine originär gesellschaftstheoretischen Konzepte, sondern gehen auf noch breitere *evolutionstheoretische Vorstellungen* zurück.[3] Nur wenn man Wirklichkeit als in einem komplexen, jedoch gerichteten Entwicklungsprozeß befindlich versteht, ist es sinnvoll, von Wachstum oder Schrumpfen zu sprechen. In der berühmten Definition von Herbert Spencer: »Evolution is a change from a state of relatively indefinite, incoherent, homogeneity to a state of relatively definite, coherent, heterogeneity« (nach Carneiro 1968: 122), kommen Dimensionsveränderungen erst implizit vor, doch verdeutlicht ihre Ausarbeitung den Zusammenhang von »Wachstum, Expansion, Interdependenz, Strukturierung, Differenzierung und Loyalität als sich gegenseitig beeinflussende Prozesse der Integration innerhalb der gesellschaftlichen Evolution« (Kellermann 1976: 200).

2 Eine ausgearbeitete Theorie dieser Zusammenhänge und ihrer Implikationen stammt von Niklas Luhmann, doch sind die hier angedeuteten Grundanschauungen auch bei anderen Gesellschaftstheoretikern wie Jürgen Habermas oder Richard Münch zu finden.
3 Einen guten Überblick gibt Lewontin (1968).

Allerdings hat sich die von aufklärerischem Optimismus getragene Evolutionsvorstellung Spencers nicht halten lassen. Auch wenn wir Evolution als gerichteten Prozeß begreifen, so vollzieht sie sich nicht gradlinig und parallel in allen ihren Dimensionen. Bezogen auf Wachstum bedeutet dies: Evolution geht stets mit Strukturänderungen einher, welche neben dem dominanten Wachstum auch Schrumpfungsprozesse an anderer Stelle implizieren. Dies ist uns aus der Wirtschaftsentwicklung geläufig: Beispielsweise zählte die Reichshauptstadt Berlin vor hundert Jahren (1907) 320 000 Konfektionsbetriebe der Textilindustrie mit über 600 000 Mitarbeitern; sie war der bedeutendste Wirtschaftszweig Berlins. 1960 zählte man noch 577 Betriebe mit 23 650 Mitarbeitern, und im Jahre 2002 waren es noch 4 Betriebe mit insgesamt 650 Mitarbeitern.[4] Die Zunahme der Beschäftigung in einer Stadt oder Volkswirtschaft resultiert aus dem Überwiegen neuer Arbeitsplätze gegenüber den im Zuge der Wirtschaftsentwicklung durch Rationalisierung und Konkurrenz entfallenden. Dabei verlangsamt in der Regel der dominante Wachstumstrend auch die Regression in den tendenziell schrumpfenden Bereichen. Vor allem sozialstaatliche Vorkehrungen haben in Europa die Verlustseite des wirtschaftlichen Fortschritts für die betroffenen Menschen in etwa kompensiert. Solche Kompensation der ›Modernisierungsverlierer‹ ist allerdings nur so lange möglich, wie die Wachstumskräfte stärker als die Schrumpfungstendenzen bleiben.

Wachstum als multidimensionales, ›systemisches‹ Phänomen resultiert also aus einer positiven Synergie von Teilprozessen mit Wachstumstendenzen, welche es gestatten, die gleichzeitig stattfindenden rückläufigen Entwicklungen zu kompensieren. Vom *Schrumpfen* als systemischem Phänomen ist zu sprechen, wenn rückläufige Entwicklungen dominant werden und sich wechselseitig zu verstärken tendieren.

Im vorliegenden Zusammenhang interessieren diese Begriffe lediglich mit Bezug auf die Bevölkerungsentwicklung und ihre Folgen, womit eine in den Sozialwissenschaften bisher unterbelichtete Dimension angesprochen wird. Selbstverständlich gibt es vielfältige andere Momente, welche die Richtung der Gesellschaftsentwicklung beeinflussen, und was hier als ›Richtung‹ gilt,

4 Quelle: Textilwirtschaft, 14. 10. 2004.

läßt sich heute auch nicht mehr nach dem einfachen Kriterium des ›Fortschritts‹ oder des ›Niedergangs‹ bestimmen.[5] Genauere Bestimmungen sind nur aufgrund gegenstandsnaher Überlegungen möglich, die späteren Kapiteln vorbehalten bleiben.

Mit Rücksicht auf in der Vergangenheit verbreitete politische Dramatisierungen des Bevölkerungsrückgangs (vgl. Teitelbaum u. Winter 1985) sei betont, daß die hier eingenommene Perspektive des Schrumpfens die Beschreibung eines möglichen Trends beinhaltet, der aber keineswegs irreversibel ist. Das »Sterben der weißen Völker« (Burgdörfer 1934) steht nicht bevor, wohl aber schwerwiegende Herausforderungen, auf die die Politiker in Europa nicht vorbereitet sind. Untergangsszenarien stellen wie Fortschrittsszenarien naive Extrapolationen und ideologische Übersteigerungen dar, von denen die Sozialwissenschaften tunlichst Distanz halten.

1.3 »Bevölkerung« als politischer Begriff, der einen Solidaritätshorizont voraussetzt

Was ist eine Bevölkerung? Diese Frage scheint in jeder praktischen Hinsicht bereits vorentschieden durch die Routinen der amtlichen Statistik. Als »Bevölkerung« gelten die statistisch erfaßbaren Einwohner einer Gebietskörperschaft oder eines sonstwie eindeutig abgrenzbaren *Raumes*. Der Bevölkerungsbegriff hat also regelmäßig einen territorialen Bezug. Von Zu- oder Abwanderung kann nur gesprochen werden, wenn vorgängig die Grenzen des Territoriums definiert sind, deren Überschreitung einen »Migrationsfall« darstellt.[6] Für die Statistik der Geburten, Wanderungen und Sterbefälle sind amtliche Registrationen grundlegend; andernfalls wären bestenfalls grobe Schätzungen möglich. Im Regelfalle sind also »Bevölkerungen« *politisch* definierte Einheiten, und ebendies legt dann auch bevölkerungs*politisch* motiviertes Denken nahe. Im Zeitalter der Nationalstaaten war dieser Zusammenhang ganz unproblematisch. Die Souverä-

5 Zur Begriffsgeschichte und Konnotation dieser beiden den unsrigen strukturähnlichen Kategorien vgl. Koselleck u. Widmer (Hg.) (1980).
6 Versieht ein Staat seine Grenzen zudem mit Regeln für Zu- oder Abwanderung, müßte weiter zwischen legalen und illegalen Migrationsfällen unterschieden werden.

nität eines Staates beinhaltete nicht zuletzt die Kontrolle seiner Grenzen: für Personen, Kapitalien und Güter gleichermaßen. Die Bevölkerung eines Staates bestand unter diesen Bedingungen in der Regel aus seinen *Staatsbürgern*. Zuwanderer hatten nur unter eng definierten Bedingungen Zutritt. Im klassischen national-staatlichen Verständnis war die Bevölkerung weitgehend mit dem »Staatsvolk« identisch, und damit konnte ein *Solidar- und Schicksalsraum* als selbstverständlich vorausgesetzt werden, der dem Begriff der Bevölkerung Konnotationen gab, die weit über die Summe der gezählten Einheiten hinausreichten. Wo die Größe der Nation das Leitbild des gesellschaftlichen Zusammenhangs ausmacht, wird auch die Bevölkerungszahl zum Symbol von Größe und Macht und der Bevölkerungsrückgang zur nationalistischen Kränkung.

Die Delegitimierung des Nationalismus in der Bundesrepublik ist ein wichtiger Grund für den Unwillen, sich mit Bevölkerungsfragen und erst recht mit Problemen des Bevölkerungsrückgangs auseinanderzusetzen. Und das Aufkommen der Globalisierungsdebatte – etwa gleichzeitig mit der Wiedervereinigung um 1990 – tut ein übriges, um die Rolle nationaler Grenzen und den nationalen Schicksalsraum in Frage zu stellen. Die Verbesserung und Beschleunigung der Verkehrswege und die zunehmende Deregulierung nationaler Grenzen erhöhen die Migrationschancen ungemein und führen auch zu wachsender Heterogenität der Bewohner eines Territoriums. Im Vergleich zur unseligen Blütezeit des wirtschaftspolitischen Nationalismus zwischen den beiden Weltkriegen und selbst im Vergleich zu den wohlfahrtsstaatlichen Zusammenhängen der Nachkriegszeit nimmt die Festigkeit und Dichte des nationalstaatlichen Bandes seit der Liberalisierung und transnationalen Integration der Finanzmärkte (1985/90) zweifellos ab. Entsprechend schwieriger wird es für die Staaten, eine wünschenswerte Synergie zwischen Wirtschafts- und Sozialpolitik aufrechtzuerhalten.[7] Um so mehr stellt sich allerdings die *Frage nach den verbleibenden Funktionen des Nationalstaates und nach den Bedingungen ihrer Erfüllbarkeit.*

Die praktische Bedeutung unseres Themas läßt sich zunächst mit dem mittlerweile populären Begriff der *Nachhaltigkeit* plausibilisieren. Nachhaltigkeit wurde zuerst im Bereich der Forst-

---

7 Zu dieser hier nicht zu behandelnden Problematik vgl. Kaufmann (1997).

wirtschaft als das Prinzip formuliert, es sei in einem Zeitraum nur so viel Holz zu schlagen, wie durch Neupflanzung von Bäumen nachwachsen kann.[8] Wenn in einer Bevölkerung dauerhaft weniger Kinder geboren werden, als Menschen sterben, so ist das *Prinzip der demographischen Nachhaltigkeit* verletzt. Wir können auch normativ von einer Verletzung intergenerationeller Gerechtigkeit sprechen, wenn rund ein Drittel Kinder zuwenig geboren werden, um die Versorgung der alten Generation zu ähnlichen Bedingungen wie heute sicherzustellen.

Dennoch gilt es einen Einwand auszuräumen: Gibt es nicht genügend Menschen in der noch auf Jahrzehnte hin stark wachsenden Weltbevölkerung, um diese deutschen und in schwächerem Maße auch europäischen Probleme zu lösen? Ließe sich ein eventuelles Geburtendefizit nicht durch Zuwanderung lösen? Ist es da nicht bloßer Ausdruck eines nationalen oder allenfalls europäischen Egoismus, wenn wir den Bevölkerungsrückgang hierzulande zum Problem machen?

Betrachtet man das Problem ausschließlich in demographischer Perspektive, so sind solche Anfragen nicht unplausibel. Doch da rechnet man lediglich mit Köpfen und berücksichtigt nicht, was in ihnen steckt: an Motiven, Wissen und Einstellungen. Politisch oder sozial relevant wird ein Bevölkerungsrückgang erst durch den Umstand, daß die Grenzen, welche eine Bevölkerung definieren, gleichzeitig einen politischen oder sozialen *Raum des gemeinsamen Schicksals* markieren, eine Bedingung, die mit Bezug auf die europäischen Nationalstaaten des 19. und 20. Jahrhunderts in hohem Maße gegeben war. Wie aber steht es heute? Bildet der Staat mit offenen Grenzen überhaupt noch einen »Schicksalsraum«?[9]

Die Antwort ist im doppelten Sinne *politischer* Art. Bevölkerung bleibt ein politischer Begriff, der einen politisch konstituier-

8 So zuerst die »Sylvicultura oeconomica« (1713) des Hans Carl von Carlowitz, welcher eine »nachhaltende Nutzung« des Waldes forderte, nämlich nur so viel Holz einzuschlagen, als im gleichen Zeitraum wieder nachwächst (Tremmel 2003: 62). Das entspricht der Forderung nach einem stationären Gleichgewicht.
9 Es gilt im Horizont der Aufklärung als wenig schicklich, von »Schicksal« zu sprechen. Aber solange wir bei politischen Entscheidungen mit unbeabsichtigten Konsequenzen rechnen müssen, und das ist der Regelfall, scheint auch der Begriff »Schicksalsraum« für die Reichweite politischer Entscheidungen durchaus angemessen.

ten *Solidaritätshorizont* voraussetzt. Dieser braucht nicht nationaler Art zu sein; in dem Maße, wie Europa zu einer relevanten Einheit wird, wird man auch von einer europäischen Bevölkerung sprechen können. Zudem legen die derzeitigen demographischen Divergenzen innerhalb der Bundesrepublik auch kleinräumigere, auf bestimmte Regionen, Bundesländer oder selbst Kommunen bezogene Überlegungen und Politiken nahe,[10] für die schon lange das Prinzip offener Grenzen gilt. Aber auch wenn Staatsgrenzen heute nur noch in geringem Maße als Hindernisse für Transaktionen fungieren, bleiben Staaten die prägnanteste politische Realität sui generis, welche auch in Europa trotz der EU das höchste Maß an politischer Identifikation und Loyalität auf sich zieht. Sicher ist dies keine Naturkonstante. Man wird im Gegenteil den aktuellen Trend als »Vervielfältigung von Solidaritätshorizonten« qualifizieren dürfen (Kaufmann 2002: 34f.).

Damit stellt sich allerdings die Frage, was denn nach dem Wegfall schützender Grenzen die Grundlage für nationalstaatliche Solidarität darstellt (vgl. Kaufmann 2004). Nach wie vor muß eine *kollektive Identität* vorausgesetzt werden, also eine selbstverständliche Identifikation der Einwohner eines Landes mit dessen symbolischer Repräsentation.[11] Rituale spielen hier eine große Rolle, die allerdings in Deutschland seit ihrem nationalsozialistischen Mißbrauch stark zurückgetreten sind. Doch lassen sich auch Jubelfeiern im Anschluß an sportliche Erfolge durchaus hier einordnen! Eine wichtige Rolle spielen ferner Bildungswesen und massenmediale Öffentlichkeit. *Zentral aber wird die kollektive Identität eines Landes durch Politik, Rechtsordnung und Verwal-*

10 Vgl. die bis auf die Kreisebene differenzierten Untersuchungen des Berlin-Institutes für Weltbevölkerung und globale Entwicklung: Deutschland 2020 – die demographische Zukunft der Nation. Berlin 2004. Eine Kurzfassung wurde von der Zeitschrift GEO als Beilage zu Nr. 5/2004 veröffentlicht; ebda., Themenschwerpunkt »Demographie«.

11 Der Volksbegriff ist in Deutschland belastet, aber bedenkenswerterweise hat sich bisher kein semantisches Äquivalent zur Bezeichnung kollektiver Identität auf der Staatsebene herausgebildet. Das Verhältnis der Deutschen zu ihrer kollektiven Identität erscheint immer noch vergleichsweise labil. Angesichts des hohen Anteils »ausländischer Mitbürger« (man beachte die Widersprüchlichkeit der Formulierung!) suggeriert der Volksbegriff in der Tat zu hohe Homogenitätsanforderungen. Auf dieses Problem kann hier nur hingewiesen werden, wenngleich es für die Schwierigkeit des Umgangs mit Bevölkerungsfragen in Deutschland mir sehr bedeutungsvoll erscheint, insbesondere für die Ausländer- bzw. Zuwanderungspolitik.

*tung konstituiert, welche den Schicksalsraum für die Lebensver-
hältnisse der Bevölkerung strukturieren.* Sie wird den Individuen
im wesentlichen durch den Status der Staatsbürgerschaft vermittelt.[12]

Stärker noch als die Rechtsstaatlichkeit dürfte die *Sozialstaatlichkeit* den politischen Solidaritätshorizont der Bundesbürger
bestimmen. Solange die Prozesse der Besteuerung und Umverteilung nicht auf die europäische Ebene hochgezont werden –
eine für alle absehbare Zukunft sehr unwahrscheinliche Entwicklung –, kommt es für menschliche Wohlfahrt auf den herkömmlichen Raum der Nationalstaaten an, auf die produktiven Kapazitäten ihrer Bevölkerung, und zwar sowohl hinsichtlich der Höhe
des Sozialprodukts als auch im Hinblick auf seine Verteilung. Vor
allem die Sozialversicherungen machen das politisch konstitu-
ierte wechselseitige Aufeinander-angewiesen-Sein deutlich. Wie
zahlreiche Umfragen bestätigen, genießt die Sozialversicherung
in der deutschen Bevölkerung eine hohe Akzeptanz (vgl. Ullrich
2000; Andreß u. a. 2001).

Diesbezüglich vertritt Meinrad Miegel, einer der ganz wenigen
Autoren in Deutschland, der »die demographische Zeitbombe«
frühzeitig erkannt hat, eine andere Auffassung:

»Die idealistischen Verfechter des tradierten Sozialstaates sind überzeugt,
daß soziales und solidarisches Verhalten auch unter den derzeitigen Lebensbedingungen staatliche oder zumindest staatsnahe Organisationsfor-
men bedingt ... Offenbar haben sie verdrängt oder vergessen, daß eine Gesellschaft solidarisch oder gar nicht ist und nicht erst des Staates bedarf, um
sozial zu sein ... Eine Bürgergesellschaft, die sich unter anderem dadurch
auszeichnet, daß die Einzelnen und die sie umgebenden Gemeinschaften so
viel Verantwortung wie möglich tragen und dadurch wachsen und erstar-
ken, ist ihnen fremd.« (Miegel 2003: 284)

Hier wird m. E. eine falsche Alternative aufgebaut. Eine Bürgergesellschaft ohne Staat ist nicht ernsthaft denkbar; nur durch
die staatliche Rahmung werden lokale Einheiten überhaupt im
Sinne einer ›Bürgergesellschaft‹ organisierbar, wie auch immer
man das Konzept im Detail bestimmen mag. Über das Ausmaß
von Zentralisierung und Staatsintervention ist nicht auf dieser
grundsätzlichen Ebene zu entscheiden. Kollektive Identität konstituiert sich auf der nationalen Ebene nach wie vor folgenrei-

12 Zu den hiermit unter Bedingungen der Globalisierung verbundenen Problemen und Möglichkeiten vgl. Holz (Hg.) (2000).

cher als auf der supra- oder infranationalen Ebene. Auch wo, wie in der Bundesrepublik, die Verwaltung grundsätzlich Ländersache ist, vollzieht sie sich doch im wesentlichen auf der Grundlage von Bundesgesetzen, mit Ausnahme der unter die Kulturhoheit der Länder fallenden Materien. Politische Entscheidungen auf Bundesebene mobilisieren weiterhin das größte politische Interesse und erscheinen am deutlichsten als demokratisch legitimiert.

Nach wie vor bildet der Nationalstaat den dominierenden Horizont rechtlichen Schutzes, politischer Solidaritätserwartungen und demokratischer Mitbestimmungsmöglichkeiten der Bevölkerung. Auch weitere Fortschritte in der politischen Integration Europas lassen angesichts der geschichtlichen und kulturellen Heterogenität seiner Staaten eine Verschiebung der sozialstaatlichen Solidaritätserwartungen auf die europäische Ebene nicht erwarten. Selbst wenn man sich seinem nationalen Schicksal heute durch Auswanderung leichter entziehen kann als in früheren Zeiten, bleibt der nationale Schicksalsraum als solcher bestehen, und sei es in der banalen Form der »Standortkonkurrenz«, welche ja auch für kleinräumige Gebilde innerhalb von Staaten seit langem besteht. Man wird von dort einiges lernen können.

1.4 Sozialstaat und Humanvermögen

Der demographische Wandel entwickelt sich derzeit zur womöglich nachhaltigsten Bedrohung der sozialstaatlichen Leistungsfähigkeit.[13] *Wer sich weigert, den absehbaren Bevölkerungsrückgang in Deutschland und Europa zum Problem zu machen, verzichtet damit implizit auf die Relevanz sozialstaatlicher Zusammenhänge und postuliert eine strukturlose Weltgesellschaft miteinander konkurrierender Individuen, die sich beliebig im Raume bewegen und ersetzen können.* So aber sind die realen Verhältnisse nicht. Es ist deshalb sinnvoll, das Bevölkerungskonzept weiterhin auf nationale Grenzen, konkret also auf die Gesamtheit der in Deutschland lebenden Menschen zu beziehen.

---

13 Derzeit wird allerdings die absehbare Bevölkerungsentwicklung gerne als politisches Argument benutzt, um Kürzungen der Sozialleistungen durchzusetzen, deren Finanzierbarkeit *aus ganz anderen Gründen* prekär geworden ist. Vgl. hierzu kritisch Butterwegge (2004).

Der Bevölkerungsbegriff setzt selbst den staatlichen Solidaritätshorizont voraus, und dieser wird in Deutschland maßgeblich durch die Sozialstaatlichkeit mitbestimmt. Angesichts offener Grenzen bedarf die Aufrechterhaltung staatlicher Solidarität spezifischer politischer Anstrengungen. Ein Gemeinwesen muß sich um Attraktivität bemühen, wo vielen und zumal den leistungsfähigsten unter seinen Einwohnern unschwer Alternativen offenstehen. Das meint auch die Rede von der »Standortkonkurrenz«.

Wie aber hängen Bevölkerungsentwicklung und Sozialstaat genauer zusammen? Als Leitbegriff dient uns im folgenden das Konzept *Humanvermögen*. Dies ist ein noch wenig gebräuchlicher Begriff, den zuerst die Kommission für den 5. Familienbericht der Bundesregierung in die öffentliche Diskussion eingeführt hat, um die spezifische gesamtgesellschaftliche Bedeutung der Familien zu verdeutlichen.

»Erst allmählich tritt die Erkenntnis ins Bewußtsein der Öffentlichkeit, daß Familientätigkeit, Elternschaft und deren zwischenmenschliche sowie gesellschaftliche Anerkennung entscheidend zur Schaffung und Erhaltung jenes geistigen und humanen Vermögens beitragen, welches die Überlebensfähigkeit und Kultur einer Gesellschaft sichert ... Die Anforderungen, die die moderne Gesellschaft an das Wissen, an die Verläßlichkeit, an die Effizienz und Kreativität des Handelns ihrer Menschen stellt, sind in erster Linie Ansprüche an die Qualität der Bildung und Erhaltung des Humanvermögens in den Familien ... Der Begriff des Humanvermögens bezeichnet zum einen die *Gesamtheit der Kompetenzen aller Mitglieder einer Gesellschaft* ... Zum anderen soll mit diesem Begriff in einer individualisierenden, personalen Wendung *das Handlungspotential des einzelnen umschrieben* werden, d. h. all das, was ihn befähigt, sich in unserer komplexen Welt zu bewegen und sie zu akzeptieren.« (Bundesministerium für Familie und Senioren 1994: 27f., Hervorhebung im Original)

Ohne schon hier in Einzelheiten zu gehen, wird aus diesem Zitat deutlich, daß der Begriff eine analoge Aggregationsfunktion übernimmt wie der Begriff »Bevölkerung«. »Humanvermögen« bezeichnet die Summe der individuellen Kompetenzen, welche sich in einer »Gesellschaft« zum eigenen und zum Nutzen Dritter entfalten können. Dabei impliziert auch der hier verwendete Gesellschaftsbegriff politische Konnotationen – wie der Begriff »Bevölkerung«. Wir heben in unseren Argumentationen aber nicht auf die schiere Zahl der statistisch erfaßbaren Bevölkerung, sondern auf deren – auch unterschiedliche! – Motive und Fähigkeiten ab. »Humanvermögen« steht dem schon besser ausgearbeiteten Begriff »Humankapital« nahe, beschränkt sich aber nicht auf die wirtschaftlich verwertbaren Fähigkeiten, sondern bezieht auch die übrigen Gesellschaftsbereiche in die Betrachtung ein. Wie zu zeigen sein wird, ist es eine zentrale Aufgabe des Sozialstaats, die Reproduktion der Humanvermögen, d. h. den Nachwuchs oder die Rekrutierungspotentiale für die verschiedenen Gesellschaftsbereiche sicherzustellen. Dadurch soll das Anliegen, welches aus demographischer Perspektive mit dem Postulat einer Bevölkerungspolitik formuliert wird, in den sozialen und politischen Kontexten der Bundesrepublik in plausiblerer Weise formuliert werden.

1.5 Die öffentliche Verdrängung des Bevölkerungsrückgangs

In letzter Zeit ist die demographische Frage auch in Deutschland auf die politische Tagesordnung gelangt. Zunächst hat sich in der 12., 13. und 14. Legislaturperiode, nämlich von 1992 bis 2002, eine aus Abgeordneten und Wissenschaftlern zusammengesetzte Enquête-Kommission des Deutschen Bundestages mit dem »Demographischen Wandel« beschäftigt und das Ergebnis in zwei Zwischenberichten und einem Schlußbericht dokumentiert (Deutscher Bundestag 1994; 1998; 2002). Allerdings kommt in diesen in vieler Hinsicht aufschlußreichen Berichten das Thema ›Bevölkerungsrückgang‹ kaum vor. Genauer gesagt: In den demographischen Grundlagenteilen werden die Sachverhalte korrekt dargestellt, aber bei der Folgenbeurteilung des sogenannten »Demographischen Wandels« – man beachte die harmlos erscheinende Terminologie! – werden die Akzente einseitig auf die Veränderungen der Altersstruktur und das Problem der Wanderungen gelegt. Weder der Bevölkerungsrückgang und seine Auswirkungen noch die prekäre Lage der nachwachsenden Generationen wurden von der Kommission untersucht. Ausführlich ist von Generationenverhältnissen, Veränderungen auf dem Arbeitsmarkt, von »Migration und Integration« und insbesondere von den Auswirkungen auf die Alters- und Gesundheitssicherung die Rede, aber stets stehen die älteren Generationen im Blickpunkt, nicht die in immer geringerer Zahl Nachwachsenden. Besonders eindrücklich zeigt sich diese Blickverengung beim Vergleich des Ersten Zwischenberichts mit dem Schlußbericht: Während dort immerhin ein eigenständiges Kapitel über »Familie und soziales Umfeld« enthalten ist, das in »die Forderung nach einer konsequenten Familienpolitik« mündet (Deutscher Bundestag 1994: 91), fehlt dieses Thema im Schlußbericht ganz. Selbst im Rahmen des genannten Kapitels spielt aber z. B. das Thema der Einkommensarmut Alleinerziehender und kinderreicher Familien keine Rolle; im Zentrum stehen die Probleme der Vereinbarkeit von Familie und Beruf und die schwächer werdenden Unterstützungsnetzwerke für alte Menschen. Auch im Kapitel »Materielle Situation«, das im Schlußbericht ebenfalls nicht mehr als eigenständiges Thema auftaucht, geht es ausschließlich um die »Linderung der unzureichenden materiellen Situation im Alter«, nicht um diejenige der Familien (ebda., S. 171). *Generell bleiben alle Probleme der nachwachsenden Generationen ausgeklammert: Bildungs-, Familien- und Jugendpolitik kommen in den Überlegungen der Enquête-Kommission nicht vor.*

Dies wird gedanklich ermöglicht durch die Ignorierung des Bevölkerungsrückgangs als eines eigenständigen demographischen Wirkfaktors. Der Bevölkerungsrückgang wird, wie die niedrige Fertilität, sozusagen als Naturtatsache genommen, die sich nicht beeinflussen läßt, der man sich vielmehr lediglich anpassen kann.[14] Wir bezeichnen dies im folgenden als *demographischen Fatalismus.*

Eine ähnliche Tendenz ist in dem politisch einflussreichen Bericht der in der Öffentlichkeit nach ihrem Vorsitzenden, dem Finanzwissenschaftler Bert Rürup, benannten Kommission zur Reform der Sozialversicherung (2003) zu beobachten. Der Auftrag war von vorneherein auf »die Weiterentwicklung der Finanzierungsbasis von drei gesetzlichen Sozialversicherungszweigen, nämlich der Renten-, Kranken- und Pflegeversicherung« beschränkt (Bundesministerium für Gesundheit und Soziale Siche-

14 Eine ähnliche Kritik äußert Wingen: »Er (sc. der Schlußbericht) enthält zu mehreren Kapiteln zwar auch ›Handlungsempfehlungen‹, diese bleiben aber praktisch im Bereich dessen, was man ›Anpassungsmaßnahmen‹ nennen kann ... Leider wird aber insgesamt keine ernsthafte Debatte über eine (ohnehin nur begrenzt mögliche, aber dringliche) Anhebung des Geburtenniveaus angestoßen. Die Kommission scheint in dieser Hinsicht zu resignieren, allerdings auch nicht mit einem weiteren Rückgang des Geburtenniveaus zu rechnen.« (Wingen 2003: 9)

rung 2003: 43). Auch hierbei wird die absehbare demographische Entwicklung als gegebene Bedingung akzeptiert; die Problemstellung orientiert sich ausschließlich an der Zunahme der älteren Generation. Die Entfaltungsbedingungen der nachwachsenden Generation und deren Finanzierung blieben außerhalb des Horizonts der Kommission. Dementsprechend fanden sich in ihr zwar Vertreter der meisten sozialpolitischen Interessen zusammen, aber weder Experten der Familien- oder Bildungspolitik noch Vertreter der Familienverbände. Der Bericht schlägt zwar wesentlich weiterreichende Reformen in der Renten- und Krankenversicherung vor, als sie bisher politisch salonfähig waren. Doch finden wir auch hier keine grundsätzlichen Warnungen, welche eine Änderung unserer Einstellung zur Bevölkerungsentwicklung nahelegen. Vielmehr rechnet der Bericht die Problematik des Bevölkerungsrückgangs durch ungebührlich optimistische Annahmen hinsichtlich einer Zunahme der Erwerbstätigkeit und der Arbeitsproduktivität schön.[15]

Ein besonders hübsches Beispiel der Verdrängung findet sich in der Ankündigung eines Buches mit dem Titel »Demographische Entwicklungen in und um Europa« (Wöhlke, Höhn u. Schmid 2004): »Ein zu starkes Bevölkerungswachstum kann sich als Entwicklungshemmnis auswirken, aber auch ein zu schwaches Bevölkerungswachstum kann die sozio-ökonomische Dynamik bremsen.« Selbst hier, wo der in Frage stehende Sachverhalt anerkannt wird, wagt man nicht, das Wort »Bevölkerungsrückgang« in den Mund zu nehmen!

Daß in einer allgemein auf Wachstum ausgerichteten Wirtschaft und Kultur das kontinuierliche und sich nach aller Voraussicht immer mehr beschleunigende Schrumpfen der demographischen Basis einen nachhaltigen *Störfaktor* darstellt, sollte jedoch selbst einem bevölkerungswissenschaftlich unbedarften Zeitgenossen einleuchten. Das tut es aber in Deutschland offensichtlich nicht, obwohl hier die demographische Basis bereits stärker erodiert ist als in allen anderen westeuropäischen Ländern. In

---

15 So soll sich beispielsweise die Erwerbsbeteiligung bei den 60-64-Jährigen Frauen verdoppeln und bei den Männern um die Hälfte erhöhen; die Arbeitsproduktivität soll mit einer konstanten Rate von 1,8 % über den ganzen Zeitraum wachsen, was über den Erfahrungswerten der letzten Jahre liegt. (Vgl. Bundesministerium für Gesundheit und Soziale Sicherung (Hg.) o. J., S. 57 f., 61 f.)

Schweden, das in den 1980er Jahren dank zahlreicher Maßnahmen zur Verbesserung der Vereinbarkeit von Familien- und Erwerbstätigkeit die chronisch niedrigen Geburtenraten überwinden konnte und eine zum mindesten vorübergehend über dem Reproduktionsniveau liegende Fertilität erreicht hatte, spricht der Ministerpräsident vom erneuten Geburtenrückgang in den neunziger Jahren als von einer »sozialen Zeitbombe«.[16] Dabei läßt sich dieser Geburtenrückgang vor allem als Reaktion auf die Reduktion der familienbezogenen Sozialleistungen im Zuge des schwedischen »Cut-back-Managements« zu Beginn der neunziger Jahre verstehen, während Deutschland bereits seit einer ganzen Generation demographisch über seine Verhältnisse lebt. Das hierzulande deutlich niedrigere Fertilitätsniveau ist erst im Jahre 2004 zu einem publizistischen, wenngleich noch kaum politischen Thema geworden.

Die Verdrängung des Bevölkerungsrückgangs als eigenständiges Problem ist repräsentativ nicht nur für die politische, sondern auch für die wissenschaftliche Behandlung unseres Themas. Von den gerademal vier bevölkerungswissenschaftlichen Lehrstühlen an deutschen Universitäten sind derzeit zwei von Kürzungen betroffen. Mit Ausnahme von Kaufmann (1960, 1975), Dettling (1978), Birg und Koch (1988), Chaloupek u. a. (1988), Miegel u. Wahl (1994), Birg (2001) und Miegel (2003) bilden die Implikationen des Bevölkerungsrückgangs bisher kein eigenständiges Thema in der deutschsprachigen Sozialwissenschaft.[17] Auch international finden die Folgen demographischer Veränderungen außerhalb der Entwicklungsländerforschung und der Zusammenhänge zur sozialen Sicherung wenig Beachtung.

16 Vgl. Schweden sorgt sich um seine Geburtenrate. Süddeutsche Zeitung, 8. 2. 2001.
17 Vgl. z. B. das restringierte Themenspektrum in den beiden einschlägigen Tagungsbänden: Zusammenhänge zwischen Bevölkerungs- und Wirtschaftsentwicklung in der Bundesrepublik Deutschland. Dokumentation der Jahrestagung 1984 der Deutschen Gesellschaft für Bevölkerungswissenschaft e. V. Wiesbaden 1985; Bevölkerung und Wirtschaft. Jahrestagung des Vereins für Socialpolitik – Gesellschaft für Wirtschafts- und Sozialwissenschaften in Wien 1989, hg. v. Bernhard Felderer. Berlin 1990. – Selbst der erst kürzlich von einem Bevölkerungsökonomen herausgegebene Band »Reformen – jetzt! – So geht es mit Deutschland wieder aufwärts« (Zimmermann 2003) schenkt der Familien- und Bildungspolitik keine Beachtung!

1.6 Gründe für die Verdrängung

Politisch sind demographische Probleme unattraktiv. Die von der Demographie erfaßten Veränderungsprozesse vollziehen sich sehr langsam und erscheinen durch politische Maßnahmen nur schwer oder zum mindesten nur auf lange Sicht beeinflußbar. Demographische Probleme sprengen Wahlperioden, ja sogar langjährige Regierungszeiten. *Ihre Wirkungen entfalten sich nur sehr allmählich; und sie produzieren in der Regel keine dramatischen Momente, welche die Politik zum Handeln hier und jetzt herausfordern.* Am ehesten werden Bedingungen und Prozesse der Zu- oder Abwanderung politisch thematisiert und dramatisiert. Die Sterblichkeitsentwicklung eignet sich dagegen zur Dramatisierung nur im Falle von Epidemien, und bei den Geburten braucht es schon einen starken, z.B. nationalistischen Kontext, um sie zum Gegenstand politischer Aufmerksamkeit werden zu lassen (vgl. Teitelbaum u. Winter 1985). Das wurde in Frankreich seit dem Ende des 19. Jahrhunderts versucht, wo eine nationalistische soziale Bewegung, die »Alliance Nationale contre la Dépopulation«, die damals weltweit niedrigsten Geburtenraten Frankreichs politisch auf die Tagesordnung zu bringen suchte. Diese Bewegung hatte nach dem Ersten und Zweiten Weltkrieg in Verbindung mit dem christlich inspirierten »Mouvement familial« auch einen gewissen politischen Erfolg und hat Frankreich zum Pionierland der Familienpolitik gemacht (vgl. Schultheis 1988). Auch in Schweden entwickelte sich – vor allem unter dem Einfluß des Sozialwissenschaftler-Ehepaars Alva und Gunnar Myrdal – in den dreißiger Jahren des letzten Jahrhunderts eine bevölkerungspolitische Sensibilität, die neben familienpolitischen auch eugenische Zielsetzungen hervorbrachte.[18] Und schließlich – für Deutschland verhängnisvoll – wurde die Bevölkerungsfrage seitens der Nationalsozialisten thematisiert, und zwar in der doppelten Dimension von Rassismus und Bevölkerungspolitik (vgl. Mühlfeld u. Schönweiss 1989; vom Brocke 1998; Mackensen (Hg.): 2004). Dieses Trauma hat die Thematisierung von Bevölkerungsfragen in der Bundesrepublik nicht nur im Bereich der Politik, sondern auch der Wissenschaft dauerhaft behindert (vgl.

---

18 Vgl. Alva und Gunnar Myrdal (1934); Alva Myrdal (1947). Dazu: Kälvermark (1980); Carlson (1990).

McIntosh 1983). Zudem waren in der ersten Phase bundesdeutscher Familienpolitik zahlreiche Experten einflußreich, deren Gedankenwelt im Horizont des Dritten Reiches geformt worden war (vgl. Kuller 2004: 101 ff.).

Es gibt aber auch aktuellere Gründe für die politische Verdrängung des Bevölkerungsrückgangs und insbesondere seiner Folgen: Wachsen ist leichter als Schrumpfen! Wie in Abschnitt 1.1 bereits angedeutet, sind die mutmaßlichen Folgen eines Bevölkerungsrückgangs keine »gute Botschaft«. Und es ist schwierig, ja kurzfristig sogar unmöglich, politische Abhilfe zu schaffen. Ein solches Problem lädt sich keine Partei gerne auf. Familien-, generationen- und geschlechterpolitische Ambivalenzen kommen dazu. Lange Zeit benützten CDU/CSU und SPD die Familienpolitik als Projektionsfläche zur Anprangerung ideologischer Vorurteile der Gegenseite (vgl. Nellessen-Strauch 2003, Münch 2005). Erst unter der gegenwärtigen Familienministerin Renate Schmidt ist eine gewisse Konvergenz der Einschätzungen zu beobachten, deren politischer Wirksamkeit jedoch die finanzpolitischen Nöte der Bundesregierung entgegenstehen. So erscheint es auch heute noch dem Machterhalt wenig förderlich, das Thema mit größerem Nachdruck auf die politische Tagesordnung zu setzen.

Schließlich scheinen Bevölkerungsprobleme aber auch *sozialwissenschaftlich* zwischen alle Stühle zu fallen. In der Demographie hat man es stets mit den gleichen unabhängigen Variablen zu tun: Fertilität, Mortalität und Wanderungen, welche zu bestimmten abhängigen Variablen wie Alters- und Geschlechtsverteilungen sowie Größe, Dichte und Verteilung der Bevölkerung im Rahmen wohldefinierter Modelle in Beziehung gesetzt werden. Hinzu kommen die Hilfsmittel der amtlichen Statistik, welche eine den üblichen sozialwissenschaftlichen Erhebungsmethoden überlegene Datenbasis schaffen. Angesichts der relativen Eindeutigkeit ihrer Grundbegriffe und der Klarheit der zwischen ihnen bestehenden Beziehungen kann man die Demographie als die exakteste aller Sozialwissenschaften bezeichnen.

Die sozialwissenschaftliche Frage nach den *Ursachen* für die Veränderung der bevölkerungsstatischen Variablen läßt sich dagegen nicht auf so elegante Weise untersuchen. Während die Variationen der Mortalität sich immerhin noch mittels der Auswertung von Todesursachen gemäß deren amtlicher Registrierung in etwa erklären läßt, steht man bei der Erklärung des generativen Verhaltens und erst recht bei der Erklärung von Wanderungsbewegungen vor einer unabschließbaren Vielzahl gehaltvoller Hypothesen, deren Prüfung zu nach Zeit und Ort recht unterschiedlichen Ergebnissen führt. Die Phänomene lassen also nur ein geringes Maß an allgemeiner Regelhaftigkeit erkennen. Auch die *Folgen* demographischer Entwicklungen sind nur zum kleinen Teil selbst demographischer Art. Ihre Erforschung wäre Aufgabe anderer Sozial- und Humanwissenschaften als der Demographie, aber die Denkmodelle dieser Wissenschaften schließen demographische Variablen nur in Ausnahmefällen ein.

Die Bevölkerungsstatistik hat sich mittlerweile zur mathematisch fundierten Demographie fortentwickelt, welche mit Hilfe immer differenzierterer Disaggregierung bevölkerungsstatistischer Daten komplexe Analyse- und Schätzmodelle entwickelt, die es uns heute gestatten, die demographischen Zusammenhänge bis weit in die Zukunft hinein zu extrapolieren. Aber stets handelt es sich um Modelle, in die ausschließlich bevölkerungsstatistische Variablen wie Sterblichkeit, Eheschließungen, Geburten und Wanderungen eingehen. *Es fehlt aber noch weithin an brauchbaren demo-ökonomischen oder demo-sozialen Modellen.* Gerade die – relative – Genauigkeit ihrer Datengrundlagen und Modelle und im Kontrast dazu die ›Weichheit‹ ökonomischer und soziologischer Annahmen leisten einer theoretischen Schließung der Demographie Vorschub, so daß das breitere Programm einer interdisziplinären Bevölkerungswissenschaft sich bisher institutionell nicht durchsetzen konnte.[19]

Interdisziplinarität ist somit auf beiden Seiten des theoretisierten Bevölkerungsprozesses gefragt: einerseits auf der Seite der Ursachen demographischer Entwicklungen, also hinsichtlich der Erklärung von trendmäßigen Veränderungen der Fertilität, der Mortalität und der Wanderungen; hierfür lassen sich biologische,

19 Das gilt bisher sogar für das 1995 gegründete Max-Planck-Institut für Demographische Forschung in Rostock, und zwar entgegen den vom Gründungsausschuß seinerzeit gegebenen Empfehlungen. Fortschritte sind von einer Kooperationsgruppe »Sozioökonomische Modellierung« am Zentrum für interdisziplinäre Forschung der Universität Bielefeld zu erhoffen, welche unter der Leitung von Joachim Frohn, Bernd Meyer und Carsten Stahmer im Sommer 2004 ihre Arbeit aufgenommen hat; vgl. ZiF: Mitteilungen 2/2004, S. 17; ZiF: Mitteilungen 4/2004, S. 9; ferner als Vorarbeit Hartard u. Stahmer (2002).

ökonomische, soziale und kulturelle Hypothesen bilden, auf die in Kapitel 5 hingewiesen wird. Andererseits auf der Seite der Folgen demographischer Entwicklungen. Hier geht es darum, die Bedeutung des demographischen Faktors im Zusammenhang der Theorien anderer Gesellschaftsbereiche, von Wirtschaft, Sozialversicherung, Politik, Familie usw., zu verdeutlichen. Dies setzt gründliche Vorkenntnisse in den entsprechenden Wissenschaftsbereichen voraus, welche angesichts der zunehmenden Spezialisierung der Demographen nur selten erworben werden. So bleibt unsere Kenntnis von den Wirkungen demographischer Entwicklungen auf Wirtschaft, soziale Sicherungssysteme und individuelle Lebensbedingungen noch immer recht bescheiden.

2. Kapitel
Demographische Perspektiven

Wir beginnen unsere Darstellung mit einem kurzen Überblick über die vergangene und die absehbare Bevölkerungsentwicklung in der Bundesrepublik. Dabei wird keine Vollständigkeit angestrebt, sondern nur das für die nachfolgenden Überlegungen Wesentliche hervorgehoben.[1] Im Zentrum steht dabei die langfristige Entwicklung, wobei wir zentral das Jahrhundert zwischen 1950 und 2050 ins Auge fassen, also die unmittelbare Vergangenheit und die unmittelbare Zukunft. Dieser Fokus auf die Langfristperspektive ergibt sich aus der dem Folgenden zugrunde liegenden Annahme, daß demographische Veränderungen nur dann beachtliche Wirkungen in Wirtschaft und Gesellschaft zeitigen, wenn sie als nachhaltiger Trend auftreten.

Abbildung 2.1 zeigt zunächst die Bevölkerungsentwicklung in absoluten Zahlen, und zwar bei Unterscheidung von drei Altersgruppen: Kinder und Jugendliche (0-20), Erwachsene im Er-

1 Qualifizierte Überblicke mit wechselnden Schwerpunkten finden sich in den regelmäßig in der *Zeitschrift für Bevölkerungswissenschaft* erscheinenden »Berichten über die demographische Lage in Deutschland« des Bundesinstituts für Bevölkerungsforschung. Einen knappen, aber informativen Überblick gibt eine vom Bundesinstitut für Bevölkerungsforschung herausgegebene Sonderpublikation »Bevölkerung« (2004) sowie – in Langfristperspektive – Schwarz (1999a). Einen jüngsten Überblick über die europäische Bevölkerungsentwicklung und ihre möglichen Folgen geben Wöhlcke, Höhn u. Schmid (2004); mit Bezug auf die Weltbevölkerung Lutz/Sanderson/Scherbov (2004).

Mit Bezug auf die Zukunft veröffentlicht das Statistische Bundesamt periodisch »Koordinierte Bevölkerungsvorausberechnungen, die letzte (10.) Edition im Juni 2003, auf deren *mittlere Variante* ich mich im folgenden in erster Linie beziehe; die ihr zugrunde liegenden Annahmen werden in FN 6 (S. 42) mitgeteilt. Sie zieht den Zeithorizont bis 2050. Aus dem akademischen Bereich liegen modellartige Vorausberechnungen mit zahlreichen Varianten bis zum Jahr 2100 von Herwig Birg und Mitarbeitern (1998) vor. Diese Daten werden ergänzend herangezogen, um den längeren Zeithorizont bis 2100 und die Wirksamkeit der unterschiedlichen Komponenten der Bevölkerungsentwicklung und ihrer Variation zu verdeutlichen. Für Daten über die bisherige demographische Entwicklung beziehe ich mich ohne detaillierten Nachweis auf einschlägige Ausgaben des Statistischen Jahrbuches für die Bundesrepublik Deutschland.

Abb. 2.1: Bevölkerungsentwicklung in Deutschland 1950-2050 in Mio.

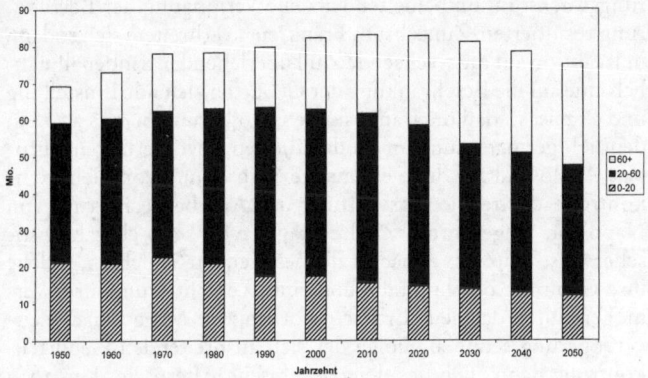

1950-1980 inkl. DDR

Quellen: Statistische Jahrbücher, ab 2010: 10. Koordinierte Bevölkerungsvorausberechnung, Variante 5.

werbsalter (20-60), und Senioren (60+). Dabei wird der Rückgang der Jungen und die Zunahme der älteren Generationen sichtbar, ebenso ein anhaltendes Bevölkerungswachstum bis 2010 und dann der beginnende Bevölkerungsrückgang. Größen- und Strukturveränderungen der Bevölkerung hängen in etwa zusammen, weil Bevölkerungszuwachs oder -rückgang im wesentlichen von der quantitativen Entwicklung des Nachwuchses abhängen. Dennoch empfiehlt es sich, die beiden Aspekte der Entwicklung gesondert zu betrachten.

2.1 Das Altern der Bevölkerung

Die Veränderungen der Altersstruktur der Bevölkerung folgen in unserem Beobachtungszeitraum einem durchgängigen Trend, der als *demographisches Altern* bezeichnet wird. Ihm ging jedoch eine Phase demographischer Verjüngung voraus. Diese gegenläufige säkulare Veränderung der Altersstruktur kann als notwendige Begleiterscheinung der Modernisierung bezeichnet werden.

In Europa begann mit der Verbesserung der allgemeinen Ernährungslage im 18. Jahrhundert vor allem die Kindersterblichkeit zu sinken, woraus im 19. Jahrhundert ein starkes Bevölkerungswachstum und eine tendenzielle Verjüngung der Bevölkerung resultierten. Zunächst in Frankreich verbreitete sich sodann in Reaktion auf die wachsende Zahl überlebender Kinder allmählich eine auf die Beschränkung der Geburten zielende Einstellung und Praxis, so daß die französische Bevölkerung bereits ab 1830 deutlich geringer zunahm als die übrigen Bevölkerungen Europas. Auslösend für diese erstmalige Verbreitung von Geburtenkontrolle dürfte die Abschaffung des Anerbenrechtes im von Napoleon eingeführten Zivilrecht gewesen sein; charakteristischerweise waren es zunächst die besitzenden Schichten, welche ihre Geburten beschränkten und einer Zersplitterung ihrer Vermögen durch das neue Erbrecht vorbeugten. Mit geringer Zeitverzögerung setzte als Folge der sich ausbreitenden Geburtenkontrolle dann auch das demographische Altern ein. Um 1900 betrug der Anteil der 65-und-mehr-Jährigen in Frankreich bereits 8,2 %, im Deutschen Reich nur 4,9 %; hier begann das demographische Altern erst um 1910.

In dem Maße, wie sich die Geburtenkontrolle auch in der Dritten Welt verbreitet, beginnt auch dort die Geburtenhäufigkeit zu sinken und der Anteil der älteren Menschen zuzunehmen. Der sogenannte »demographische Übergang« vollzieht sich heute in großen Teilen der Weltbevölkerung weit rasanter als seinerzeit in Europa. Bevölkerungsprognosen der Vereinten Nationen lassen erwarten, daß um 2050 die Fertilität der Welt unter das Reproduktionsniveau sinkt und um 2070 das Bevölkerungsmaximum in einer Größenordnung von 9 Milliarden Menschen erreicht wird.[2] Aus dieser Perspektive kann man Deutschland heute (ähnlich wie beim ersten Geburtenrückgang im 19. Jahrhundert in Frankreich) als Pionierland der sogenannten »lowest fertility« bezeichnen, einer Fertilität also, die bei weitem nicht ausreicht, um den einmal erreichten Bevölkerungsstand zu halten. Dementsprechend ist hier das demographische Altern besonders ausgeprägt.

2 Daß die Weltbevölkerung zwischen 2050 und 2070 noch weiter wächst, obwohl die Fertilität bereits unter dem Reproduktionsniveau angesetzt wird, ist auf die zunächst überproportionale Besetzung der jugendlichen Jahrgänge zurückzuführen, so daß die absoluten Geburtenzahlen erst nach einer Generation sinken. Auch ist der Anteil der alten Menschen zunächst noch niedrig, so daß auch die Sterblichkeit unter den langfristig zu erwartenden Werten bleibt. Dieser Verzögerungseffekt ist typisch und läßt sich auch an der deutschen Bevölkerungsgeschichte nachweisen.

Tab. 2.2: Die großen Altersgruppen in Deutschland 1950-2050

	1950	1960	1970	1980	1990	2000	2010	2020	2030	2040	2050
0-20	30,9	28,6	30,0	26,7	21,8	21,1	18,7	17,6	17,1	16,4	16,1
20-60	54,5	53,8	50,1	54,0	57,8	55,3	55,7	53,2	48,5	48,4	47,2
60+	14,6	17,6	19,9	19,3	20,4	23,6	25,6	29,2	34,4	35,2	36,7
Summe	100	100	100	100	100	100	100	100	100	100	100

Quellen: Statistische Jahrbücher, ab 2010: 10. koordinierte Bevölkerungsvorausberechnung, Variante 5.

Wie Tabelle 2.2 zeigt, steigt in der Bundesrepublik der Anteil der 60-und-mehr-Jährigen über den ganzen Beobachtungszeitraum mehr oder weniger kontinuierlich an, von 14,6 % auf 36,7 %. Ebenso reduziert sich der Anteil der Kinder und Jugendlichen über die ganze Periode hinweg von 30,9 % auf 16,1 %. Wenig Beachtung findet in der Regel die Entwicklung des Anteils der Bevölkerung im erwerbsfähigen Alter, die hier mit 20-60 Jahren angenommen wird.[3] Beachtlich ist hier zum einen eine starke Zunahme zwischen 1970 (50,1 %) und 1990 (57,8 %), gefolgt von einer langfristigen Abnahme bis zum Jahr 2050 (47,2 %). Hierin kommt eine oft übersehene Regelhaftigkeit zum Ausdruck:[4] Nach dem Einsetzen eines säkularen Geburtenrückgangs nimmt der Anteil der mittleren Altersgruppen zunächst während etwa drei Jahrzehnten zu, weil der Jugendquotient sinkt, der Altenquotient jedoch noch nicht entsprechend steigt.[5] In dem Maße, wie in Zukunft die (noch) geburtenstarken Jahrgänge ins Rentenalter kommen, vergrößert sich der Anteil der alten Menschen und reduziert sich derjenige der mittleren Generation überproportional. Sollte die Fertilität in den kommenden Jahrzehnten wieder ansteigen, würde der Anteil der mittleren Generation zunächst noch stärker sinken. Da die mittleren Altersgruppen im wesent-

3 Das entspricht in etwa dem gegenwärtigen mittleren Berufseintritts- bzw. Berufsaustrittsalter in der Bundesrepublik. Deshalb erscheint diese Abgrenzung am zweckmäßigsten.
4 Dasselbe Phänomen ließ sich als Folge des »ersten Geburtenrückgangs« in der ersten Hälfte des 20. Jahrhunderts beobachten. (Vgl. Kaufmann 1960: 126ff.)
5 Vgl. hierzu unten Abbildung 7.1; die Zunahme des Anteils der Erwerbstätigen wurde in den letzten Jahrzehnten durch die Zuwanderung noch verstärkt.

lichen das Potential der Erwerbspersonen stellen, kommt ihrem Anteil bei der Beurteilung der wirtschaftlichen Folgen der demographischen Entwicklung besondere Bedeutung zu (vgl. Kapitel 3 und 7).

Die in Abbildung 2.1 und Tabelle 2.2 für die zukünftige Entwicklung angenommenen Daten schreiben im wesentlichen die Trends der letzten drei Jahrzehnte fort.[6] Bevölkerungsvorausberechnungen auf so lange Sicht sollten nicht als Zukunftsprognosen mißverstanden werden; es handelt sich um modellartige Schätzungen auf der Basis bestimmter Annahmen hinsichtlich der Entwicklung von Fertilität, Mortalität und Wanderungen. Dabei unterliegen erfahrungsgemäß vor allem die Wanderungen großen Schwankungen. *Die hier präsentierten Werte basieren also auf der Annahme einer Konstanz der in den letzten Jahrzehnten beobachteten langfristigen Trends.* Diese »mittlere« Annahme ist als Ausgangspunkt vernünftig, weil sie die langfristigen Konsequenzen aktueller Konstellationen veranschaulicht.

Die Altersstruktur einer Bevölkerung wird im wesentlichen durch die Fertilität der Vergangenheit und die Mortalitätsverhältnisse bestimmt. Weil ein weiterer Rückgang der Mortalität zum mindesten trendmäßig zu erwarten ist und die im Jahre 2050 über 60-Jährigen längst geboren sind, während die Zuwanderer meist jung sind, dürfte die Vorausschätzung der *Zahl* der Senioren ziemlich zuverlässig sein: Die Zahl der 60-und-mehr-Jährigen wird nach den hier zugrunde gelegten Annahmen von 19,4 Mio. im Jahre 2000 auf 27,6 Mio. im Jahre 2040, also um 42 %, ansteigen. Ihr *Anteil* an der Gesamtbevölkerung ist jedoch von der Ent-

6 Für den zukünftigen Zeitraum (2010-2050) basieren die Angaben auf der mittleren Variante 5 der 10. koordinierten Bevölkerungsvorausberechnung des Statistischen Bundesamtes von Juni 2003. Der Berechnung liegen folgende Annahmen zugrunde: Fertilität: Konstante Gesamtfruchtbarkeitsziffer (TFR) von 1,4 (entspricht dem bisherigen langjährigen Durchschnitt der Fertilität von 1,4 Kindern je Frau), Mortalität: Anstieg der mittleren Lebenserwartung bei der Geburt für Jungen von 74,8 Jahren (1998/2000) auf 81,1 Jahre (2050), für Mädchen von 80,8 Jahre (1998/2000) auf 86,6 Jahre (2050) (nach Expertenmeinungen ist das eine eher bescheidene Annahme hinsichtlich des zukünftigen Sterblichkeitsrückgangs); Wanderungen: auslaufende Zuwanderung osteuropäischer Volksdeutscher, konstante jährliche Zuwanderung von 200 000 Ausländern (diese Annahme liegt etwas über dem durchschnittlichen jährlichen Zuwanderungssaldo der letzten Jahrzehnte, der – bei extremen jährlichen Schwankungen – um 170 000 betrug).

Tab. 2.3: Deutschland: Prospektiver Seniorenanteil (60+) in den Jahren 2035 und 2070 bei unterschiedlichen Annahmen hinsichtlich Fertilität, Zuwanderung und Mortalität

Lebenserwartung im Jahre 2070	Jährliche Zuwanderer	Fertilität: Geburten pro Frau (TFR)					
		niedrig (1,4)		mittel (1,6)		hoch (2,1)	
		2035	2070	2035	2070	2035	2070
niedrig:	0	40,2	42,9	38,7	38,6	36,5	30,1
Männer 81 Jahre	150 000	37,8	39,6	36,3	35,5	34,4	28,5
Frauen 87 Jahre	300 000	35,8	37,1	34,4	33,8	32,6	27,4
hoch:	0	42,4	47,7	40,8	42,8	38,8	34,2
Männer 87 Jahre	150 000	40,0	43,9	38,4	39,8	36,5	32,3
Frauen 93 Jahre	300 000	37,9	41,4	36,5	37,8	34,6	31,0

Quelle: Birg u. a. 1998, Simulationsrechnungen Var. 1, 3, 4, 6, 10, 12, 13, 15, 16, 22, 24, 25, 27, 28, 30, 34, 36;
eigene Berechnung.

wicklung der Fertilität, und dem Ausmaß der Zuwanderung abhängig. Tabelle 2.3 zeigt für unterschiedliche Annahmen hinsichtlich von Fertilität Zuwanderung und Sterblichkeit den voraussichtlichen Anteil der über 60-Jährigen.[7] Zunächst bezogen auf das Jahr 2035, in dem ein erster Höhepunkt der Altenquote erreicht sein wird, sodann (kursiv) für das Jahr 2070, um die längerfristige Wirkung unterschiedlicher Annahmen zu verdeutlichen.

Im Jahre 2001 betrug der Seniorenanteil 24,1 %. Wie Tabelle 2.3 zeigt, ist, bezogen auf diesen Ausgangswert, unter allen Umständen mit einem Anstieg zu rechnen, und zwar nicht nur bis 2035; auch anschließend würde der Altenanteil selbst unter der sehr unwahrscheinlichen Annahme einer auf Reproduktionsniveau steigenden Zahl von 2,1 Kindern pro Frau und einer jährlichen Zuwanderung von 300 000 Personen über dem heutigen

7 Die hier gewählte Abgrenzung des Seniorenanteils bei sechzig Jahren ist eine Frage der Konvention; sie orientiert sich am gegenwärtigen mittleren Alter des Berufsaustritts. Selbstverständlich könnte man die Altersgrenze auch anders legen, doch würde dies lediglich die absoluten Werte, nicht jedoch die skizzierten Zusammenhänge verändern.

Wert verharren.[8] *Der gegenwärtige Altenanteil ist also bezogen auf die jüngsten demographischen Entwicklungen extrem niedrig,* was im wesentlichen auf die Geburtenausfälle und Todesfälle im Gefolge des Ersten Weltkriegs zurückzuführen ist.

Aus Tabelle 2.3 läßt sich der *spezifische* Einfluß der drei Hauptbestimmungsgründe der Bevölkerungsentwicklung entnehmen, nämlich Fertilität, Wanderungen und Mortalität. Der *Vergleich der drei Spalten* verdeutlicht den Einfluß unterschiedlicher Annahmen hinsichtlich der Fertilität: Sollte die Fertilität wieder das Niveau vollständiger Reproduktion erreichen, was bei einem Wert um 2,1 Kindern der Fall wäre,[9] würde der Altenanteil langfristig das Niveau von 30-34% auch ohne Zuwanderung nicht überschreiten, d. h., der Altenanteil würde nach 2035 wieder deutlich zurückgehen. Kontinuierliche Zuwanderung (ersichtlich am *Vergleich der Zeilen* innerhalb der oberen und unteren Hälfte) wirkt in dieselbe »verjüngende« Richtung, weil vornehmlich junge Menschen mit hoher Heiratsneigung zuwandern, wobei die durchschnittliche Kinderzahl der Zuwanderer (ca. 1,8 Kinder) bisher deutlich höher lag als diejenige der einheimischen Bevölkerung (ca. 1,2 Kinder). *Dennoch reduziert die Zuwanderung den Altenanteil in geringerem Maße als eine vergleichbare Erhöhung der Fertilität, weil ja auch die Zuwanderer das Rentenalter erreichen und damit die Zahl der Senioren erhöhen.* Die fettgedruckten Zahlen deuten eine Konstellation der drei Bestimmungsfaktoren an, bei der langfristig eine nahezu stationäre Bevölkerungsentwicklung zu erwarten ist, was von vielen Experten als ein wünschenswerter Gleichgewichtszustand angesehen wird. Auch hier zeigt sich, daß ein durch erhöhte Fertilität erreichter Gleichgewichtszustand mit einem geringeren Altenquotienten verbunden ist als ein durch erhöhte Zuwanderung erreichter.

8 Das gilt auch unter Berücksichtigung der Werte für das Jahr 2100 bzw. den sogenannten stabilen Zustand, von dem angesichts der konstanten Annahmen die Werte für 2070 nur noch unwesentlich abweichen. Der stabile Zustand wird definiert durch ein Bevölkerungsmodell mit konstanten Annahmen hinsichtlich der Bestimmungsfaktoren der Bevölkerungsentwicklung. Wie Lotka (1939) gezeigt hat, tendiert eine geschlossene Population mit beliebiger Altersverteilung unter Zugrundelegung konstanter Annahmen hinsichtlich Fertilität und Mortalität zu einem stabilen Zustand der Altersverteilung.

9 Man muß in Rechnung stellen, daß 1 bis 2 % aller Kinder vor Erreichung ihres Fortpflanzungsalters sterben.

Neben Geburten und Wanderungen sind die *Sterblichkeits-verhältnisse* die dritte Determinante der Bevölkerungsentwicklung.[10] Hier läßt sich für das gesamte 20. Jahrhundert ein kontinuierlicher Trend zunehmender Lebenserwartung beobachten, wobei sich allerdings die Struktur der Lebensgewinne gewandelt hat: Resultierten die Lebensgewinne bis in die 1970er Jahre vor allem aus dem Rückgang der Sterblichkeit in den jüngeren Lebensaltern, so ist heute vor allem der Sterblichkeitsrückgang in den höheren Lebensaltern maßgebend. So hat zwischen 1972 und 1999 die mittlere Lebenserwartung bei der Geburt für beide Geschlechter um 10 %, für die 65-Jährigen um 26 % und für die 80-Jährigen um 33 % zugenommen. Für die kommenden Jahrzehnte wird ein weiterer erheblicher Rückgang der Alterssterblichkeit erwartet. Die Rürup-Kommission z. B. rechnete mit einem Anstieg der mittleren Lebenserwartung 65-Jähriger Männer bis 2030 von 15,4 auf 18,4 Jahre und der 65-Jährigen Frauen von 19,1 auf 22,6 Jahre (Bundesministerium für Gesundheit und Soziale Sicherung o. J.: 54). Weil die statistischen Lebensgewinne heute überwiegend in den höheren Lebensaltern zu Buche schlagen, steigern sie tendenziell die Altenquote und reduzieren den Anteil der Personen im Erwerbsalter. Solange die Verlängerung der Lebenserwartung vorzugsweise auf dem Rückgang der Säuglings- und Kindersterblichkeit beruhte, wirkte sich der Sterblichkeitsrückgang dagegen tendenziell verjüngend auf die Bevölkerungsentwicklung aus.

Die Abbildung 2.1 und Tabelle 2.2 zugrunde liegende Annahme des Statistischen Bundesamtes hinsichtlich der Steigerung der mittleren Lebenserwartung bei der Geburt in der ersten Hälfte des 21. Jahrhunderts von 6,3 Jahren für das männliche und 5,8 Jahren für das weibliche Geschlecht ist eher bescheiden, denn in den letzten Jahrzehnten stieg die mittlere Lebenserwartung bei der Geburt jährlich um mehr als 2 Monate, also alle 5-6 Jahre um ein Jahr! Plausibler ist ein stärkerer Rückgang der Sterblichkeit (vgl. Oeppen/Vaupel 2002). Der oberen Hälfte von Tabelle 2.3 liegen Sterblichkeitsannahmen zugrunde, die in etwa denjenigen des Statistischen Bundesamtes entsprechen; im Vergleich zur unteren Hälfte von Tabelle 2.3 zeigt sich der Effekt eines stärkeren Sterblichkeitsrückgangs, wie er von demographischen Experten

10 Zum säkularen Sterblichkeitsrückgang und seinen Zusammenhängen vgl. vor allem Imhof (1981, 2001).

für möglich gehalten wird. *Ohne fortgesetzte Zuwanderung und bei der heutigen Fertilität könnte dann der Anteil der 60-und-mehr-Jährigen langfristig fast die Hälfte der Bevölkerung (nämlich 47,7%) erreichen!*

Die stark sinkende Alterssterblichkeit wirkt sich insbesondere im Sinne einer *überproportionalen Zunahme der Hochbetagten* aus, welche im Unterschied zu den ›jungen Alten‹ mehrheitlich unter gesundheitlichen Beeinträchtigungen leiden und einem erheblichen Pflegefallrisiko ausgesetzt sind. Wir setzen als Konvention die Grenze zwischen ›jungen Alten‹ und ›Hochbetagten‹ bei 80 Jahren an, wobei die außerordentlich hohe altersspezifische Variabilität des Gesundheitszustandes in fortgeschrittenem Lebensalter nicht vergessen werden darf. Abbildung 2.4 zeigt eindrücklich die Zunahme der Zahl der Hochbetagten in den kommenden Jahrzehnten, bei gleichzeitiger Abnahme der Zahl der im erwerbsfähigen Alter Stehenden. Bereits 2020 wird sich die Zahl der Hochbetagten gegenüber 2000 verdoppelt haben und bis 2050 weiter ansteigen. Erst anschließend erreicht der Bevölkerungsrückgang auch diese Altersgruppe. Die Indizes der 60-und-mehr-Jährigen weisen eine hohe Vorhersagewahrscheinlichkeit auf, da die hier berücksichtigten Personen zum mindesten bis 2060 bereits geboren sind. Der Verlauf der Indizes der unter 60-Jährigen ist dagegen von den hier gewählten Annahmen hinsichtlich der Fertilität (TFR = 1,4) und der Zuwanderung (150 000 Personen jährlich) stark abhängig.

Weil nicht nur die Zahl der Senioren und insbesondere der Hochbetagten zunimmt, sondern gleichzeitig die Zahl der im Haupterwerbsalter Stehenden abnimmt, ist mit einer zunehmenden »demographischen Alterslast« in den sozialen Sicherungssystemen zu rechnen, wie Abbildung 2.5 veranschaulicht: Kamen im Jahre 2000 auf hundert 20-60-Jährige sechsunddreißig 60-80-Jährige und sieben 80-und-mehr-Jährige, insgesamt also 43 Senioren, werden es im Jahre 2050 fünfundneunzig sein, also mehr als das Doppelte. Wie die Projektion zeigt, wird unter den gewählten Annahmen ab 2050 die Alterslast in etwa konstant bleiben.

Die wirtschaftlichen und sozialen Folgen dieser Altersverschiebungen werden im folgenden nur am Rande erörtert.[11] Im

---

11 Vgl. hierzu beispielsweise Backes (1997); Clemens u. Backes (1998); Schimany (2003) sowie unten Kapitel 7.

Abb. 2.4: Prospektive Bestandsveränderungen der vier großen Altersgruppen 2000-2090

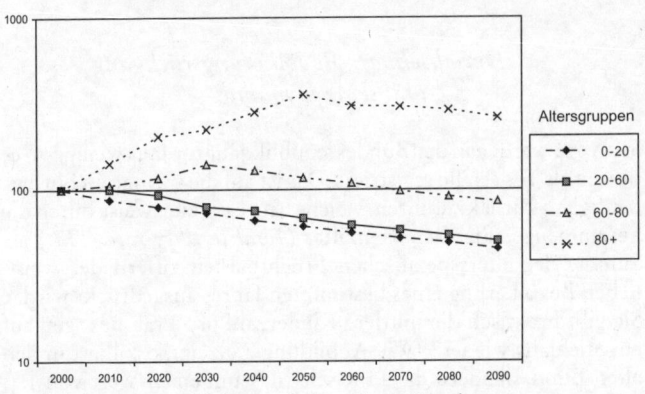

Quelle: Birg u. a. 1998: Variante 5, S. A 21, eigene Berechnung (semilogarithmischer Maßstab).

Abb. 2.5: Prospektive demographische Alterslast 2000-2090

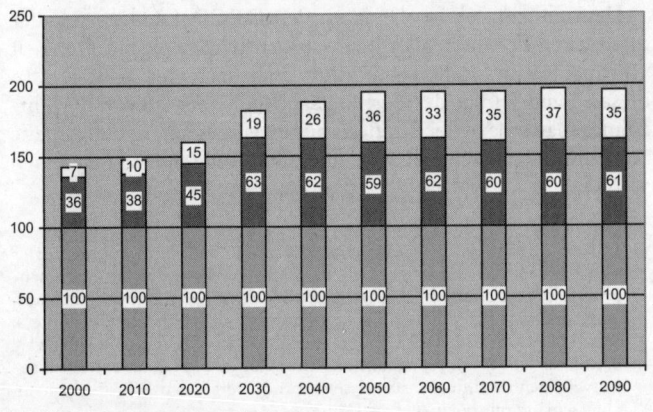

☐ Altersgruppe 80+ / 20-60
▨ Altersgruppe 60-80 / 20-60

Quelle: für 2000: Statistisches Bundesamt; für 2010-2080: Birg u. a. 1998: S. A 21 (Variante 5).

Zentrum steht der bisher unterbelichtete Aspekt des demographischen Wandels, nämlich der Bevölkerungsrückgang.

2.2 Der absehbare Bevölkerungsrückgang und seine Dynamik

Seit 1972 werden in der Bundesrepublik Jahr für Jahr weniger Geburten als Todesfälle registriert. Das ist auf die geringe Geburtenhäufigkeit zurückzuführen, welche heute vorzugsweise durch die zusammengefaßte Geburtenziffer (*Total fertility rate: TFR*) als Summe der altersspezifischen Fruchtbarkeitsziffern der weiblichen Bevölkerung eines bestimmten Jahres ausgedrückt wird.[12] Sie gibt praktisch die mittlere Kinderzahl pro Frau bezogen auf ein Stichjahr wieder.[13] Wie Abbildung 2.6 zeigt, oszilliert in den alten Bundesländern die TFR seit 1975 um einen Wert von 1,4, während in den neuen Bundesländern bzw. der DDR stärkere Schwankungen zu beobachten sind, die jedoch auf den Wert der alten Bundesländer zu konvergieren scheinen. Eine TFR von 1,4 Kindern pro Frau wird gegenwärtig auch im Rahmen von Bevölkerungsvorausberechnungen als wahrscheinlichster Wert angenommen.

Deutschland gehört damit zu den OECD-Ländern mit der niedrigsten Fertilität; allerdings ist Deutschland in jüngster Zeit von Spanien und Italien »unterholt« worden (vgl. Tabelle 2.7). In diesen Ländern hat der Fertilitätsabbruch aber rund zwei Jahrzehnte später als in der Bundesrepublik eingesetzt, so daß sich die Auswirkungen auch erst allmählich und insgesamt später zeigen werden.

12 Daneben findet als Querschnittsmaß auch die Nettoreproduktionsziffer (R_o) Verwendung: Sie drückt genau das Maß der Ersetzung einer Frauengeneration durch weibliche Geburten in einem bestimmten Jahre aus, berücksichtigt also die Sterblichkeit unterhalb des mittleren Gebäralters. Einer TFR von 1,4 entspricht unter den gegenwärtigen Sterblichkeitsverhältnissen eine Nettoreproduktionsziffer von ca. 0,66; d. h., unter den gegenwärtigen Fertilitätsverhältnissen reproduziert sich die Bevölkerung in Deutschland nur noch zu zwei Dritteln.

13 Das Querschnittsmaß TFR ist zu unterscheiden vom Längsschnittmaß der *Completed Fertility Rate (CFR)*, welches die mittlere Kinderzahl einer bestimmten Geburtskohorte von Frauen angibt. Vgl hierzu unten Abbildung 5.1.

Abb. 2.6: Entwicklung der zusammengefaßten Geburtenziffer (TFR) in beiden Teilen Deutschlands 1950-2000

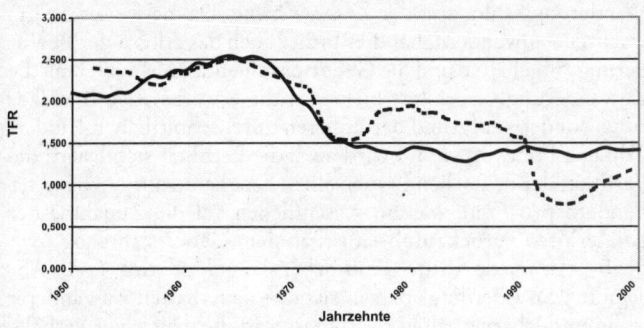

—— TFR – früheres Bundesgebiet
- - - TFR – neue Bundesländer und Berlin-Ost

Quelle: Statistisches Bundesamt, Fachserie 1, R 1, 1999.

Tab. 2.7: Zusammengefaßte Geburtenziffer in wichtigen Ländern der OECD (Durchschnittswerte ausgewählter Jahrfünfte 1950-2015)

Land	1950/ 1955	1965/ 1970	1980/ 1985	1995/ 2000	2010/ 2015
Spanien	2,57	2,92	1,89	1,19	1,22
Italien	2,32	2,49	1,53	1,21	1,27
Deutschland	**2,16**	**2,32**	**1,46**	**1,34**	**1,42**
(bis 1990 ohne DDR)					
Japan	2,75	2,00	1,76	1,39	1,37
Schweden	2,21	2,16	1,65	1,56	1,80
Niederlande	3,86	2,80	1,52	1,60	1,73
Vereinigtes Königreich	2,18	2,52	1,80	1,70	1,61
Frankreich	2,73	2,61	1.87	1,76	1,89
Dänemark	2,54	2,25	1,43	1,75	1,78
Australien	3,18	2,87	1,93	1,77	1,67
USA	3,45	2,56	1,82	2,05	2,08

Quelle: United Nations: World Population Prospects; hier nach: Statistisches Bundesamt, Statistisches Jahrbuch 2003 für das Ausland, S. 199 (Werte für 2010/15 geschätzt).

Daß die Bevölkerung in Deutschland seit 1972 dennoch gewachsen ist, verdankt sich dem in den meisten Jahren positiven Wanderungssaldo, also der *Zuwanderung*. Da meist *jüngere* Erwachsene zuwandern, hat dies bisher auch das Altern der Bevölkerung aufgehalten und die Geburtenzahlen stabilisiert. Denn die Zuwanderung vergrößert nicht nur die erwerbstätige Bevölkerung, sondern aufgrund der höheren durchschnittlichen Kinderzahl pro Frau von ca. 1,8 wird auch die Fertilität stabilisiert; die Fertilität der deutschen Frauen allein liegt heute nur noch bei 1,2 Kindern pro Frau, was im wesentlichen auf die Zunahme der Kinderlosen zurückzuführen ist; ab dem Geburtsjahrgang 1970 bleibt etwa jede dritte Frau lebenslang kinderlos (vgl. Abschnitt 5.2). Allerdings passen sich die dauerhaften Zuwanderer in ihrem Gebärverhalten relativ rasch an die deutschen Verhältnisse an; ihre durchschnittlich höhere Kinderzahl ist eher eine Folge der höheren Heiratshäufigkeit als einer höheren ehelichen Fruchtbarkeit. Alles in allem ersetzen sich die Kohorten der seit 1950 geborenen Frauen nur noch zu etwa zwei Dritteln.

Die folgende Darstellung der *Veränderung der Bevölkerungsgröße* bezieht sich grundsätzlich ebenfalls auf das Jahrhundert zwischen 1950 und 2050; gelegentlich wird jedoch auch der Zeitraum von 2050 bis 2100 mit einbezogen, um die sich beschleunigende Dynamik des Bevölkerungsrückgangs zu veranschaulichen. Abbildung 2.8 zeigt links die Entwicklung der Bevölkerungsgröße in Deutschland von 1950 bis 2000, wobei die Bevölkerung der DDR bis 1989 den Zahlen der Bundesrepublik zu Vergleichszwecken hinzugezählt wurde. Ab 2010 wird die Entwicklung gemäß dreier Vorausschätzungen mitgeteilt, wobei die Varianten A (Statistisches Bundesamt) und B (Birg u. a. 1998, Var. 5) nahe beieinanderliegen und in etwa eine Fortschreibung der bisherigen Trends beinhalten, nämlich einen weiteren Rückgang der Sterblichkeit, konstante Fertilität und Zuwanderungssaldo nahe der bisherigen durchschnittlichen Größenordnung. Variante C (Birg u. a. 1998, Var. 2) zeigt die Entwicklung unter Ausklammerung der Zuwanderung und verdeutlicht somit deren Bedeutung für die Abmilderung des Bevölkerungsrückgangs. Ohne Zuwanderung würde unter den dem bisherigen Trend entsprechenden Annahmen die Bevölkerung in Deutschland sich bis 2080 halbieren.

Unterschiede in der Schrumpfungsrate der Bevölkerung er-

Abb. 2.8: Deutschland: Bevölkerungsstand 1950 bis 2000 und Vorausberechnungen bis 2050 bzw. 2100

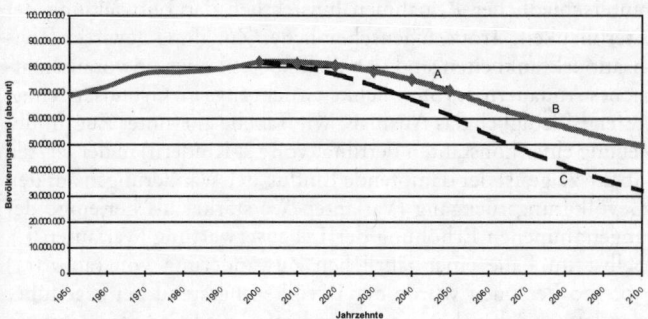

—— Bundesstatistik
- ◆ - (A) 9. koordinierte Bevölkerungsvorausberechnung des Stat. BA.
—— (B) Simulationsrechnung, Variante 5 (Birg)
- - (C) Simulationsrechnung, Variante 2 (Birg)

Tab. 2.9: Bevölkerungsstand im Jahre 2050 aufgrund unterschiedlicher Annahmen hinsichtlich der Lebenserwartung bei der Geburt und der Wanderungen

Variante	Lebenserwartung in Jahren: Männer 2050 (1998/2000: 74,8)	Lebenserwartung in Jahren: Frauen 2050 (1998/2000: 80,8)	Zuwanderungssaldo pro Jahr	Bevölkerungsstand im Jahre 2050 (2001: 82,4 Mio.)
Konstant	74,8	80,8	0	54 Mio.
W1 L1	78,9	85,7	100	67 Mio.
W1 L2	81,1	86,6	100	68,5 Mio.
W2 L2	81,1	86,6	200	75 Mio.
W3 L2	81,1	86,6	2 - 300*	80 Mio.
W3 L3	82,6	88,1	2 - 300*	81 Mio.

* Bis 2010: 200 000, ab 2011: 300 000 Zuwanderungssaldo.

Quelle: Statistisches Bundesamt: 10. koordinierte Bevölkerungsvorausberechnung (2003).

geben sich nicht nur aufgrund unterschiedlicher Annahmen hinsichtlich des Zuwanderungssaldos, sondern auch aufgrund unterschiedlicher Annahmen hinsichtlich der Entwicklung der Sterblichkeit. Trotz augenscheinlicher Zunahme gewisser Zivilisationskrankheiten sind sich die Experten über ein voraussichtliches Andauern des Sterblichkeitsrückgangs im Grundsatz einig; offen ist lediglich das Ausmaß. Wie Tabelle 2.9 (unter Zugrundelegung einer konstanten Fertilität von 1,4 Kindern) in der letzten Spalte zeigt, ist der dämpfende Einfluß der Wanderungen auf den Bevölkerungsrückgang (Varianten W) stärker als derjenige der angenommenen Erhöhung der Lebenserwartung (Varianten L). Selbst im Falle einer jährlichen Zuwanderung von (ab 2011) 300 000 Personen würde der Bevölkerungsstand bei gegenüber den letzten Jahrzehnten unveränderter Fertilität unter demjenigen von 2001 liegen.

Festzuhalten ist insbesondere der *progressive Charakter des Bevölkerungsrückgangs*, der für die Varianten B und C in Abbildung 2.8 auch bis zum Jahr 2100 verlängert gezeigt werden kann. Im mathematischen Modell handelt es sich bei Wachstums- wie bei Schrumpfungsprozessen um exponentielle und nicht um lineare Funktionen. Wie eine unkontrollierte Fertilität in Entwicklungsländern zu einem sich selbst beschleunigenden Bevölkerungswachstum führen kann, ist im Falle eines kontinuierlichen starken Geburtenrückgangs mit einer Bevölkerungsimplosion zu rechnen. Wenn – wie dies seit drei Jahrzehnten in der Bundesrepublik mit kleinen Schwankungen kontinuierlich der Fall ist – sich eine Frauengeneration über die Generationen hinweg nur noch zu etwa zwei Dritteln ersetzt, so bedeutet dies, daß 1000 Frauen nur noch 667 Töchter und 444 Enkelinnen und 296 Urenkelinnen bekommen. Wir stehen derzeit am Beginn der Enkelphase der geburtenschwachen Jahrgänge ab 1973, während die Enkelphase der Baby-Boomer aus den 1960er Jahren abklingt. Ein neuerlicher Geburtenrückgang ist damit für die kommenden Jahre vorprogrammiert, und er wird sich beschleunigt fortsetzen, solange nicht die mittlere Kinderzahl pro Frau nachhaltig steigt. Während im Jahre 1999 noch 771 000 Kinder in Deutschland geboren wurden, würden es beim Andauern der Fertilitätsverhältnisse der letzten 25 Jahre im Jahre 2050 nur noch 378 000 sein, also weniger als die Hälfte, mit weiter sinkender Tendenz. Sollte es gelingen, die durchschnittliche Kinderzahl kurzfristig auf 1,6 Kinder zu erhöhen,[14] so wären für 2050 immerhin ca. 499 000 Kinder zu erwarten.[15] *Die Wucht des demographischen Faktors ist um so größer, je weiter und je länger sich die Fertilität vom reproduktiven Gleichgewicht entfernt.*

Tab. 2.10: Dynamik des Bevölkerungsrückgangs: Der Einfluß von Fertilität, Mortalität und Zuwanderung

	Dimensionsveränderung pro Jahrzehnt in Prozent									
Intervalle	2000-2010		2020-2030		2040-2050		2060-2070		2080-2090	
Fertilität (TFR)	1,4	1,6	1,4	1,6	1,4	1,6	1,4	1,6	1,4	1,6
Angaben in	%	%	%	%	%	%	%	%	%	%
LE niedrig Wanderung 0	-2,6	-1,7	-6,5	-5,1	-11,3	-8,6	-12,8	-8,9	-13,6	-8,8
LE niedrig Zuwanderung 150 000 p. a.	-0,5	0,3	-3,7	-2,4	-7,1	-4,8	-7,5	-4,4	-7,3	-4,0
LE niedrig Zuwanderung 300 000 p. a.	1,5	2,3	-1,2	0,1	-3,8	-1,8	-3,9	-1,4	-3,8	-1,1
LE hoch Wanderung 0	-1,7	-0,9	-5,1	-3,9	-8,8	-6,6	-12,3	-8,7	-13,3	-8,6
LE hoch Zuwanderung 150 000 p. a.	0,3	0,7	-2,4	-1,8	-5,0	-4,0	-7,0	-4,2	-7,1	-3,9
LE hoch Zuwanderung 300 000 p. a.	2,2	3,1	0,0	1,2	-2,0	-0,1	-3,5	-1,1	-3,7	-1,0

Quelle: Birg, H., Flöthmann, E.-J., Frein, Th. und Ströcker, K. (1998); Simulationsrechnungen zur Bevölkerungsentwicklung in den alten und neuen Bundesländern im 21. Jahrhundert; Varianten: 1, 3, 4, 6, 10, 12, 13, 15, 16, 18, 22, 24. Eigene Berechnung und Darstellung.

14 Von dieser Annahme gehen die Vereinten Nationen für Deutschland aus. (United Nations 2001: 32)
15 Nach Flöthmann (2002: 9).

Wie Abbildung 2.8 gezeigt hat, läßt sich beim gegenwärtig niedrigen Fertilitätsniveau in Deutschland die Bevölkerungsschrumpfung auch durch kontinuierliche Zuwanderung nur mildern, nicht beseitigen. Um den möglichen Entwicklungskorridor des Bevölkerungsrückgangs zu verdeutlichen, werden in Tabelle 2.10 auszugsweise Ergebnisse von 12 der 36 Varianten einer Bevölkerungsvorausberechnung für das 21. Jahrhundert mitgeteilt, welche Herwig Birg und Jürgen Flöthmann (IBS Bielefeld) durch systematische Variation von Annahmen über Fertilität, Mortalität und Migration berechnet haben. Die Prozentzahlen beziehen sich auf die (i. d. R. negative) Wachstumsrate der jeweiligen Bevölkerung im angegebenen Jahrzehnt. Die Zahlen der obersten Zeile jeweils links (TFR = 1,4) entsprechen der Kurve C in Abbildung 2.8 (konstante Fertilität, geringer Sterblichkeitsrückgang, keine Wanderung), sie stellen sozusagen das »worst-case-scenario« dar.[16] Würde es gelingen, die Fertilität dauerhaft auf 1,6 Kinder pro Frau zu erhöhen, einen Wert also, den die meisten nord- und westeuropäischen Bevölkerungen erreichen oder übertreffen, würde der Bevölkerungsrückgang deutlich gebremst, und zwar etwa gleich stark wie bei einer kontinuierlichen Zuwanderung von jährlich ca. 120 000 Personen. *Sollte es gelingen, die mittlere Kinderzahl pro Frau dauerhaft auf 1,6 Kinder zu erhöhen, so würde bei einer Zuwanderungsintensität von 150 000 Personen jährlich zwar noch kein vollständiges demographisches Gleichgewicht, aber doch eine passable demographische Entwicklung erreicht. Das ist bei einer konsequenten Politik der Nachwuchsförderung kein unrealistisches Szenario.* Der Einfluß eines höheren Sterblichkeitsrückgangs bremst auch den Bevölkerungsrückgang, jedoch nur vorübergehend.[17] Da allerdings die Kinder- und Erwachsenensterblichkeit heute bereits annähernd minimal ist, beziehen sich die Lebensgewinne im wesentlichen auf Personen jenseits des Erwerbsalters, so daß davon keine Erleichterung, sondern eher eine Erschwerung der ökonomischen Probleme zu erwarten ist.

16 Allerdings ist darauf hinzuweisen, daß ein weiterer Rückgang der mittleren Kinderzahl pro Frau keineswegs auszuschließen ist. Auf dem Gebiet der ehemaligen DDR sank die TFR vorübergehend auf 0,8 Kinder.

17 Vgl. Tabelle 2.10, z. B. Zeile 2 im Vergleich zu Zeile 5; im Zeitraum 2080-2090 haben sich die Schrumpfungsraten weitgehend angeglichen, denn schließlich müssen alle Menschen einmal sterben.

»In den hochentwickelten Ländern sind keine besonderen Maßnahmen nötig, um Bevölkerungswachstum und Wirtschaftspotential in Übereinstimmung zu bringen, wohl aber in den Entwicklungsländern.«[18] Diese bislang vorherrschende Auffassung wurde durch die sogenannte »Theorie des demographischen Übergangs« gestützt, welche davon ausging, daß in traditionalen Gesellschaften sich hohe Geburten und Sterbehäufigkeiten in etwa die Waage halten und daß sich nach einer Übergangsphase mit starkem Bevölkerungswachstum im Zuge der Industrialisierung ein neues demographisches Gleichgewicht auf einem niedrigen Niveau von Fertilität und Mortalität einspiele. Ebendiese nur durch Gleichgewichtsvorstellungen gestützte Annahme wird durch die demographische Entwicklung in Europa und anderswo nunmehr in Frage gestellt (vgl. van de Kaa 1987). Seit bequeme Mittel der Geburtenkontrolle allgemein zugänglich und bevölkerungsweit habitualisiert sind, sind nicht mehr die Ursachen des Geburtenrückgangs, sondern die Bedingungen der Verfestigung familialer Lebensformen und die Zahl der aus ihnen hervorgehenden Kinder erklärungsbedürftig. Aus bevölkerungssoziologischer Sicht ist eine strukturelle Tendenz moderner Gesellschaften zur Kinderarmut zu vermuten (Nerlove 1974; Linde 1984; Birg u. a. 1991), welche bestenfalls durch erhebliche familien- und bildungspolitische Anstrengungen gemildert werden kann.[19]

Nehmen wir die skizzierten Entwicklungstendenzen zusammen, so ist für das gesamte 21. Jahrhundert mit einem zunächst fast unmerklichen, sich jedoch beschleunigenden Bevölkerungsrückgang sowie mit einer starken Alterung der Bevölkerung zu rechnen. Diese beiden miteinander verbundenen Entwicklungen lassen sich durch kontinuierliche Zuwanderung in einigermaßen realistischen Größenordnungen nur etwas mildern. *Lediglich eine Erhöhung der Fertilität über das gegenwärtige Durchschnittsniveau von 1,4 Kindern pro Frau könnte den absehbaren und sich im Laufe des 21. Jahrhunderts beschleunigenden Bevölkerungsrückgang nachhaltig bremsen.* In jedem Fall jedoch muß sich Deutschland (und Europa) auf eine weitere Zunahme des Senio-

18 These 2 des einem Kolloquium über das Wachstum der Weltbevölkerung zugrunde liegenden Thesenpapiers. In: Hochschule St. Gallen für Wirtschafts- und Sozialwissenschaften (Hg.) (1965): Das Wachstum der Weltbevölkerung. Zürich und Tübingen, S. 157.
19 Auf den säkularen Geburtenrückgang und die Erklärung der gegenwärtigen niedrigen Fertilität kommen wir in Kapitel 5 zurück.

renanteils und insbesondere auch des Anteils der Hochbetagten einstellen.

Der Schrumpfungsvorgang setzt für die *Bevölkerung im Erwerbsalter* früher, nämlich um 2010 ein (vgl. nochmals Abbildung 2.4). Sein Ausmaß ist für die absehbare Zeit nahezu ausschließlich von der Größe der Zuwanderung abhängig, weil ein weiterer Rückgang der Sterblichkeit angesichts der in diesen Altersgruppen bereits erreichten niedrigen Werte statistisch kaum zu Buche schlägt und weil eine eventuelle Erhöhung der Geburtenrate erst mit einer Verzögerung von rund zwei Jahrzehnten das Erwerbspotential vergrößert. Volkswirtschaftlich relevant sind hier selbstverständlich nicht allein die demographischen Relationen, sondern auch das Beschäftigungsniveau. Die tatsächlich erwerbstätige Bevölkerung in Deutschland ist durch die Verlängerung der Ausbildungsphase und das Ausmaß der Frühverrentungen, zunehmend aber auch durch wachsende Arbeitslosigkeit deutlich kleiner als das demographische Potential (vgl. Grünheid 1999).

2.3 Gibt es normative Maßstäbe zur Beurteilung der Bevölkerungsentwicklung?

Die Interpretation der skizzierten demographischen Entwicklungen und erst recht der Versuch, daraus Konsequenzen zu ziehen, beruhen stets auf bestimmten vorausgesetzten Wertungen. Wie bereits im ersten Kapitel angedeutet, sind diese normativen Referenzpunkte keineswegs selbstverständlich. Sie setzen zunächst einen Horizont kollektiver Verbundenheit voraus. Dies kann bereits auf der Ebene einer Stadt oder gar eines Stadtteils der Fall sein, wenn die dortigen Einwohner sich zusammentun, um z. B. Tendenzen der Abwanderung entgegenzuwirken. Den wichtigsten Solidarhorizont bildet nach wie vor der demokratische Verfassungsstaat, welcher gleichzeitig Möglichkeiten und Grenzen eines politischen Umgangs mit den Einflußfaktoren der Bevölkerungsentwicklung bestimmt. Angesichts der grundsätzlichen Anerkennung und des Schutzes individueller Entscheidungsfreiheit sind den Maßnahmen, die eine direkte Steuerung der Bevölkerungsentwicklung beabsichtigen, sehr enge Grenzen gesetzt. Eine »bevölkerungsrelevante Politik« kann jedoch nicht als grundsätzlich illegitim bezeichnet werden, solange sie sich auf die Beeinflussung von Gelegenheiten und Anreizstrukturen beschränkt. Allerdings bedarf sie aus wissenschaftlicher Sicht angemessener Vorstellungen über die Wirkungsweise entsprechender politischer Maßnahmen (Kaufmann, Strohmeier u. Federkeil 1992: 9).

Schon Platon und Aristoteles machten sich Gedanken über die optimale Größe einer Polis, und die Frage nach der optimalen Bevölkerungsentwicklung war für die entstehende Bevölkerungswissenschaft zentral.[20] Zwei Hauptströmungen standen sich gegenüber: Die »Populationisten«, welche zumeist im Horizont der absolutistischen Staatsauffassung des 17. und 18. Jahrhunderts standen, befürworteten das Bevölkerungswachstum: »Es gibt weder Wohlstand noch Macht außer durch Menschen« (Jean Bodin). Demgegenüber forderte Thomas R. Malthus eine Beschränkung der Geburten, vor allem in den armen Bevölkerungsschichten; demzufolge werden Gegner des Bevölkerungswachstums als »Malthusianisten« bezeichnet.

Man ist sich heute weitgehend darüber einig, daß sich eine optimale Bevölkerungsgröße oder Bevölkerungsdichte weder allgemein noch unter Berücksichtigung konkreter Gegebenheiten bestimmen läßt und daß dies auch eine falsch gestellte Frage ist.[21] Es besteht auch Einigkeit darüber, daß kurz- und mittelfristige Veränderungen von Größe oder Zusammensetzung einer Bevölkerung zwar praktische Probleme heraufbeschwören können, aber kein grundsätzliches wissenschaftlich zu bearbeitendes Problem darstellen. *Die zentrale Frage bezieht sich auf die Beurteilung unterschiedlicher langfristiger Trends der Bevölkerungsentwicklung*, wobei grundsätzlich drei Tendenzen zur Auswahl stehen: Wachstum, quasistationäre Entwicklung[22] und Bevölkerungsrückgang.[23]

20 Leider mangelt es an deutschsprachigen Überblicken zur Bevölkerungstheorie. Eine gute Zusammenfassung der Diskussion über optimale Bevölkerungsentwicklung gibt Sauvy (1968).
21 Vielmehr spricht vieles für die These: »Je größer die Möglichkeiten eines Landes sind, durch Handel und Investitionen auch außerhalb der politischen Grenzen seinen Wohlstand zu mehren, um so kleiner darf es sein bezogen auf Einwohner und Fläche.« (Hank 2004: 523; vgl. auch Alesina u. Spolaore 2003)
22 Man spricht von »quasistationär«, um anzudeuten, daß es sich nur um einen stationären Trend (gelegentlich auch »Null-Wachstum« genannt) handeln kann, was kurz- und mittelfristige Schwankungen um diesen Trend nicht ausschließt.
23 Teitelbaum u. Winter (1985: 10f.) unterscheiden zehn verschiedene Bedeu-

Bei der Beurteilung der Wünschbarkeit dieser Trends scheint nur eine an den wirtschaftlichen und sozialen Folgen orientierte, im Sinne Max Webers »verantwortungsethische« Position diskutabel, denn es sind keinerlei Gesichtspunkte erkennbar, welche einen Eigenwert der Bevölkerungsentwicklung begründen könnten. Das gilt in besonderer Weise in Gesellschaften mit einem dominant individualistischen Ethos. Stets muß ein kollektives Interesse eines »Gemeinwesens« vorausgesetzt werden, auf das sich die ins Auge gefaßte Bevölkerungsentwicklung bezieht und mit Bezug auf welches unterschiedliche Entwicklungstrends zu diskutieren sind. Daraus folgt, daß nur solche Wertgesichtspunkte in Betracht kommen, mit Bezug auf die *direkte* Auswirkungen demographischer Veränderungen plausibel sind. Herkömmlicherweise werden vor allem Machtinteressen und Wohlfahrtsinteressen diskutiert, doch empfiehlt es sich, auch ökologische Interessen mit einzuschließen.

Relativ einfach ist der Zusammenhang zwischen *Bevölkerungswachstum und Macht* zu plausibilisieren. Erstens ist die jeweilige Bevölkerungszahl einer Gruppe gerade in demokratisch orientierten Gemeinwesen ein Maßstab für den legitimen politischen Einfluß. Das gilt sowohl innerstaatlich für das Gewicht unterschiedlicher Interessen als auch zwischenstaatlich, wie zuletzt das Feilschen um entscheidungsrelevante Mehrheiten in der EU-Verfassung gezeigt hat.[24] Zweitens korreliert Bevölkerungswachstum mit einem hohen Anteil junger, auch für militärische Ziele mobilisierbarer Erwachsener. Und drittens besteht unter der Voraussetzung eines ausreichenden ökonomischen und kulturellen Entwicklungsstandes auch eine positive Korrelation zwischen Bevölkerungsgröße, Bevölkerungszunahme und wirtschaftlicher Macht. Unter Machtgesichtspunkten ist somit – von Situationen manifester und verelendender Überbevölkerung ab-

tungen des Begriffs »Population Decline«. Wir beschäftigen uns hier nur mit Bedeutung 7: »a decline in the net reproduction rate or intrinsic rate of natural increase to levels below replacement«, und auch dies nur, insoweit es sich um eine erkennbar dauerhafte Tendenz handelt. Die beiden Autoren stehen den politischen Debatten über Bevölkerungsrückgang kritisch gegenüber, konzedieren jedoch bezüglich Westeuropa »and especially for West Germany ... Population decline at such rapid rates would inevitably have more serious policy and political implications.« (Ebda., 130)

24 Auf diesen selten thematisierten Zusammenhang macht Nikolaus Busse unter dem Titel »Schrumpfender Einfluß« aufmerksam in FAZ, 8. 12. 2004.

gesehen – ein langfristiges Bevölkerungswachstum grundsätzlich erwünscht. Allerdings kann – ausgehend von einer anderen Prämisse, nämlich der Friedenserhaltung – das Bevölkerungswachstum problematisiert werden: Bevölkerungsdruck scheint die Wahrscheinlichkeit von Kriegen zu erhöhen (Bouthoul 1958). Alles in allem war der Zusammenhang zwischen Bevölkerung und politischer Macht in jüngerer Zeit kaum ein Thema mehr. Wenig (1985) vermutet, daß die Reduzierung eines partiellen Bevölkerungsdrucks der Unterschichten bzw. des überschüssigen Adels vor allem zwischen absolutistisch regierten Staaten ein Motiv der Kriegführung gewesen sei. Demokratien haben sich derartigen bevölkerungspolitischen Machtkalkülen gegenüber als bemerkenswert resistent erwiesen.

Allerdings ist nicht von der Hand zu weisen, daß Länder mit schrumpfenden und stark alternden Bevölkerungen, wie sie für Europa im 21. Jahrhundert charakteristisch zu werden scheinen, in der Auseinandersetzung mit »jüngeren« Ländern und Bevölkerungen unter Herausforderungen geraten, denen sie bestenfalls mittels besonderer Anstrengungen gewachsen sein können. Besondere Spannungen sind zu erwarten, wo junge migrationsbereite Bevölkerungen andere kulturelle und religiöse Orientierungen mitbringen. Im Gefolge des 11. September 2001 und neuerdings der Auseinandersetzungen mit Islamisten in den Niederlanden und Belgien ist ein Zusammenhang zwischen demographischen Veränderungen und den innenpolitischen Machtverhältnissen durchaus ernst zu nehmen. Allerdings werden die demographischen Einflüsse durch vielerlei andere Faktoren überlagert.

Was den Zusammenhang zwischen *Bevölkerungswachstum einerseits, Ressourcenverbrauch und Umweltbelastung andererseits* betrifft, so erscheint auf den ersten Blick ein negativer Zusammenhang plausibel. Dementsprechend wird aus ökologischer Sicht vor allem ein Wachstum der Bevölkerung problematisiert. Die intensive wissenschaftliche Diskussion der letzten Jahrzehnte legt jedoch differenziertere Urteile nahe (vgl. Robinson u. Srinivasan 1997; Pingali 2001; Fürnkranz-Prskawetz 2001; Teitelbaum 2001). Bezieht man die Rate des technologischen Fortschritts mit ein, der vielfach mit zunehmender Bevölkerungsdichte korreliert, so ergeben sich unterschiedliche Zusammenhänge je nach untersuchten Ressourcen und Umweltdimensionen. Ohne Zweifel ist für die Umwelt nichts schädlicher als extreme Armut der Bevölkerung, welche nahezu zwangsläufig zu einem Raubbau an der Natur führt. In Studien zur Rolle der Bevölkerungsentwicklung für die Entwicklung der Dritten Welt stellt Kelley (2001) kontroverse Meinungskonjunkturen und divergierende empirische Befunde fest; es spricht viel für die These, daß extrem hohe demographische Wachstumsraten (über 2 % jährlich) die ökonomische Entwicklung eher beeinträchtigen, während mäßige Wachstumsraten ihr eher förderlich sind. Einerseits ist das Wirtschaftswachstum, soweit es mit steigender Umweltbelastung einhergeht, nicht unproblematisch; andererseits werden umwelt- und ressourcenschonende Technologien eher in wachsenden als in stagnierenden Wirtschaften entwickelt.

Überhaupt nicht untersucht wurden bisher ökologische Folgen eines *langfristigen Bevölkerungsrückgangs*. Das ist wenig verwunderlich, da zumindest auf der Ebene ganzer Staaten bisher das Phänomen noch nicht aufgetreten ist. Bei Regionalstudien in Industrieländern läßt sich zeigen, daß landwirtschaftliche Gebiete vom Bevölkerungsrückgang weit stärker betroffen sind als die Städte. Der Zug in die prosperierenden Agglomerationsgebiete, wo auch die größten Umweltbelastungen entstehen, hält somit an.[25] Ob die zunehmende Verwilderung von bisherigen Kulturflächen als Folge einer Ausdünnung der Bevölkerung im ländlichen Raum per saldo der Ökologie eines Landes zuträglich ist, bedürfte vertiefter Prüfung.

Im Rahmen der vorliegenden Studie gehen wir auf die Macht- und Umweltperspektive nicht weiter ein, sondern konzentrieren uns auf die *Wohlfahrtsperspektive*, und zwar mit Bezug auf hochentwickelte Gesellschaften mit einer strukturellen Neigung zum Bevölkerungsrückgang. Die Wohlfahrtsperspektive erscheint insbesondere den Wertorientierungen der europäischen Wohlfahrtsstaaten angemessen. Aus ökonomischer Sicht geht es dabei vor allem um Zusammenhänge zwischen Bevölkerungsentwicklung und dem Wachstum sowie der Verteilung des Volkseinkommens. Aus soziologischer Sicht sind zusätzliche Dimensionen sozialer Ungleichheit zu beachten, aber auch Mentalitätsveränderungen sowie Dispositionen und Umstände, welche die Wahrscheinlichkeit von Familiengründungen betreffen.

25 So auch die Studie des Berlin-Institutes für Weltbevölkerung und globale Entwicklung: Deutschland 2020 – die demographische Zukunft der Nation. Berlin 2004.

Es läßt sich an dieser Stelle bereits vorwegnehmen, daß ein langfristiger Bevölkerungsrückgang auch aus der Wohlfahrtsperspektive ungünstig erscheint. Aus empirischer Sicht gilt: »Not one single historical or present-day instance can be cited of a declining or stagnating population that has enjoyed any real economic expansion.« (Sauvy 1968: 355) Auf der Ebene der Theoriebildung ist der Zusammenhang jedoch keineswegs so eindeutig. Eine Reduktion der Bevölkerung würde es gestatten, so die Argumentation, die vorhandenen Ressourcen auf weniger Köpfe zu verteilen. Wenn auch die Wachstumsrate des Volkseinkommens als Folge reduzierten oder gar negativen Bevölkerungswachstums sinken sollte, so braucht dies doch nicht zu einem Rückgang des Pro-Kopf-Einkommens zu führen, was als das entscheidende Wohlfahrtsmaß gilt. Wir werden zu begründen haben, warum diese optimistische Perspektive wenig plausibel ist (vgl. Abschnitt 3.7).

Neben der Wachstumsproblematik ist die *Verteilungsproblematik* für die Wohlfahrtsperspektive zentral. Ein direkter Zusammenhang zwischen demographischer Entwicklung und Verteilung ergibt sich aus der Verschiebung der Generationenverhältnisse (vgl. Abschnitt 7.3). Dieser Zusammenhang wird heute vor allem unter dem Gesichtspunkt der Generationengerechtigkeit diskutiert, doch verbergen sich hier auch weitere Verteilungskonflikte (vgl. Abschnitt 7.5). Ferner sind indirekte Zusammenhänge zu vermuten: Der Bevölkerungsrückgang beeinträchtigt das Wirtschaftswachstum, und ein Stagnieren der Wirtschaft verschärft die lohnpolitischen und sozialpolitischen Verteilungskonflikte. Berücksichtigt man ferner, daß der Bevölkerungsrückgang auch die strukturelle Anpassungsfähigkeit moderner Gesellschaften tendenziell beeinträchtigt, so ist zum mindesten zu prüfen, ob nicht auch grundlegende Bedingungen des sozialen Zusammenhalts durch die demographischen Entwicklungen in Frage gestellt werden.

2.4 Zur Gewichtung demographischer Argumentationen

Schließlich ist auch die Frage nach dem relativen Gewicht demographischer Entwicklungen im Verhältnis zu anderen ökonomischen, politischen und sozialen Entwicklungen zu diskutieren.

Die große Variationsbreite und gelegentliche Inkonsistenz empirischer Befunde wird schon dadurch erklärbar, daß die Forschungsansätze stets nur wenige Variablen gleichzeitig berücksichtigen. Die meisten theoretischen Argumentationen beschränken sich ebenfalls auf eine möglichst überschaubare Zahl von Zusammenhängen; stets handelt es sich um Partialanalysen. Eine breitere Perspektive läßt sich nur durch die Kombination der Schlußfolgerungen aus unterschiedlichen Partialanalysen gewinnen.

Was den hier im Zentrum stehenden Bevölkerungsrückgang betrifft, so läßt sich zunächst plausibel argumentieren, daß sein Einfluß um so größer wird, je stärker und je langfristiger er wirksam ist. Die Isolierung dieser Wirkungen in empirischen Untersuchungen ist allerdings schwierig, da demographische Faktoren recht unspezifisch wirken und mit Bezug auf nahezu alle wirtschaftlichen und sozialen Phänomene durch strukturelle Einflüsse und deren Wandel überlagert werden.

Schon hier sei darauf hingewiesen, daß nach der hier zu begründenden Auffassung der Einfluß des Bevölkerungsrückgangs als gravierender zu veranschlagen ist, als die Untersuchung einzelner Zusammenhänge nahelegt. Bei einzelnen Partialanalysen lassen sich fast immer weitere Einflußfaktoren namhaft machen, welche den demographischen Effekt überlagern und eventuell zu kompensieren vermögen. Die verhängnisvolle Wirkung eines langfristigen Bevölkerungsrückgangs resultiert aus dem Umstand, daß er sich nahezu in allen gesellschaftlichen Teilbereichen in gleichsinniger Weise auswirkt und dadurch auch geeignet ist, Wechselwirkungen auszulösen oder zu verstärken. Das soll mit dem Buchtitel »Schrumpfende Gesellschaft« ausgedrückt werden. Der Bevölkerungsrückgang wirkt relativ unspezifisch, aber umfassend in regressiver Richtung auf wirtschaftliche, soziale und wohl auch politische Verhältnisse ein. Er bewirkt einen Druck zur Veränderung, aber er stellt im Gegensatz zum Bevölkerungswachstum keine Ressourcen bereit, um diese Veränderungen in günstiger Weise zu gestalten. Vielmehr zeigen alle bisherigen Erfahrungen, daß der Bevölkerungsrückgang eher einer Immobilisierung der Verhältnisse förderlich ist.

3. Kapitel

Gefährdet der Bevölkerungsrückgang die Wirtschaftsentwicklung?

Die vorgestellten Projektionen der demographischen Entwicklung sind heute im wesentlichen unumstritten, nicht dagegen deren mutmaßliche wirtschaftliche und soziale Folgen. Genaugenommen sind mir neuere wirtschafts- und sozialwissenschaftliche Studien, welche die kumulativen Folgen eines sich über Generationen fortsetzenden Bevölkerungsrückgangs in Deutschland systematisch thematisieren, überhaupt nicht bekannt.[1] Auch die neueren Studien der OECD (1988, 1998, 2000), der Vereinten Nationen (1988) und der Weltbank (World Bank 1994) stellen das Altern der Bevölkerung, nicht ihren Rückgang ins Zentrum der Untersuchung. Erst jetzt im Jahre 2004, seit der Bevölkerungsrückgang in den neuen Bundesländern zu einem öffentlichen Thema geworden ist, mehren sich in der Bundesrepublik Äußerungen auch zu den Konsequenzen.[2] Ein Hauptgrund für die Vernachlässigung des Themas dürfte die Erfahrung der Nachkriegszeit mit ihrem erneuten Geburten- und Bevölkerungswachstum gewesen sein. So findet sich in einem einschlägigen Überblick von 1965 die Bemerkung: »Angesichts der Nachkriegsentwicklung... hat sich die in der Vorkriegszeit allgemein vertretene These, daß der Rückgang im Bevölkerungszuwachs oder gar die abnehmende Bevölkerung das typisch ›industrielle Bevölkerungsverhalten‹ sei, als grandioser Irrtum erwiesen.« (Bombach 1965a: 57)

1 Die einzige mit Modellrechnungen arbeitende ökonomische Studie zu den wirtschaftlichen Folgen eines Bevölkerungsrückgangs in Deutschland (Felderer 1983) rechnete mit einem Wiederanstieg der Nettoreproduktionsrate von 0,63 im Jahre 1977 auf 1,0 zu verschiedenen Zeitpunkten, definierte das Problem also als ein vorübergehendes. Für Österreich liegt eine aufschlußreiche empirische Studie mit mehreren Szenarien für die Periode von 1981 bis 2051 vor (Chaloupek u. a. 1988).

2 Vgl. Berlin-Institut für Weltbevölkerung und globale Entwicklung (2004). Ausführliche Berichterstattung in FAZ, 23. 4. 2004, S. 9 und 35, sowie GEO Mai 2004, mit Beilage. Die sächsische Landesregierung stellte nahezu gleichzeitig auf einem »Demographiegipfel« fünf von ihr in Auftrag gegebene Studien zu den Folgen des Schrumpfens der Bevölkerung in Sachsen vor: FAZ, 27. 4. 2004, S. 10.

Heute müssen wir dem »grandiosen Irrtum« und damit den Perspektiven einer »säkularen Stagnation« zum mindesten für Deutschland und erhebliche Teile Europas erneut größere Plausibilität zubilligen.

Ich entwickle die Argumentation zunächst unter der traditionellen »volks«wirtschaftlichen oder nationalstaatlichen Prämisse, vernachlässige also die Funktion des Außenhandels auf der ökonomischen und der internationalen Wanderungen auf der demographischen Seite. Wie in Abschnitt 3.5 zu zeigen sein wird, verändert die Einbeziehung dieser internationalen Dimension die Problematik nur graduell, nicht grundsätzlich.

3.1 Säkulare Stagnation

Das klassische Thema im Überschneidungsfeld von Bevölkerung und Wirtschaft war das Bevölkerungs*wachstum*, dem Adam Smith aufgrund erwarteter Skalenerträge positiv, Thomas Malthus aufgrund der erwarteten Verelendung negativ gegenüberstand.[3] Die gleichzeitige Expansion von Bevölkerung und Volkswirtschaft im Zuge des industriellen Zeitalters strafte die Befürchtungen von Thomas Malthus und die allgemeine Gültigkeit des sogenannten »Gesetzes vom abnehmenden Bodenertrag« Lügen und führte zu einer bis heute *grundsätzlich positiven Einschätzung des Bevölkerungswachstums für die Wirtschaftsentwicklung in industriellen Gesellschaften*, wo mit Kapitalknappheit nicht mehr zu rechnen ist.[4]

In den dreißiger Jahren des letzten Jahrhunderts wurde deshalb die Schärfe der damaligen Weltwirtschaftskrise mit dem seit dem Ersten Weltkrieg manifesten Geburtenrückgang in Verbindung

3 Einen Überblick über die einschlägigen Lehrmeinungen gibt Luptácik (1988).
4 Wesentlich umstrittener war und ist dagegen das Bevölkerungswachstum in den sogenannten Entwicklungsländern. Aufgrund eines weltweiten Samples von 134 Ländern kommen Barro und Sala i Martin (1999: 456) zum Schluß: »(Sc. Economic) Growth increases with favorable movements in the terms of trade and declines with increases in the fertility rate.« Dieser Zusammenhang ist sehr plausibel, spricht aber nicht gegen eine entgegengesetzte Korrelation unter der Voraussetzung verbreiteter Geburtenkontrolle und ausreichender Kapitalausstattung mit technischem Fortschritt. Für eine formalisierte Beweisführung vgl. Simon (1983).

gebracht. Im Anschluß an Keynes wurde dabei die Wirtschafts-
krise vor allem als Nachfrageschwäche thematisiert und *im Wegfall des Bevölkerungswachstums ein wesentlicher Erklärungsfak-
tor für die Nachfrageschwäche, die sinkenden Investitionschancen
und die hohe Arbeitslosigkeit* gesehen. Keynes stellte selbst den
Zusammenhang zur Bevölkerungsentwicklung her: Die Nachfrage nach neuem Investitionskapital habe sich in der Vergangenheit je etwa zur Hälfte aus der Notwendigkeit der Bedürfnis-
befriedigung einer wachsenden Bevölkerung einerseits und zur
Realisierung von Erfindungen und anderen Verbesserungen ergeben, die zu einer Steigerung des Lebensstandards führten. Wenn
das Bevölkerungswachstum entfalle, so bedürfe es entweder einer
Nivellierung der Einkommensverteilung, um die Sparrate zu senken oder einer starken Senkung der Zinsen, um weitere wohl-
standssteigernde Investitionen profitabel zu machen. »Unques-
tionably a stationary population does facilitate a rising standard
of life; but on one condition only – namely that the increase in resources or in consumption, as the case may be, which the statio-
nariness of population makes possible, does actually take place.«
(Keynes 1937: 16)

Das bei Keynes eher beiläufige Argument wurde von Alwin
Hansen zu einer »Theorie der säkularen Stagnation« verdichtet
(vgl. Hansen 1939, 1941). Das Hauptargument lautet: Das bisherige Wirtschaftswachstum habe vor allem auf drei Investitions-
anreizen basiert, nämlich der Entdeckung neuer Territorien und
Ressourcen, dem Bevölkerungswachstum und innovativen Erfindungen. Die beiden erstgenannten »extensiven« Investitions-
gelegenheiten verlören an Bedeutung, so daß zukünftige Wachs-
tumsimpulse nur noch von Erfindungen und technischen
Neuerungen zu erwarten seien. Das Wachstum der Bevölkerung
stimuliere unmittelbar die Konsumnachfrage und mittelbar noch
stärker die Investitionen und damit auch das Wirtschaftswachstum. Dementsprechend könne eine Volkswirtschaft ohne Bevölkerungswachstum Vollbeschäftigung nur durch »intensives«
Wachstum, d. h. durch eine entsprechend erhöhte Innovationsrate im Bereich der wirtschaftlichen Güter und damit verbundene
Investitionen zur Steigerung des Lebensstandards der Bevölkerung erreichen. Aus der Perspektive der dreißiger Jahre erschien
eine marktinduzierte qualitative Expansion unwahrscheinlich. So
gelangten Keynes und Hansen zu pessimistischen Prognosen hin-

sichtlich des Wirtschaftswachstums, was in der Folge sich zur Forderung nach einer staatlichen Vollbeschäftigungspolitik verdichtete.

Bekanntlich hat die sich auf Keynes berufende Wirtschaftspolitik der Nachkriegszeit die Empfehlungen von Keynes und auch von Hansen nur zur Hälfte aufgenommen und die empfohlene Einschränkung öffentlicher Ausgaben in Zeiten der Hochkonjunktur und die dadurch ermöglichte Schuldentilgung unterlassen. Das hat maßgeblich zur Delegitimierung des Keynesianismus in den letzten zwei Jahrzehnten und zur Renaissance neoklassischer Theorieansätze und einer »angebotsorientierten« Wirtschaftspolitik beigetragen. In unserem Zusammenhang interessiert die neoklassische Wachstumstheorie wegen ihrer *Ausklammerung des demographischen Faktors aus dem engeren Theoriedesign.*[5] Demographische Veränderungen gelten als dem Marktgeschehen externe Faktoren, welche nur mittelbar – über das Arbeitsangebot oder die Nachfrage nach bestimmten Gütern – wirksam werden können. Die Theorie postuliert, daß die Anpassungsfähigkeit der Märkte ausreiche, um die Veränderungen der Faktorkonstellationen optimierend zu verarbeiten, also beispielsweise den Mangel an geeigneten Arbeitskräften durch erhöhten Kapitaleinsatz zu substituieren oder durch Verlegung von Produktionsstandorten auch neue (und billigere) Arbeitskraftreserven zu erschließen. Dementsprechend wird auch angenommen, daß die heute absehbaren Probleme einer staatlichen Alterssicherung im wesentlichen eine Folge des staatlich geregelten Umlageverfahrens seien und sich durch eine stärkere Privatisierung der Altersvorsorge (bei gleichzeitiger Anlage der Ersparnisse im Ausland) lösen ließen.[6] Auch im neoklassischen Denkmodell wirkt sich eine Reduktion der Bevölkerung zwar dämpfend auf das Wirtschaftswachstum aus. Aber den Wohlstand

---

5 Einen vorzüglichen Überblick über die neoklassischen und postkeynesianische Wachstumstheorien der Nachkriegszeit gibt Bombach (1965); vgl. auch Felderer u. Sauga (1988). Zur Schwierigkeit, das Bevölkerungsproblem in neoklassische Wachstumsmodelle zu integrieren, bemerkt Cigno (1984a: 19): »In discussing the desirability of a higher or lower rate of population growth, we must also be careful not to slip into the habit of talking of the ›effect‹ that this would have on the levels of the growth rates of per capita income and consumption, because income, consumption and population are simultaneously determined.«
6 Vgl. Börsch-Supan (1999) sowie unten Abschnitt 7.7.

im Sinne des Pro-Kopf-Einkommens wird dadurch nicht reduziert, ja, kann sich bei gleichzeitiger Steigerung der Arbeitsproduktivität sogar erhöhen. Ein wirkliches Problem entsteht hier aus einer Bevölkerungsschrumpfung nicht; bei jeder Konstellation im Verhältnis von Arbeitsangebot und Kapital finden die Marktkräfte die jeweils optimale Lösung. *Wir stoßen damit auf den theoretischen Kern der in Deutschland vorherrschenden Verharmlosung des Geburten- und Bevölkerungsrückgangs seitens der Wirtschaftswissenschaften.*

3.2 Ermöglicht ein Rückgang der Bevölkerung die Steigerung der Pro-Kopf-Einkommen?

Ein charakteristisches Beispiel für diese Einstellung stellt das Gutachten des Wissenschaftlichen Beirats beim Bundesministerium für Wirtschaft »Wirtschaftspolitische Implikationen eines Bevölkerungsrückgangs« (1980) dar, das in der Feststellung gipfelt: »Es zeigt sich, daß sogar das *gesamte* Sozialprodukt dann weiter zunehmen kann, wenn die Gesamtbevölkerung und selbst wenn die Erwerbsbevölkerung ständig schrumpft. Die wichtigste Voraussetzung hierfür ist, daß die Rate des technischen Fortschritts die Schrumpfungsrate der Erwerbsbevölkerung übersteigt. Eine Steigerung des *Pro-Kopf*-Einkommens und damit des Lebensstandards ist langfristig auch bei schrumpfender Bevölkerung möglich, solange überhaupt technischer Fortschritt realisiert wird.«[7]

Dies ist mit den Überlegungen von Keynes und Hansen grundsätzlich vereinbar: Ein Bevölkerungsrückgang ist ökonomisch und wohlstandspolitisch *nur* dann unproblematisch, *wenn* es gelingt, die ausfallende Nachfrage durch eine höhere Rate des sozioökonomischen und technischen Fortschritts und durch eine entsprechende Verschiebung und Zunahme der Nachfrage seitens der Konsumenten zu kompensieren. Die Erfüllung dieser Bedingungen erscheint aus der Sicht der neoklassischen Wachstumstheorie unproblematisch; deshalb wird hier der Bevölkerungsentwicklung lediglich als »exogener Faktor« behandelt und ihr keine theoretische Bedeutung zugemessen. Die postkeynesianische

---

7 Bundesministerium für Wirtschaft (1980: 24) (Hervorhebg. i. Orig.); hierzu bereits kritisch Wagner (1988).

Wachstumstheorie dagegen orientiert sich primär am Investitionsgeschehen, das hier nicht einfach von der Sparrate, sondern von den unternehmerischen Entscheidungen abhängig ist (Bombach 1964: 420). Für diese Entscheidungen kann sowohl auf der Nachfrageseite (Zahl der Konsumenten) als auch auf der Angebotsseite (Zahl der Arbeitskräfte) die Bevölkerung zum mindesten mittelbar relevant werden.

Als erster führte Tinbergen (1942) das langfristige Wirtschaftswachstum theoretisch auf drei Grundfaktoren zurück, nämlich das Bevölkerungswachstum, die Kapitalakkumulation und den technischen Fortschritt. Wenig befriedigend blieb in der Wachstumstheorie vor allem die Behandlung des technischen Fortschritts, der lange Zeit als unerklärte Größe der Modelle behandelt wurde. Wir werden im folgenden Abschnitt durch eine Verknüpfung von Wachstumstheorie und Humankapitaltheorie eine empirisch gehaltvolle Erklärung versuchen.

Insoweit die Diskussion über das Verhältnis von Bevölkerungs- und Wirtschaftswachstum nach dem Zweiten Weltkrieg wiederaufgenommen wurde, finden sich ähnliche Argumente wie bereits in den dreißiger Jahren, doch gingen die Meinungen über das den demographischen Einflüssen zuzumessende *Gewicht* im Vergleich zu anderen Wachstumsfaktoren stark auseinander. Hierzu tragen die erheblichen Schwierigkeiten im Rahmen empirischer Untersuchungen bei, die Wirksamkeit des demographischen Faktors zu isolieren. Felderer und Sauga (1988: 210ff.) fassen ihre Überlegungen dahingehend zusammen, daß in kurzfristiger (d. h. »der Zeitraum von etwa zwei Generationen«) Perspektive die ökonomischen Vorteile eines Geburtenrückgangs überwiegen, während in langfristiger Perspektive eines »säkularen Trends« die negativen Folgen einer Bevölkerungsstagnation oder -schrumpfung dominieren.

Der erste Teil dieser These wurde durch die Empirie bestätigt: Bekanntlich hat die Bundesrepublik seit dem Beginn des Geburtenrückgangs um 1965 bis zur Wiedervereinigung (1990) eine historisch einmalige Wohlstandssteigerung erlebt: Das Pro-Kopf-Einkommen der Bevölkerung hat erheblich zugenommen, während die volkswirtschaftlichen Wachstumsraten im Vergleich zur Nachkriegszeit zurückgingen. Vom Wirtschaftswachstum profitiert haben breite Bevölkerungskreise, und ein erheblicher Teil des Wachstums floß in öffentliche Investitionen, vor allem in den

1970er Jahren. Die außerhäusliche Erwerbsbeteiligung der Frauen nahm stark zu und ermöglichte den Frauen eine bis dahin nie dagewesene Unabhängigkeit, die sich familiensoziologisch in zunehmenden Scheidungsraten und sinkender Heiratsneigung manifestierte.[8] Die starke Zunahme der Kinderlosigkeit, welche für Männer nicht weniger zutrifft als für Frauen, ist ebenfalls Ausdruck der gestiegenen Unabhängigkeit. Mit Felderer und Sauga steht zu befürchten, daß in den kommenden Jahrzehnten dagegen die Nachteile des andauernden Geburtenrückgangs dominieren werden.

Festzuhalten ist aus der bisherigen Diskussion, daß der Wegfall des Bevölkerungswachstums *grundsätzlich* die Möglichkeiten der Wohlstandssteigerung erweitert. Es wird weniger Kapital für die Finanzierung extensiver Investitionen benötigt, welche den Bevölkerungszuwachs wirtschaftlich integrieren, somit stehen Ersparnisse in höherem Umfange für intensive, den Wohlstand der Bevölkerung steigernde Investitionen zur Verfügung. *Inwieweit derartige Investitionen jedoch getätigt werden, hängt von den Gewinnerwartungen der Unternehmer ab, welche sich an den Wachstumchancen ihres jeweiligen Marktes orientieren.* Wir müssen somit zwischen Märkten unterscheiden, deren Expansion stark vom Bevölkerungszuwachs abhängt, und solchen, deren Expansion vor allem von der Einkommensentwicklung abhängt. Zu den ersteren gehören die (privaten und öffentlichen) Güter des elementaren Lebensbedarfs: Ernährung, Kleidung, Wohnung, Mobilität, Gesundheit, Bildung. Zwar kann auch hier die Nachfrage noch durch eine die Konsumchancen egalisierende Einkommensumverteilung oder durch öffentliche Subventionen gefördert und durch Qualitätssteigerung des Angebots stimuliert werden, aber *das solide Fundament der lebensnotwendigen Nachfrage geht vor allem im Falle eines langfristigen Bevölkerungsrückgangs dauerhaft zurück.* Zur zweiten Kategorie gehören vor allem die sogenannten superioren Güter, welche erst nach Sättigung der elementaren Bedürfnisse nachgefragt werden, beispielsweise der Tourismus, Luxusgüter oder kulturelle Events, welche – stets unter der Voraussetzung einer breiten Einkommensverteilung – vom Privileg einiger weniger zum Massenkonsum mutie-

---

8 Dieser Befund bezieht sich im wesentlichen auf die einheimische Bevölkerung. Mit Rücksicht auf die gleichzeitige Zuwanderung wären Differenzierungen notwendig.

ren können. Inwieweit die das Pro-Kopf-Einkommen erhöhenden intensiven Investitionen die lediglich das Sozialprodukt
erhöhenden extensiven Investitionen ersetzen können, hängt
zum einen von der Innovationsrate und zum anderen von den
Möglichkeiten einer weiter egalisierenden Einkommensumverteilung ab. Auf jeden Fall aber ist mit erheblichen Strukturwandlungen von Güternachfrage und Güterangebot zu rechnen.

Die Notwendigkeit dieses Strukturwandels läßt sich auch aus
der demographischen Perspektive verdeutlichen: Der Geburtenrückgang führt zwangsläufig zum Altern der Bevölkerung, das
durch den überproportionalen Sterblichkeitsrückgang in höheren
Lebensaltern noch verstärkt wird (vgl. Abschnitt 2.1). Weil die
Nachfrage nach bestimmten Gütern deutlich mit dem Lebensalter
korreliert, kommt es auch bei den Marktchancen von Gütern des
elementaren Lebensbedarfs nicht nur auf die Entwicklung der
Gesamtbevölkerung, sondern auch auf diejenige bestimmter Altersgruppen an. Für die nächsten Jahrzehnte ist vor allem mit einer
Zunahme der Nachfrage nach Dienstleistungen für alte Menschen
zu rechnen, während die Nachfrage nach den für Familienhaushalte charakteristischen Gütern (z. B. Einfamilienhäusern) tendenziell zurückgeht. Nach Ansicht der meisten Wirtschaftsexper-
ten lassen sich derartige Strukturwandlungen der Nachfrage im
Rahmen von Marktwirtschaften jedoch ohne größere Schwierigkeiten lösen; wenn es ein gravierendes Problem gibt, so bezieht es
sich auf den Gesamtumfang, nicht auf die Struktur der Nachfrage.
Chalupek u. a. (1988: 451) schätzen für Österreich unter Zugrundelegung einer Reproduktionsrate der Bevölkerung von 70 % und
bei *konstanter* Produktivität bis 2051 einen Rückgang des privaten Konsums von 17 %, einen Rückgang des öffentlichen Konsums um 39 % und der Brutto-Anlageinvestitionen um 40 %. Das
ist keine Kleinigkeit, die also durch Produktivitätssteigerung und
Innovation erst einmal kompensiert werden muß!

Neuere Prognosen des langfristigen zukünftigen Wirtschaftswachstums in Deutschland lassen nur noch bescheidene Wachstumsraten erwarten. So schätzt die *Deutsche Bank Research*
(2003:1) unter Fortschreibung der bisherigen Trends der Bevölkerungsentwicklung »die Potenzialrate in den kommenden De-
kaden auf knapp 1 % p. a. ... Wird zusätzlich noch auf Migration
im bisherigen Umfang verzichtet, d. h. ohne ›Hilfe von außen‹,
wäre nur noch mit einem Trendwachstum von etwa $\frac{1}{2}$ % p. a. zu

Abb. 3.1: Wachstumsraten von Bevölkerung, Beschäftigung und Bruttoinlandsprodukt

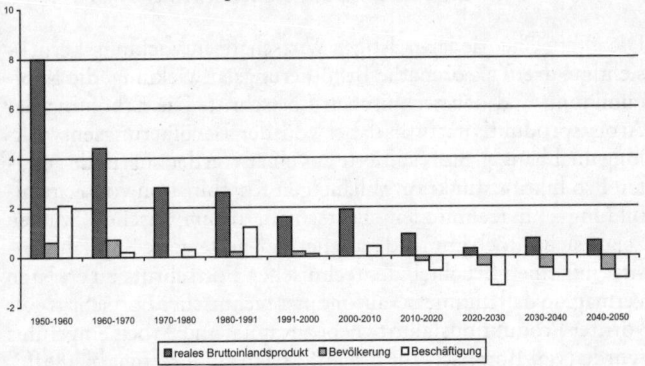

Quelle: Informationsdienst des Instituts der deutschen Wirtschaft (2004), hier nach iwd 30. Jg., Nr 18, 29. 4. 2004.

rechnen.«[9] Abbildung 3.1 zeigt eindrücklich den rückläufigen Trend des Wirtschaftswachstums, der deutlich mit der Beschäftigung korreliert.[10]

Zudem ist hier eine weitere Dimension in Betracht zu ziehen, nämlich der überwiegend durch öffentliche Umverteilung finanzierte Unterhalt der nicht mehr Erwerbstätigen im Rahmen moderner Wohlfahrtsstaaten. Hier entstehen im absehbaren Fortgang des demographischen Alterns Verteilungskonflikte, von deren Ausgang die altersspezifische Nachfrage nach Gütern und Diensten nachhaltig beeinflußt wird (vgl Abschnitt 7.5). Auch wenn die Produktivität der Erwerbstätigen weiter steigt, dürfte angesichts ihres anteilsmäßigen Rückgangs an der Gesamtbevölkerung das Pro-Kopf-Einkommen deutlich weniger steigen, wenn nicht gar rückläufig sein. Die Gründe für diese Möglichkeit werden erst deutlich, wenn wir auch den Aspekt des Arbeitsangebots in die Betrachtung einbeziehen.

9 Ähnliche Prognose seitens des Weltwirtschaftsforums, vgl. FAZ, 20. 1. 2004.
10 Die hier mitgeteilten Werte für das zukünftige Wirtschaftswachstum unterstellen eine jährliche Produktivitätssteigerung pro Beschäftigten von 1,5 %.

3.3 Die zunehmende Relevanz der Humanvermögen für die Produktivitätsentwicklung

Die ältere Theorie langfristiger Wirtschaftsentwicklung berücksichtigte drei Faktoren: die Bevölkerungsentwicklung, die Kapitalbildung und den technischen Fortschritt. Die Erhöhung der Arbeitsproduktivität war dabei von der Bevölkerungsentwicklung unabhängig. Sie resultierte aus einer von der zugrunde gelegten Produktionsfunktion abhängigen Kombination von Kapitalbildung und technischem Fortschritt. In empirischen Studien zeigte sich jedoch immer deutlicher, daß gesteigerte Kapitalintensität nur einen Bruchteil des technischen Fortschritts zu erklären vermag, so daß nunmehr »autonomer technischer Fortschritt« als »dritter Produktionsfaktor« neben Kapital und Arbeit eingeführt wurde (vgl. Bombach 1965: 790ff.; Clar u. Doré 1997b: 289ff.). Allerdings blieb dessen Zustandekommen unklar. Erst die Humankapitaltheorie hat hier brauchbare Erklärungen gebracht: »Technischer Fortschritt in Form neuer Güter und Prozesse wird endogenisiert und hängt in entscheidendem Maße von den Investitionen in Humankapital ab.« (Pfeiffer u. Falk 1999: 24)

Bereits der Vorkämpfer für den deutschen Zollverein und autodidaktische Nationalökonom *Friedrich List* hatte in seiner Auseinandersetzung mit Adam Smith darauf hingewiesen, daß dieser zwar die Ursachen des Volkswohlstandes zu Recht in der Produktivität der Arbeit sehe, daß er aber die Produktivität der Arbeit selbst nicht zu erklären vermöge. »Die Kraft, Reichtümer zu schaffen, ist ... unendlich wichtiger als der Reichtum selbst.« (List 1930/1841: 173). Arbeitsproduktivität ist für List keine natürliche Gegebenheit, sondern das Zentralproblem der Entwicklung eines Landes, und er nennt in seiner »Theorie der produktiven Kräfte« hierfür im wesentlichen vier Faktoren, nämlich (1) natürliche Gegebenheiten wie Klima oder Bodenschätze, (2) institutionelle Bedingungen im Sinne der kulturellen, rechtlichen und organisatorischen Bedingungen eines Landes, (3) die Summe aller individuellen Kräfte, welche in Form von Erziehung, Bildung und Erfahrung der Bevölkerung als »Nationalproduktivkraft« ihren Begriff finden, und schließlich (4) die »Agrikulturkraft« und »Manufakturkraft«, worunter er den Entwicklungsstand von Landwirtschaft und Industrie verstand, also moderner gesprochen: den erreichten Stand an Technologie und Wissen.

Anscheinend ohne Kenntnis des Werkes von List wurden die zwei letzten Sachverhalte in der neueren Humankapitaltheorie (für den Faktor 3) und in der aktuellen soziologischen Theorie der Wissensgesellschaft (für den Faktor 4) erneut entdeckt.

Schon für List gehörte es zu den Einseitigkeiten der ökonomischen Theorie, daß sie sich ausschließlich mit marktvermittelten Prozessen der Produktion auseinandersetzt und den gesamten Bereich der Haushaltsproduktion aus dem ökonomischen Geschehen ausklammert: »Ein Vater, der seine Ersparnisse opfert, um seinen Kindern eine ausgezeichnete Erziehung zu geben, opfert Werte; aber er vermehrt beträchtlich die produktiven Kräfte der nächsten Generation. Dagegen ein Vater, der seine Ersparnisse auf Zinsen legt unter Vernachlässigung der Erziehung seiner Kinder, vermehrt um ebensoviel seine Tauschwerte, aber auf Kosten der produktiven Kräfte der Nation.« (List 1927: 193) Hier wird das Dilemma zwischen individueller und volkswirtschaftlicher Rationalität bereits klar angesprochen, das heute den Kern des Problems der Nachwuchssicherung ausmacht (vgl. Abschnitt 5.8).

Im vorliegenden Zusammenhang interessiert vor allem die *Humankapitaltheorie*,[11] welche Theodore W. Schultz 1979 den Nobelpreis für Wirtschaftswissenschaften eingebracht hat.[12] Das zusammenfassende Werk von Schultz trägt den sprechenden Titel: »In Menschen investieren. Die Ökonomik der Bevölkerungsqualität« (Schultz 1986). Versteht man unter Humankapital mit Friedrich List die Gesamtheit der in einer Volkswirtschaft eingesetzten Kompetenzen der Arbeitskräfte, so folgt daraus, daß Humankapital »von endlicher Lebensdauer und an Menschen gebunden« ist, so daß die *Zahl der Erwerbstätigen* als erster Bestim-

---

11 »Für den größten Teil der Diskussion wird ›Humankapital‹ als die eine oder andere Variante der in der Erwerbsbevölkerung ›verkörperten‹ formalen Bildung definiert.« (Alex u. Weißhuhn 1980: 17) Damit wird ›Humankapital‹ auf einen Begriff der Bildungsökonomie reduziert. Wir gehen demgegenüber mit Theodore W. Schultz und Friedrich List von einem realitätsnäheren Konzept aus, das grundsätzlich die gesamten Kosten für das Aufbringen der nachwachsenden Generation als Investition in das Humankapital begreift. Zur Ausarbeitung des Begriffs vgl. Clar u. Doré (1997a).

12 Wenigstens erwähnt sei ein längst vergessener Vorläufer der Humankapitaltheorie: Rudolf Goldscheid (1870-1931), vgl. insb. Goldscheid (1908); zu Goldscheid nunmehr Exner (2004).

mungsfaktor für die Größe des Humankapitals einer Volkswirtschaft gelten kann (Homburg 1995: 345). Die zweite Bestimmungsgröße betrifft die *Qualifikation*, Gesundheit und Motivation der Arbeitskräfte, wie sie durch familiale und außerfamiliale Sozialisation, durch Schul-, Berufs- und Weiterbildung, durch Berufserfahrung sowie die zahlreichen Maßnahmen des betrieblichen, privaten und öffentlichen Gesundheitswesens beeinflußt werden (vgl. Schultz 1986: 12ff., 29ff.).

Schultz und auch manche Bildungsökonomen unterscheiden nicht zwischen den Kompetenzen der Arbeitskräfte und dem institutionell/organisatorisch vorhandenen Wissen.[13] Aus soziologischer Sicht handelt es sich hier jedoch um zwei völlig verschiedene Modi der Generierung und Tradierung von Wissen, die sich allerdings bei Messungen der Arbeitsproduktivität auf der volkswirtschaftlichen Ebene nicht trennen lassen. Humankapital meint präzise »das in ausgebildeten und lernfähigen Individuen repräsentierte Leistungspotential einer Bevölkerung. Es ist eine personengebundene Größe, deren Wert sich über Zeit verändern kann, auch in Abhängigkeit von Veränderungen im Umfeld des Humankapitaleinsatzes.« (Clar, Doré u. Mohr 1997: VI) Hiervon wird unterschieden das »Sozialkapital«[14] und das »Wissenskapital«, nämlich das »nicht an Personen gebundene, ökonomisch relevante Wissen«, wie es entweder allgemein zugänglich in Bibliotheken, Datenbanken u. ä. oder aber in Organisationen als spezifische Ressource (»Organisationswissen«) vorhanden ist (ebda., S. VIf.).

Die Rede vom »Humankapital«, das durch »Investitionen« in die Quantität und Qualität der Bevölkerung, insbesondere des Bevölkerungsnachwuchses, entsteht, ist ein kognitiver Durchbruch im Rahmen der Wirtschaftswissenschaften, um sowohl den technischen Fortschritt zu entmystifizieren als auch der Bevölkerungsentwicklung den ihr zukommenden Platz in der Theorie zu ermöglichen. Auf der Mikroebene entspricht dieser Umorientie-

13 Einen Überblick über die einschlägige Diskussion geben Bodenhöfer u. Riedel (1998).
14 »Das soziale Kapital einer Gesellschaft – gemeinsame Grundwerte, tradierte Regeln, verbindliche Normen, gegenseitiges Vertrauen, Beziehungsnetze, sozialer Friede, Gemeinwohlorientierung, soziales und politisches Engagement auf allen Stufen – ist nicht nur eine wichtige Voraussetzung für eine funktionierende Demokratie, sondern auch für eine leistungsfähige Wirtschaft.« (Mohr 1997: 97)

rung die Rückgewinnung der Haushaltökonomie für die ökonomische Theorie (bahnbrechend Schultz 1974). Ein entscheidender Grund, weshalb die bisher vorherrschenden wirtschaftspolitischen Auffassungen die Rolle der Familie für die Volkswirtschaft unterschätzen, ist in der Auffassung zu suchen, daß die Aufwendungen für Kinder eine *Frage des privaten Konsums* seien. Wenn man, wie nun auch Gary S. Becker (2003: 99f.) vorschlägt, die Aufwendungen der Eltern für ihre Kinder wie auch die staatlichen Familienbeihilfen und die Aufwendungen für die Bildungspolitik nicht mehr als Konsumausgaben, sondern als *Investitionen, als Bildung von Humankapital begreift*, wird die enorme *Investitionslücke* sichtbar, die sich die Bundesrepublik durch ihre niedrige Fertilität in den letzten drei Jahrzehnten geleistet hat (vgl. Abschnitt 3.4).

Im Zuge der industriellen Entwicklung und des Übergangs zur Dienstleistungsgesellschaft und neuerdings zur »Wissensgesellschaft« scheint die Zunahme von Arbeitsproduktivität immer weniger vom Wachstum des Sachkapitals und immer stärker von der Zunahme des Humankapitals abhängig (vgl. Nerlove 1974: 540f.; Buttler u. Tessaring 1993; Ewerhart 2001: 32f.). Das Wachstum des Humankapitals ist also gerade in fortgeschritten modernisierten Gesellschaften der Schlüsselfaktor auch für weiteren technischen Fortschritt. Das zeigt auch Homburg: »... das Bevölkerungswachstum [erklärt] nur einen verschwindend geringen Teil der Streuung der Wachstumsraten ... Hingegen ist der vom Humankapitalmodell prognostizierte Zusammenhang zwischen Wachstumsrate und Investitionsquote empirisch gut belegt.« (Homburg 1995: 352f.) *Der Zusammenhang zur Bevölkerungsentwicklung ist also durch die Humankapitalbildung vermittelt*. Demzufolge kann der Rückgang nachwachsender Generationen in gewissem Umfange durch deren bessere Qualifikation kompensiert werden. Dies findet seine Grenze allerdings an der Bildungsfähigkeit der Individuen (vgl. Weinert 1997), ganz abgesehen von den Restriktionen des Bildungswesens und anderer Qualifikationsinstanzen. Humankapital läßt sich also nicht in beliebiger Größe in Individuen akkumulieren, deshalb kommt es gleichermaßen auf die Menge der Individuen an. Im Unterschied zur Demographie argumentieren wir im folgenden nicht mehr mit Personen als statistischen Einheiten, sondern als *Träger von Kompetenzen*.

Aus soziologischer Sicht – und auch aus der bereits von Friedrich List entwickelten Perspektive – ist der Begriff des Humankapitals jedoch noch zu eng. Die Kommission für den Fünften Familienbericht der Bundesregierung hat daher den Begriff des *Humanvermögens* vorgezogen, um auf die Leistungen der Familien und des Bildungswesens aufmerksam zu machen. Damit sind gegenüber dem Kapitalbegriff drei Umakzentuierungen verbunden. Erstens: In der Sprache wirtschaftlicher Bilanzen fällt »Vermögen« in den Bereich der Aktiva, »Kapital« dagegen in den Bereich der Passiva, also der Verbindlichkeiten eines Unternehmens; die Handlungskompetenzen der Mitarbeiter gehören jedoch wie die Sachinvestitionen auf die Seite der Aktiva, der Ressourcen einer Unternehmung bzw. einer Volkswirtschaft, wie auch der Individuen selbst. Zum zweiten läßt sich statt von Handlungskompetenzen auch im Sinne von ›Handlungsvermögen‹ eines Menschen sprechen, so daß der Vermögensbegriff sich sowohl für die mikrotheoretische Bezeichnung der individuellen Kompetenzen als auch für die makrotheoretische Bezeichnung der Summe aller Kompetenzen eignet (vgl. Krüsselberg 2002: 95). Schließlich und vor allem soll mit dieser Umbenennung der ökonomische Reduktionismus vermieden werden, welcher mit der Humankapitaltheorie verbunden ist. Denn der gesellschaftliche Fortschritt braucht nicht nur Arbeitskräfte, sondern ebenso kompetente Konsumenten, verantwortliche Eltern, partizipationsfähige Bürger und aktive Mitglieder einer Zivilgesellschaft. Zu berücksichtigen sind also nicht nur die Fachkompetenzen (Arbeitsvermögen) einer Bevölkerung, sondern ebenso deren Daseinskompetenzen (Vitalvermögen).[15] Vitalvermögen sind auch eine wesentliche Voraussetzung für die Aktivierung des sog »Sozialkapitals« (vgl. Fußnote 14, S. 74).

15 »Die Bildung von Humanvermögen umfaßt vor allem die Vermittlung von Befähigungen zur Bewältigung des Alltagslebens, das heißt: den Aufbau von Handlungsorientierungen und Werthaltungen in der Welt zwischenmenschlicher Beziehungen. Gefordert ist sowohl der Aufbau sozialer *Daseinskompetenz* (Vitalvermögen) als auch die Vermittlung von Befähigungen zur Lösung qualifizierter gesellschaftlicher Aufgaben in einer arbeitsteiligen Wirtschaftsgesellschaft, der Aufbau von *Fachkompetenz* (Arbeitsvermögen im weiten Sinne).« Bundesministerium für Familie und Senioren (1994: 28). – Diese Unterscheidung ist breiter als die von Gary S. Becker (1975) eingeführte zwischen allgemeinem und spezifischem Humankapital; Becker unterscheidet nur zwischen transferierbarem und nicht transferierbarem, d. h. an bestimmte Tätigkeiten oder Firmen gebundenen Wissen.

Unabhängig von dieser terminologischen Differenz gilt es festzuhalten, daß Nachwuchs in gesellschaftlicher Hinsicht kaum und ökonomisch nur in beschränktem Umfang durch Sachkapital substituierbar ist. Die Neoklassik geht dagegen von einer vollständigen Substitutionsbeziehung zwischen Arbeit und Kapital aus. Das trifft zum mindesten für den in seiner Bedeutung stark wachsenden Bereich der personenbezogenen Dienstleistungen nicht zu. Aber auch die neuere Wachstumstheorie betont den Vorrang des Wissenskapitals über das herkömmliche Sachkapital in den hochentwickelten Volkswirtschaften, welche sich nur noch durch ›intelligente Produkte‹ im globalisierten Wettbewerb behaupten können (grundlegend Romer 1990). Wissenskapital ist jedoch nur durch hochqualifizierte Arbeitskräfte zu entwickeln, ja, selbst seine Nutzung setzt spezifische Qualifikationen voraus.

Neben ihrem wachstumstheoretischen Aspekt ist die Humankapitaltheorie in unserem Zusammenhang in zweierlei Hinsicht von Belang: Sie erklärt zum einen die Tendenz zu einer immer deutlicheren Kinderarmut: Eltern interessieren sich stärker für die Qualität als für die Quantität ihrer Kinder, und zwar um so eher, je höher ihr eigenes Humankapital ist (Nerlove 1974). Kulturell läßt sich dies mit der aufkommenden Norm »verantworteter Elternschaft« in Zusammenhang bringen (vgl. Abschnitt 5.5). Zugleich steigt mit dem individuellen Humankapital der Wert der eigenen Zeit. Da das Erziehen von Kindern sehr zeitintensiv ist, steigen die Opportunitätskosten des Kinderhabens, d. h. der Wert des Verzichtes auf andere Möglichkeiten (vgl. Schultz 1986: 69ff.). Ob und inwieweit der gesteigerte Aufwand für Erziehung und Bildung die Reduktion der Geburtenzahlen mit Bezug auf die Humankapitalbildung in Vergangenheit und Zukunft kompensiert, läßt sich mangels einschlägiger Modelle nur für einzelne Zeitpunkte schätzen.

3.4 Geburtenrückgang als Investitionslücke

In diesem Sinne sei hier versucht, den wirtschaftlichen Wert der *unterlassenen* Investitionen in das Humanvermögen der Bundesrepublik durch die Geburtenausfälle zwischen 1972 und 2000 zu schätzen. Die wesentlichen Vorarbeiten hierzu haben Heinz Lampert für den Anteil der familialen Aufwendungen und Georg

Ewerhart für die Bildungsaufwendungen geleistet. Natürlich kann es hier nur um Größenordnungen gehen. Insbesondere müssen wir annehmen, daß die durchschnittlichen ›Aufbringungskosten‹ der nicht geborenen Kinder denjenigen der Geborenen gleich sind.

Heinz Lampert hat auf der Basis von Preisen von 1992 für die Generation der 1983 Geborenen die monetären Aufwendungen sowie den zum Nettolohn einer Hauswirtschafterin bewerteten Zeitaufwand auf der Basis von Zeitbudgeterhebungen des Statistischen Bundesamtes für unterschiedliche Familientypen geschätzt und kommt schließlich auf einen summierten Durchschnittswert von DM 306 000 für die ersten 18 Lebensjahre (1983 - 2000) eines Kindes. Dieses Ergebnis, von dem wir im folgenden ausgehen, beruht auf sehr bescheidenen Annahmen.[16]

Ausgehend von diesem Wert schätzt Lampert sodann den Gesamtwert des Beitrags der Familien zum Aufbringen der damals (1991) 15 - 60-Jährigen[17] in der alten Bundesrepublik und gelangt

16 Vgl. Lampert (1996: 30ff., 307ff.). Es liegt auf der Hand, daß jede Schätzung in erheblichem Maße von den zugrundeliegenden Annahmen hinsichtlich der monetären Aufwendungen einerseits und des Umfangs sowie der Bewertung des zeitlichen Aufwands für Betreuung und Versorgung der Kinder andererseits abhängt. Als statistische Grundlage für die Schätzung der monetären Aufwendungen stehen die Ergebnisse der Einkommens- und Verbrauchsstichproben zur Verfügung; für die Schätzung des Zeitaufwands steht die umfangreiche Zeitbudgeterhebung 1991/92 des Statistischen Bundesamtes zur Verfügung; vgl. Statistisches Bundesamt (1995); Blanke, Ehling u. Schwarz (1996). Dies sind vergleichsweise solide Grundlagen, wenngleich auch hier Differenzen durch unterschiedliche Zurechnungen entstehen können. Der größte Ermessensspielraum besteht bei der monetären Bewertung des Zeitaufwandes. Lampert geht bei o. g. Schätzung von einem Stundensatz von DM 11.70 aus, was dem Netto-Stundenlohn einer Hauswirtschafterin im Jahre 1992 nach Angaben des Statistischen Bundesamtes entspricht. Vergleicht man die hier zugrundeliegenden Annahmen mit denjenigen früherer Schätzversuche (Wissenschaftlicher Beirat für Familienfragen 1979: 35 ff.; Bundesministerium für Familie und Senioren 1994: 292 ff.), so zeigt sich, daß Lampert den Aufwand sehr bescheiden bewertet. Im zuletzt genannten Fünften Familienbericht wurden nach einer ähnlichen Methode zwei Varianten gerechnet, die zu einem Gesamtaufwand pro Kind von DM 395 000 bzw. 445 000 führten.

17 Diese Konzentration auf die erwerbstätigen Jahrgänge ist diskutabel, aber im Hinblick auf eine Schätzung des Verhältnisses von Sachkapital und Humankapital sinnvoll. Grundsätzlich ist natürlich auch in den ›Noch-nicht-‹ und ›Nicht-mehr-Erwerbstätigen‹ Humanvermögen vorhanden, das allerdings im Regelfalle nicht marktwirtschaftlich verwertet wird.

zu einem Gesamtwert von 12,72 Billionen DM brutto und 10,8 Billionen DM netto als Beitrag der Familien zur Humanvermögensbildung.[18] Der erstgenannte Wert entspricht ziemlich genau dem Wert des gesamten Bruttoanlagevermögens der Wirtschaft zum gleichen Zeitpunkt. (Lampert 1996: 40f.)

Noch nicht enthalten sind die *öffentlichen* Aufwendungen für das Aufbringen des Nachwuchses, insbesondere die Leistungen des Gesundheits- und Sozialwesens sowie des Bildungswesens. Dazu stehen uns lediglich für das Bildungswesen neuere Schätzungen zur Verfügung, die sich auf das dem Schätzzeitpunkt Lamperts nahe Jahr 1990 beziehen.[19] Georg Ewerhart schätzt den »Bildungsvermögensbestand der Bevölkerung« für das Jahr 1990 (»brutto, zu Wiederbeschaffungskosten«) auf 8,1 Billionen DM (Ewerhart 2001: 3; vgl. auch Ewerhart 2002).[20] Im Unterschied zu Lampert berücksichtigt Ewerhart auch die »Abschreibungen auf das Bildungsvermögen« und bemerkt, daß im Jahre 1990 »die Nettobildungsinvestitionen in Westdeutschland ... nur etwa 5 Prozent der Bruttobildungsinvestitionen betragen. Die übrigen

18 Lamperts Schätzung ist zudem eine Bruttoschätzung, die lediglich die Aufwendungen der elterlichen Haushalte berücksichtigt, nicht jedoch Zuwächse und Minderungen des wirtschaftlichen Wertes dieser Aufwendungen im weiteren Lebenslauf der Kinder. Sein Vorgehen entspricht der noch dominierenden Richtung der empirischen Humankapitalforschung.

18 Die Differenz zwischen brutto und netto entspricht der geschätzten Entlastung der Familien durch Leistungen der öffentlichen Hand (Kindergeld, Steuerermäßigungen u. a. m.).

19 Der wissenschaftliche Beirat für Familienfragen (1979) hat auch die öffentlichen Aufwendungen für Kinder im Jahre 1974 anhand von Haushaltplänen und Mitteilungen der Verbände der Wohlfahrtspflege untersucht. Von den »Kollektiven Leistungen der öffentlichen und der Wohlfahrtsverbände an Familien und Kinder« entfielen rund 87 % auf das Bildungswesen (ebda., S. 65). Die hier nicht berücksichtigten Leistungsbereiche bleiben somit an Gewicht so sehr hinter dem Bildungswesen zurück, daß ihre Nichtberücksichtigung die Größenordnung unserer Schätzung nicht tangiert.

20 Eine soeben veröffentlichte Schätzung des Instituts der deutschen Wirtschaft (Henke 2005) schätzt die Summe der direkten und indirekten Ausbildungskosten für das Jahr 1992 auf 3300 Mrd. EUR, also auf ca. 80 % des von Ewerhart errechneten Wertes. Zwischen 1992 und 1999 hat nach dieser Schätzung die reale Humanvermögensbildung stagniert, während die Sachvermögensbildung um 19 % zunahm. Aufgrund unterschiedlicher Schätzmethoden sind die Ergebnisse von Ewerhart und Henke nicht direkt vergleichbar. Aber sie konvergieren im zentralen Punkt einer Stagnation der Humanvermögensbildung.

95 Prozent werden als Reinvestitionen zur Deckung des demographisch bedingten Ersatzbedarfs benötigt.« *Der Befund spricht dafür, daß derzeit eine Kompensation des Geburtenrückgangs durch verstärkte Qualifizierung des vorhandenen Nachwuchses kaum stattfindet.* Ewerhart kommentiert daher zu Recht: »Dieses Ergebnis muss im Lichte der Diskussion um die technologische Leistungsfähigkeit Deutschlands als dramatisch bezeichnet werden.« (Ewerhart 2001: 32) Dieser Befund einer »Bildungsstagnation« wird durch neuere Untersuchungen in Plünnecke und Seyda (2004: 131 ff.) bestätigt.

Nimmt man die Schätzungen Lamperts und Ewerharts zusammen, so zeigt sich, daß das Humankapital in Deutschland um 1991 auf mindestens 21 Bio. DM zu schätzen ist. Im Vergleich zu den 12,6 Bio. DM Bruttoanlagevermögen der gesamten Volkswirtschaft ist das Humanvermögen also um zwei Drittel höher anzusetzen. Natürlich sagt diese Schätzung noch nichts über den Anteil aus, den Sachkapital und Humankapital zum jeweiligen Volkseinkommen beitragen, hierzu bedürfte es zusätzlicher Schätzungen über Produktionsfunktionen, die nicht verfügbar sind.[21] Immerhin läßt sich aufgrund der verfügbaren Informationen die Größenordnung unterlassener Investitionen in das deutsche Humanvermögen schätzen, die auf die ausgebliebenen Geburten der letzten drei Jahrzehnte zurückzuführen ist.

Hierfür muß zunächst ein Standard definiert werden, auf den bezogen von einem ›Geburtendefizit‹ oder einer ›Geburtenlücke‹ gesprochen werden kann. Aufgrund der Überlegungen in Abschnitt 2.3 bietet sich als Standard das demographische Gleichgewicht an, also eine Nettoreproduktionsziffer von 1,0. Da für ganz Deutschland (einschließlich DDR) nur die allgemeine Geburtenziffer (TFR) als vollständige Zeitreihe verfügbar ist, sei statt dessen dieser Annäherungsindex mit dem Standardwert 2,0 verwen-

---

21 Wie bereits Krug (1967) nachgewiesen hat, besteht seit Anfang der Industrialisierung eine »stramme Korrelation« (65) zwischen der Rate der Sachkapitalbildung und der Humankapitalbildung. Heute ist der Zusammenhang noch plausibler: »Bildung und Fortschritt ergänzen sich in hohem Maße und bilden die Grundbausteine von Prosperität und Wettbewerbsfähigkeit im Zeitalter der Automatisierung.« (Pfeiffer u. Falk 1999: 11) Empirische Schätzungen für die Zunahme des Anteils des Humanvermögens im Verhältnis zum Sachvermögen seit dem Ersten Weltkrieg bei Buttler u. Tessaring (1993: 467).

Abb. 3.2: Die Geburtenlücke 1972–2000

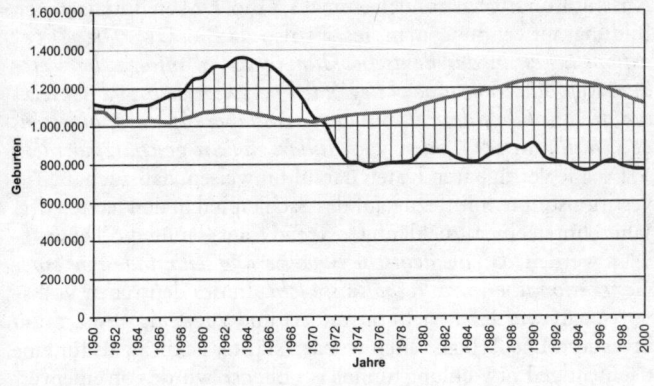

— Geburten
— Geburtengleichgewicht (TFR 2,0)

det.[22] Auf der Basis dieser Annahme stellt sich die Geburtenlücke zwischen 1972 und 2000 gemäß Abbildung 3.2 dar. Addiert man die Jahreswerte, so gelangt man zu einer Geburtenlücke von insgesamt 9,6 Mio. Geburten. Im Jahresdurchschnitt entspricht dies einer Geburtenlücke von 28,6%; betrachtet man dagegen nur das Jahrzehnt 1991–2000, so beträgt die Geburtenlücke 33,8%, also ein Drittel. *Diese 9,6 Mio. nicht geborenen und nicht qualifizierten Menschen fehlen uns in den kommenden Jahren nicht nur als Arbeitskräfte, sondern auch als potentielle Mütter und Väter.*

Legt man die Ergebnisse von Lampert (1996: 30ff.) zugrunde, denen zufolge die durchschnittlichen Aufbringungskosten eines Kindes bis zum 18. Lebensjahr, soweit sie von den Eltern getragen werden, bei bescheidener Bewertung des unentgeltlichen Zeitaufwands für Pflege und Erziehung ca. 306 000 DM betragen, so entspricht dies – auf die konstatierte Geburtenlücke hochgerechnet –

22 In der Nettoreproduktionsziffer wird im Gegensatz zu TFR die weibliche Sterblichkeit bis zum mittleren Gebäralter mit berücksichtigt. Nach der Sterbetafel von 1997/99 sterben noch 1,3% aller geborenen Mädchen vor Erreichung des 30. Lebensjahres (entspricht annähernd dem mittleren Gebäralter). Der genaue Gleichgewichtswert wäre demnach eine TFR von 2,026, doch wird hier auf diese (die Investitionslücke vergrößernde) Korrektur verzichtet.

einem Betrag von rund 3 Bio. DM (Wert 1992). Dazu kommen im Anschluß an Ewerhart noch einmal 1,8 Bio. DM an unterlassenen Bildungsaufwendungen, insgesamt also 4,8 Bio. DM. *Die »Investitionslücke« in das deutsche Humankapital infolge der unter dem Reproduktionsniveau liegenden Fertilität während der letzten dreißig Jahre darf also in erster Annäherung auf mindestens 4800 Milliarden DM oder 2500 Milliarden Euro geschätzt werden.*

Da alle verfügbaren Daten darauf hinweisen, daß auch die Investitionsquote mit Bezug auf das Sachkapital in den letzten drei Jahrzehnten einem rückläufigen Trend folgt,[23] muß die These gewagt werden, *daß die deutsche Bevölkerung seit mindestens einer Generation über ihre Verhältnisse lebt.* In der deutschen Volkswirtschaft wurde zu viel konsumiert und zu wenig gespart und investiert. Die Arbeitszeiten wurden stärker gekürzt, als für eine nachhaltige Entwicklung tunlich ist. Ebenso wurde von einem erheblichen Anteil der Bevölkerung auf Zeit für das Aufbringen von Kindern verzichtet – vorzugsweise zugunsten von Freizeit. Es liegt nahe, hier philosophische oder kulturkritische Gedanken bezüglich der Neigung der menschlichen Gattung zum Luxurieren und zum Verdrängen anzuschließen, doch sei dies anderen (z. B. Miegel 2002) überlassen.

Es liegt auf der Hand, daß das Stagnieren der Investitionen auch dem Wirtschaftswachstum und der Beschäftigung abträglich ist. Seit 1992 nimmt das Bruttoinlandsprodukt pro Kopf von Jahr zu Jahr weniger zu als im Durchschnitt der EU-Länder, so daß der Wohlstand in Deutschland nur mehr dem europäischen Durchschnitt entspricht, mit weiter sinkender Tendenz.[24] Deutschland hat mittlerweile nicht nur eine im Vergleich zu anderen Staaten ähnlicher Produktionsstruktur überdurchschnittliche Arbeitslosenquote, sondern leistet sich auch den Luxus überdurchschnittlich verbreiteter Frühverrentung. Im Verein mit einer bescheidenen Erwerbsbeteiligung der Frauen führt dies dazu, daß die Beschäftigungsquote Deutschlands in Europa nur noch von Italien unterboten wird.

---

23 Erstmals war die staatliche Sachvermögensbildung im Jahre 2003 sogar negativ (FAZ, 23. 6. 2004).
24 Informationsdienst des Instituts der deutschen Wirtschaft (iwd), 30. Jg., Nr. 13, 25. 3. 2004; ähnlich Bertelsmann-Forum 4/2004, S. 23 f.

Man könnte gegen die vorangehenden Befunde einwenden, daß die Bevölkerung der Bundesrepublik im gleichen Zeitraum um ca. 4 Millionen Einwohner gewachsen sei, daß also die Geburtenlücke durch Einwanderung zu gut 40 % kompensiert worden sei. Mag das in Köpfen gerechnet auch stimmen, so stimmt es nicht mehr in der Perspektive des Humankapitalansatzes. Wie Untersuchungen des Ifo-Instituts München zeigen, ist die Bilanz der bisherigen Zuwanderung sehr ambivalent, insbesondere infolge der geringen Durchschnittsqualifikation und der wesentlich höheren Arbeitslosigkeit (Sinn u. a. 2001: 185). Diese beiden Faktoren erklären, weshalb die Bilanz der Zuwanderung für die öffentlichen Haushalte in allen Bereichen mit Ausnahme der Alters- und Pflegeversicherung negativ ist (vgl. Sinn u. a. 2001: 227).

Deutschland hatte lange Zeit die mit Abstand höchste Zuwanderungsquote in Europa. Dabei ist in Betracht zu ziehen, daß nur jeder dritte bis vierte Zuwanderer sich dauerhaft in der Bundesrepublik niederläßt.[25] Um also beispielsweise eine Nettozuwanderung von jährlich 200 000 Personen zu erreichen, müßten ca. 700 000 Personen pro Jahr zuwandern. Das ist eine grobe Schätzung, denn Zu- und Abwanderung sind ja weder im Zeitablauf konstant noch hinsichtlich des Personenkreises ein homogener Tatbestand.[26] In den neunziger Jahren hatten die zumeist gering qualifizierten osteuropäischen Aussiedler einen großen Anteil an der Zuwanderung. Infolge der kürzlichen EU-Erweiterung auf die meisten Staaten Mittel- und Osteuropas ist nunmehr kurzfristig mit einer erheblichen Zuwanderungsbereitschaft auch qualifizierter Arbeitskräfte zu rechnen.

Auf längere Sicht ist angesichts der zu erwartenden Einebnung des Lohngefälles zwischen Deutschland und den Beitrittsstaaten sowie der in Osteuropa besonders regressiven Bevölkerungsent-

---

25 Zwischen 1991 und 2002 sind im Durchschnitt jährlich 778 Ts. Ausländer zugewandert und 582 Ts. abgewandert, d. h. 75 %. In diesem Zeitraum war auch die Zuwanderung von Personen deutscher Nationalität, insbesondere von Aussiedlern, erheblich, nämlich 242 Ts. jährlich, bei einer Auswanderung von 115 Ts.; hier betrug die Abwanderungsquote nur 48 %.

26 Einen breiten Überblick über die Zuwanderung nach Deutschland geben Münz, Seifert u. Ulrich (1999); zu den wirtschaftlichen Auswirkungen vgl. auch Birg (2003).

wicklung[27] jedoch nur noch ein bescheidenes Zuwanderungs-
potential zu erwarten. Größere Wanderungspotentiale werden
nach 2020, wenn die demographische Situation besonders prekär
wird, voraussichtlich nur noch in kulturell und ökonomisch sehr
andersartigen Regionen außerhalb Europas vorhanden sein, gegen deren Zuwanderung erhebliche soziale Widerstände der einheimischen Bevölkerung zu überwinden wären. Die Erschöpfung
der Zuwanderungspotentiale aus dem europäischen Raum wird
auch durch das Szenario von Münz, Seifert u. Ulrich (1999:
150ff.) bestätigt. Zu den Konsequenzen fehlt es bisher weithin
an konsistenten Überlegungen. Ein mögliches, aus europäischer
Sicht positives Szenario wäre beispielsweise, daß in Reaktion auf
eine zunehmende Islamisierung muslimischer Gesellschaften vor
allem gebildete und liberal gesinnte Muslime ihre Herkunftslän-
der zu verlassen suchen und im Falle ihrer Aufnahme in Europa
einen europäisierten Islam entwickeln, der mit wesentlichen kulturellen und sozialen Orientierungen hierzulande kompatibel
bleibt. Ein zweites Szenario könnte sich am bereits absehbaren
Prozeß der Unterschichtung orientieren (vgl. Hoffmann-Nowotny 1975).[28]

Sollte sich die Zuwanderung in Deutschland im bisherigen
Umfang fortsetzen, so würde der Anteil der Zugewanderten und
ihrer Nachkommen nach einer Schätzung von Birg (2003: 13) sich
von 9% (1998) auf 19,6% (2030) und 27,9% (2050) erhöhen. In
Ostdeutschland und manchen Großstädten könnte schon bald
unter den Jüngeren die Zahl der Zugewanderten und ihrer Nachkommen überwiegen.

Durchschnittswerte einer Wohlfahrtsbilanz, wie sie in der Untersuchung von Sinn u. a. (2001) auf der Basis von Angaben aus
dem Sozioökonomischen Panel geschätzt werden, sind angesichts
der Heterogenität der Wanderungsströme und ungeklärter Zu-

27 Schon heute ist die Fertilität in Osteuropa auf einem ähnlich niedrigen
   Niveau wie in Deutschland, und zudem dominiert die Abwanderung. Die
   Bevölkerungsprognosen der UNO sagen für den Zeitraum 2000-2050 in
   der bisherigen EU einen Bevölkerungsrückgang von 7,8% voraus; für
   die osteuropäischen Staaten wird mit 14,5% (Slowakische Republik) bis
   56,8% (Lettland) gerechnet. (Nach iwd 30/6, 5. 2. 2004)
28 Im übrigen verdiente auch die Geschichte der Spätantike eine Wiedererwä-
   gung unter dem Gesichtspunkt eines weitgehenden Bevölkerungsaus-
   tauschs im Zuge der sogenannten Völkerwanderung, bei nachfolgender
   Akkulturation.

rechnungsprobleme wenig instruktiv.[29] Die Frage, ob die Zuwanderung per saldo für Deutschland mehr Vorteile oder mehr Nachteile bringt, ist denn auch in verschiedenen Untersuchungen unterschiedlich beantwortet worden.[30] Plausiblere Ergebnisse liefert die theoretische Perspektive des Humanvermögens: Einwanderung ist für das Zuwanderungsland um so vorteilhafter, je höher die Qualifikationen der Zuwandernden sind. Wenn sich Zuwanderung für das Aufnahmeland nicht »lohnt«, so ist dies im wesentlichen auf das Nicht-Zusammenpassen zwischen den Kompetenzen der Zuwanderer und den nachgefragten Kompetenzen im Aufnahmeland zurückzuführen. Ferner spielt der Anteil derjenigen eine Rolle, die sich dauerhaft im Lande niederlassen, und zwar sowohl unter Gesichtspunkten der kulturellen und sozioökonomischen Integration als auch im Hinblick auf ihren Beitrag zur quantitativen Nachwuchssicherung. Dem entsprechend ist auch nach den Untersuchungen von Sinn u. a. *die fiskalische Bilanz der Zuwanderer um so günstiger, je länger sie in Deutschland bleiben.*

Nach allem, was wir über die Wirklichkeit der Zuwanderung nach Deutschland wissen, erscheinen die Sozialisationsbedingungen und Bildungsverläufe bei den Kindern der einheimischen Bevölkerung im Durchschnitt deutlich günstiger als zum mindesten bei der ersten Einwanderergeneration und ihren Kindern. Was aus der zweiten Generation wird, hängt essentiell von Integrationsleistungen der ersten Generation und ihrer deutschen Umgebung ab. Hierfür wird in Deutschland zumindest von staatlicher

29 Während die Schätzungen dieser Studie für die einzelnen Teilsysteme plausibel sind, scheint mir die Saldierung aller Effekte (Sinn u. a. 2001: 225 ff.) methodisch und sachlich problematisch. Rund zwei Drittel der in Betracht gezogenen öffentlichen Ausgaben beziehen sich auf »Steuerfinanzierte Transfers und Leistungen«, unter Einschluß der »Durchschnittskosten der Bereitstellung öffentlicher Güter«. Für diese wird eine gleichmäßige Verteilung auf alle Bevölkerungsgruppen unterstellt. Es ist jedoch unplausibel, daß hieran die Zuwanderer in gleichem Maße partizipieren. Zum mindesten für die Bildungsaufwendungen, aber auch die meisten anderen sozialen Dienste ist eine höhere Inanspruchnahmequote der (überwiegend einheimischen) Mittelschichten vielfach nachgewiesen.

30 Vgl. den Literaturüberblick (ebda., S. 170 ff.). – Nach einer kürzlich veröffentlichten Studie aus den Niederlanden »kostet jeder nicht-westliche (!) Einwanderer im Laufe seines Lebens den Staat durchschnittlich 50 000 Euro«. (Online Service des Berlin-Instituts für Weltbevölkerung und globale Entwicklung vom 16. Januar 2004) Zu grundsätzlichen Problemen einer Wirkungsmessung von Zuwanderung vgl. Vogel (1996).

Seite bisher nur wenig getan. Das wird auch durch die Ergebnisse des internationalen Vergleichs von Bildungs- bzw. Schulleistungen (TIMS, PISA) unterstrichen. *Man muß deshalb den Beitrag, den die Zuwanderung zur Minderung der skizzierten Investitionslücke in Humankapital bisher geleistet hat, als deutlich unterproportional zur Zahl der Zuwanderer einschätzen.*[31] Für eine genauere Gewichtung fehlen allerdings Methoden und verläßliche Daten.

3.6 Demographischer Wandel und Produktivitätsentwicklung

Eine letzte Überlegung in diesem Zusammenhang: Das Humanvermögen eines Menschen wird im wesentlichen in der Kindheit und Jugend aufgebaut und entwertet sich im Laufe des Lebens, insoweit es nicht durch lebenslanges Lernen und reflexive Verarbeitung von Berufs- und Lebenserfahrungen fortlaufend ergänzt wird.[32] Insbesondere der rasche technologische Wandel, aber auch der Wandel der Leitbilder und Lebensumstände tragen zur Entwertung bisheriger Kompetenzen bei. Auch wenn somit Altern nicht notwendigerweise mit Kompetenzverlust verbunden ist, sinkt doch nach aller Erfahrung die Fähigkeit, sich grundlegend neue Kompetenzen anzueignen und damit betriebsübergreifende Innovationen zu fördern; dementsprechend sinkt auch die Mobilitätsbereitschaft.[33]

In Zeiten raschen technischen und sozialen Wandels ist deshalb die *Erneuerungsgeschwindigkeit der erwerbstätigen Bevölkerung* ein wichtiger Faktor für die Steigerung der Arbeitsproduktivität

31 So auch Birg (2003: 47ff.).
32 Dem tragen die meisten empirischen Schätzungen nicht Rechnung. Da eine Quantifizierung des Ertragswerts der Humanvermögensbildung praktisch nicht möglich ist, »verbleibt zur Erfassung des immateriellen Kapitals nur das Kostenwertkonzept«, also die Erfassung der mit der Humanvermögensbildung verbundenen Aufwendungen (vgl. Krug 1967: 41). Allerdings lassen sich mit Bezug auf diese Aufwendungen unter bestimmten Annahmen Abschreibungsquoten berechnen, vgl. Ewerhart (2002: 237ff.).
33 Ein Überblick über die internationale Diskussion kommt zum Schluß: »According to the majority of experts, the aging of the active population will have the effect of restraining the structural plasticity of the economy by slowing down necessary changes and mobility between sectors, and will produce an increase in wage and non-wage costs.« (Tabah 1988: 131)

(vgl. Kaufmann 1960: 264ff.; Kaufmann 1975: 62ff.). Es sind vor allem die Jüngeren, welche sich neue Technologien rasch aneignen und sich für neue Tätigkeitsfelder interessieren. Als Folge des langfristigen Geburtenrückgangs ist jedoch auch mit einem Rückgang des beruflichen Nachwuchses und damit der Erneuerungsgeschwindigkeit der erwerbstätigen Bevölkerung zu rechnen. Während beispielsweise um 1980 der Anteil der 15-25-Jährigen an der Bevölkerung im erwerbsfähigen Alter (15-65) 22,7% ausmachte, waren es im Jahre 2000 nur noch 17,6%, und der Anteil geht bis 2020 weiter auf 15,4% zurück. Schätzungsweise geht der jährliche Zugang von Berufseinsteigern an der tatsächlich erwerbstätigen Bevölkerung von ca. 3% im Jahre 1980 auf 2% im Jahr 2020 zurück und wird beim Andauern der gegenwärtigen Fertilität in dieser Größenordnung verbleiben. Sollte es gelingen, einen größeren Teil der über 55-Jährigen in der Erwerbstätigkeit zu halten, so würde dies zwar die Rentenkassen entlasten, aber gleichzeitig würde die Erneuerungsgeschwindigkeit weiter zurückgehen. Inwieweit sich dieser Flexibilitätsverlust durch Weiterbildungsmaßnehmen in höherem Lebensalter kompensieren läßt, ist bisher wenig untersucht. Auch Szenarien mit deutlich höherer Erwerbsbeteiligung und fortgesetzter Zuwanderung können diese Tendenz nur mildern, nicht ändern (vgl. Fuchs u. Thon 1999).

Auf den ersten Blick weniger einschneidend erscheint das Altern der Bevölkerung im erwerbsfähigen Alter: Während derzeit ca. 48% der 20-60-Jährigen über 40 Jahre alt sind, wird dieser Anteil in der Spitze um 2040 auf gut 55% steigen.[34] Die Produktivität der Arbeitskräfte ist weniger von ihrem Alter als von ihrer Qualifikation, genauer: vom Verhältnis ihrer Motivationen und Kompetenzen zu den Anforderungen ihrer Lebenssituationen abhängig, im Erwerbsleben also von den Anforderungen der jeweiligen Arbeit.[35] Im Wirtschaftsleben sind vielfältige Vorurteile

34 Die prognostischen Werte dieses Abschnitts beziehen sich auf Variante 2a der 9. Koordinierten Bevölkerungsvorausschätzung des Statistischen Bundesamtes, welche von einem Andauern der niedrigen Fertilität von 1,4 Kindern, einem weiteren deutlichen Rückgang der Mortalität und einem jährlichen Zuwanderungssaldo von 200 000 Personen ausgeht. Sollte die Zuwanderung niedriger ausfallen, würde die erwerbstätige Bevölkerung stärker altern.
35 Hierzu ausführlich Kaufmann (1960: 197ff.). Zu neueren Ergebnissen der psychologischen Altersforschung vgl. den Überblick von Weinert (1992).

gegenüber älteren Arbeitskräften wirksam, die zum Teil von diesen selbst übernommen werden (vgl. Bellmann u. a. 2003). Das ist einer Weiterbeschäftigung, insbesondere aber der Neueinstellung älterer Arbeitnehmer abträglich.[36] In Deutschland besteht hinsichtlich älterer Arbeitnehmer derzeit eine widersprüchliche Einstellung: »Man weiß um ihre Nützlichkeit und Leistungsfähigkeit, behandelt sie größtenteils aber weiterhin wie während der Hochphase des Frühverrentungstrends, zieht jüngere Mitarbeiter vor, gliedert weiterhin ältere Arbeitnehmer vorzeitig aus, investiert kaum in Weiterbildung für Ältere, gestaltet Arbeitsbedingungen und Arbeitsorganisation kaum nach den Bedürfnissen der (älteren) Beschäftigten.« (Clemens 2001: 13)

In der Bundesrepublik wurde in den letzten Jahrzehnten in exorbitantem Umfange von Frühverrentungen Gebrauch gemacht, so daß die Bundesrepublik derzeit im internationalen Vergleich eine der niedrigsten Beschäftigungsquoten bei den 55-65-Jährigen aufweist. Diese Praxis läßt sich schon aus rentenpolitischen Gründen nicht mehr fortsetzen, so daß eine Änderung der Einstellungen zur und der Praxis der Beschäftigung älterer Mitarbeiter eine dringliche Herausforderung an alle – Unternehmer, Gewerkschaften und auch Arbeitskräfte – darstellt. Das Altern der aktiven Bevölkerung verschärft diese Problematik und stellt insofern doch eine nicht unerhebliche Herausforderung dar (vgl. Köchling u. a. 2000). Weil die Sterblichkeit im Erwachsenenalter bereits heute sehr niedrige Werte erreicht hat, ist die Erneuerungsgeschwindigkeit der aktiven Bevölkerung und das Ausmaß ihres Alterns im wesentlichen vom Umfang der Nachwuchssicherung abhängig, also vorzugsweise von der Zahl und Quali-

Zu den betrieblichen Möglichkeiten einer Förderung der produktiven Beschäftigung älterer Arbeitskräfte vgl. die Ergebnisse des BMBF-Förderschwerpunkts »Demographischer Wandel« in Pack u. a. (1999) sowie zusammenfassend Kistler (2002).

36 In dieser Haltung mögen allerdings auch konkrete Erfahrungen mitschwingen. Eine Metarecherche, die vor allem betriebsnahe Literatur auswertet, kommt zum Ergebnis: »Productivity reductions at older ages are particularly strong when problem solving, learning and speed are important, while older individuals maintain a relatively high productivity level in work tasks where experience and verbal abilities matter more.« (Skirbekk 2004: 133) Das spricht dafür, daß ältere Mitarbeiter im Kontext gewohnter Arbeit weiterhin hoch produktiv bleiben können, im Hinblick auf neue Arbeitsanforderungen aber tatsächlich jüngeren Arbeitsuchenden in der Regel unterlegen sind.

fikation der nachwachsenden Generation und hilfsweise von qualifizierten Zuwanderern.

Eine Stagnation und erst recht ein langfristiges Schrumpfen der Bevölkerung beeinträchtigt die Produktivitätsentwicklung jedoch zusätzlich auf mittelbare Weise. Erklärt wird dies einmal durch das sogenannte Verdoorn-Theorem, dem zufolge Produktivitätsfortschritte um so größer ausfallen, je stärker ein Wirtschaftsbereich wächst (Verdoorn 1956). Dies wird durch die These von Arrow (1962) unterstützt, daß technischer Fortschritt im wesentlichen aus »Learning by Doing« resultiere, also vom Umfang der entsprechenden Tätigkeiten abhängig sei (Steinmann 1986: 105). Für diejenigen Wirtschaftszweige, deren Expansion von der internen Nachfrage abhängt, ist somit bei schrumpfender Bevölkerung eine geringere Expansion und daher auch Innovationsfähigkeit zu erwarten. Das betrifft am unmittelbarsten die Bauwirtschaft, aber auch alle Wirtschaftszweige, die eher zur Grundversorgung der Bevölkerung beitragen. Die Nachfrage nach Luxusgütern und erst recht die exportabhängige Nachfrage werden von einem Bevölkerungsrückgang im Inland dagegen unmittelbar weniger betroffen. Allerdings ist nicht auszuschließen, daß eine Stagnation der Binnennachfrage und die damit verbundenen auch politischen Schwierigkeiten sich indirekt auch auf die Exportindustrien auswirken. Da heute eine Tendenz zu marktnaher Produktion besteht, kann das Schrumpfen inländischer Märkte in Verbindung mit dem vergleichsweise hohen Lohnniveau in Deutschland durchaus die Neigung zur Verlagerung von Produktionsleistungen ins Ausland verstärken.

Diese Ansicht wird durch empirische Studien und durch neuere Wachstumsmodelle verstärkt, welche von einer Endogenisierung des technischen Fortschritts ausgehen und diesen in Beziehung zur Größe und Entwicklung der aktiven Bevölkerung setzen: »The most important difference between short-run and long-run comparisons of productivity is that changes in population size and total demand are not very important influences on productivity in the short run, though they are overwhelmingly important in the long run.«[37] Auch eine den Forschungsstand zusammenfassende deutsche Studie kommt zum Ergebnis:

---

37 Simon (1984: 50); vgl. auch Cigno (1984); Romer (1990).

»Insgesamt ist eine Bevölkerungszunahme als eine notwendige, aber nicht hinreichende Bedingung für die Entfaltung reger Neuerungsaktivität in einer geschlossenen, vom Ausland isolierten Wirtschaft und Gesellschaft anzusehen. Sobald die Grenzen für Güter, Menschen und Ideen durchlässig werden, sind gewisse Substitutionsmöglichkeiten gegeben. Da die Austauschkosten aber höher sind als innerhalb der Landesgrenzen, verliert die demographische Entwicklung im Inland ihre Bedeutung nicht vollständig.« (Koch 1988: 143)

3.7 Zusammenfassung: Mutmaßliche wirtschaftliche Folgen eines langfristigen Bevölkerungsrückgangs

Nimmt man die Einsicht ernst, daß die zukünftige Wirtschaftsentwicklung in den bereits hoch entwickelten Ländern wesentlich von der Zunahme des Humankapitals und des Wissenskapitals abhängt, so gewinnen der Umfang und die Qualifikation des Nachwuchses ein ökonomisches Gewicht, das ihnen in der herkömmlichen Ökonomie verwehrt wird. Während es auf der Seite der Binnennachfrage eher auf die Veränderung der Gesamtbevölkerung, also die Zahl (und natürlich auch die Kaufkraft) der Konsumenten ankommt, ist auf der Angebotsseite vor allem Quantität und Qualität des Nachwuchses entscheidend für die Innovationsfähigkeit und fortgesetzte Produktivitätssteigerung der Wirtschaft. Es geht hier also nicht nur um die schlichte Quantität des Nachwuchses, wie die demographische Betrachtungsweise suggeriert. Es kommt vielmehr auf die Entwicklung des Humanvermögens an. Insofern kann grundsätzlich eine Fertilitätslücke durch bessere Qualifikation vorhandener und zuwandernder Kinder bis zu einem gewissen Grade kompensiert werden. Allerdings ist das Kompensieren ungünstiger Sozialisationsbedingungen keineswegs einfach.

Außerdem ist die behauptete Abnahme der Leistungsfähigkeit älterer Menschen keine Naturkonstante. Fähigkeiten, welche gebraucht werden, nehmen mit dem Alter meist nur geringfügig ab. Daß langdauernde Arbeitslosigkeit zu einem Leistungsabfall führt, ist dagegen schwer zu bestreiten. Eine Verlängerung der Lebensarbeitszeit, wie sie aufgrund der demographischen Perspektiven dringend zu wünschen wäre, kann nur gelingen, insoweit eine einigermaßen kontinuierliche Beschäftigung gerade älterer Arbeitskräfte ermöglicht wird. Das ist nicht nur eine Aufgabe staatlicher Beschäftigungspolitik. Vielmehr geht es hier auch um Mentalitätsänderungen – bei Arbeitgebern und Arbeitnehmern. Die Perspektive *lebenslangen Lernens* gewinnt unter den Bedingungen einer alternden Bevölkerung zusätzliche Dringlichkeit.

Unsere Überlegungen haben sich auf die Ebene der deutschen Volkswirtschaft und ihre Wachstumschancen konzentriert. Wie in Abschnitt 1.2 dargestellt, sind jedoch Wachstums- und Schrumpfungsprozesse in der Regel nicht einsinnig, sondern gehen mit Strukturwandlungen einher. Gesamtwirtschaftliches Wachstum ist durchaus verträglich mit sektoralem Schrumpfen. Je geringer das gesamtwirtschaftliche Wachstum, desto größer werden, so steht zu vermuten, die schrumpfenden Sektoren bzw. Branchen und Regionen. Vor allem in regionaler Hinsicht ist mit einer Ausbreitung schrumpfender Regionen und schrumpfender Städte zu rechnen, ein Prozeß, der noch wenig untersucht ist.[38] Das Schrumpfen stellt dabei einen interdependenten Prozeß von sinkender Wirtschaftskraft, Abwanderung und Abbau bzw. Veralten öffentlicher Einrichtungen dar. In ökonomischer Hinsicht dürfte vor allem der Preisverfall von Grundstücken und Immobilien sowie sinkende Kreditwürdigkeit schrumpfender Gebietskörperschaften und der lokalen Wirtschaft ein verschärfendes Moment darstellen.

Gegen die pessimistische Prognose möglicher Wohlstandseinbußen infolge eines langfristigen Bevölkerungsrückgangs wird eingewandt, daß sie sich durch die infolge technischer Fortschritte und reichlicher Verfügbarkeit von Kapital zu erwartenden Produktivitätsgewinne durchaus kompensieren ließen. So rechnete beispielsweise ein Gutachten der Prognos AG von 1995 über die Zukunft der gesetzlichen Sozialversicherungen bis 2040 mit jährlichen Zuwächsen der Arbeitsproduktivität von 2,2 bis 2,6 % und mit einem durchschnittlichen jährlichen Wachstum des realen Volkseinkommens von 1,2 bis 2,1 %.[39] Unter diesen An-

38 Vgl. Ermisch (1982); Oswalt (2004). Zur statistischen Evidenz vgl. Berlin-Institut für Weltbevölkerung (2004).
39 Vgl. Prognos (1995: 66 u. 49). Die erwähnten Werte beziehen sich auf eine ›pessimistische‹ und eine ›optimistische‹ Variante. Beide unterscheiden sich vor allem hinsichtlich ihrer Annahmen über die internationale Wirtschaftsentwicklung und über das Ausmaß der Zuwanderung. In der optimistischen Variante wird ab 2010 ein jährlicher Zuwanderungssaldo von rund 300 000 Personen zugrunde gelegt, also fast das Doppelte der bisherigen Erfahrungswerte; in der pessimistischen Variante sind es rund 75 000

nahmen kommt das Gutachten zum Schluß, daß zwar mit einer wesentlich höheren Belastung der Arbeitgeber und Arbeitnehmer durch stark steigende Sozialbeiträge (auf über 50%) sowie mit höheren Steuerbelastungen der Arbeits- und Gewinneinkommen zu rechnen sei. Aber obwohl damit das verfügbare Nettoeinkommen anteilsmäßig stark zurückgeht, liege »in beiden Szenarien das reale Nettoeinkommen je Beschäftigten im Jahr 2040 deutlich über dem Niveau von 1992. Mit anderen Worten bedeutet dies, daß – von heute aus betrachtet – in Zukunft zwar der Nettoeinkommens*zuwachs* erheblich geschmälert, das Nettoeinkommens*niveau* aber nicht angegriffen wird.«[40] Also: zwar verschärfte Umverteilung, aber keine Wohlstandseinbuße. Diese optimistische Einschätzung entspricht den Konsequenzen aus der einleitend skizzierten neoklassischen Wachstumstheorie.[41] Sie erscheint plausibel jedoch nur für eine geschlossene Volkswirtschaft. *Wenn ein Hochlohnland wie Deutschland mit der Produktivitätssteigerung und der Innovativität seiner Produkte nicht mehr mithalten kann, wenn also sein Humanvermögen nicht mindestens ebenso rasch zunimmt wie in Ländern mit einer nachholenden Entwicklung, muß mit Beschäftigungs- und Wohlstandsverlusten und erbitterten Verteilungskämpfen gerechnet werden.*

Auch das den jüngsten Reformdiskussionen des Sozialversicherungssystems zugrunde liegende Gutachten der nach ihrem Vorsitzenden, Professor Bert Rürup, benannten Kommission be-

Personen (ebda., S. 38). Beiden Prognosen liegt eine Fertilitätsannahme von 1,5 Kindern bei Inländerinnen und 1,7 Kindern bei Ausländerinnen zugrunde; die heutigen Werte liegen bei 1,2 Kindern für Inländerinnen und 1,8 Kinder für Ausländerinnen, per saldo also deutlich ungünstiger. Ferner wird von einer erheblichen Steigerung der weiblichen Erwerbsbeteiligung ausgegangen; deren mögliche Konsequenzen für die Fertilität werden aber nicht diskutiert und auch keine Anteilssteigerung der Aufwendungen für die nachwachsenden Generationen einkalkuliert. So erscheinen die zugrundeliegenden Annahmen auch in demographischer Hinsicht als sehr kühn. Die Vermutung liegt nahe, daß seitens der Auftraggeber kein allzu alarmierendes Ergebnis erwünscht war.

40 Prognos (1995: 13).

41 Allerdings lassen sich auch auf der Basis neoklassischer Überlegungen technischer Fortschritt und Bevölkerungswachstum bzw. -schrumpfung endogenisieren, vgl. hierzu Cigno (1984) und Simon (1984). Die hieraus resultierenden Ergebnisse spielen in der deutschen Diskussion jedoch kaum eine Rolle.

ruft sich auf ein Gutachten der Prognos AG (Bundesministerium für Gesundheit und Soziale Sicherung o. J. (2003: 61 f.). Hier wird die Steigerung der Arbeitsproduktivität bis 2040 mit 1,8 % jährlich angesetzt und immerhin vermerkt: »Die Produktivitätsentwicklung verläuft damit etwas dynamischer als in den letzten Jahren.« Woher die Autoren diesen Optimismus nehmen, bleibt rätselhaft. Nach den vorangehenden Überlegungen ist eher mit einer geringeren Wachstumsrate der Arbeitsproduktivität als bisher zu rechnen.[42] Weiteres Produktivitätswachstum setzt ja vor allem weitere technische und organisatorische Innovationen voraus, die mit weiter sinkendem Arbeitskräftenachwuchs sich weniger leicht realisieren lassen als in der Vergangenheit.[43] Noch einflußreicher dürfte aber der Rückgang des gesamten Wirtschaftswachstums werden, der als Folge des Bevölkerungsrückgangs auch von der Kommission nicht bestritten wird.[44] Zweifellos ist die hohe Exportorientierung der deutschen Wirtschaft ein Faktor, der die Innovationsfähigkeit auch bei stagnierenden Binnenmärkten weiter stimuliert. Allerdings handelt es sich hier um ein Segment der deutschen Wirtschaft, das die Binnenmarktentwicklung nur marginal beeinflußt und unsere insgesamt skeptische Einschätzung der deutschen Entwicklungsperspektiven nicht außer Kraft setzt.

Die Überlegungen dieses Kapitels haben die Rolle demographischer Veränderungen ins Zentrum gestellt. Es handelt sich um eine Partialanalyse, welche mögliche Variationen anderer als de-

42 Eine andere Schätzung von Prognos geht für den Zeitraum von 2010 bis 2040 von einer Rate der jährlichen Produktivitätssteigerung von 1,9 % in der optimistischen und 1,2 % in der pessimistischen Variante aus (Prognos 1998, S. K5 f.). Selbst der letztgenannte Wert liegt noch über den Annahmen unabhängiger Studien (vgl. Abschnitt 3.2).

43 Wie die demographische Entwicklung beeinflußt auch die Entwicklung der Arbeitsmärkte die Beschäftigung. In die Berechnung der Produktivitätssteigerung geht nur die Produktivität der Beschäftigten, nicht diejenige der Arbeitslosen ein. Nimmt die Arbeitslosigkeit zu, so steigt (wegen der i. d. R. geringeren Produktivität der Arbeitslosen) die durchschnittliche Arbeitsproduktivität. Umgekehrt würde eine Resorption der Arbeitslosen, wie sie in den meisten Szenarien über die zukünftige Wirtschaftsentwicklung angenommen wird, den Anstieg der durchschnittlichen Arbeitsproduktivität reduzieren.

44 »... allerdings wird sich das Wachstum (sc. der Gesamtwirtschaft) aufgrund der schrumpfenden Bevölkerung nach 2020 deutlich verlangsamen.« (Ministerium für Gesundheit und Soziale Sicherung, o. O. 2003: 62).

mographischer Faktoren nicht systematisch berücksichtigt.[45] Leider scheint das Ergebnis nicht günstiger zu werden, wenn man von herkömmlichen ökonomischen Problemstellungen her und mit Hilfe ökonomischer Modelle argumentiert. Das wenigstens legen die Schlußfolgerungen von Horst Siebert aus der Tagung »Economic Policy for Aging Societies« des Kieler Weltwirtschaftsarchivs nahe: »On the whole, there will thus be a strong tendency in aging societies for growth to automatically stagnate« (Siebert 2002: 4). Die meisten Beiträge dieses Bandes unterscheiden dabei nicht, ob das demographische Altern sich bei einer wachsenden, stationären oder schrumpfenden Bevölkerung vollzieht.

Eben hierauf kommt es jedoch nach der hier vertretenen Position an: Ein Altern, das mit einem weiteren Zuwachs an Produzenten und Konsumenten einhergeht, bietet neue Investitionsanreize auch in konventionellen Wirtschaftssektoren und damit generell eine günstigere Wirtschaftsperspektive als eine schrumpfende Bevölkerung. Und ein Nachwuchspotential, das das Erwerbspersonenpotential zumindest ersetzt, bildet günstigere Voraussetzungen für die Innovationsfähigkeit der Wirtschaft wie auch für die Stabilisierung der Beitragsbasis der Sozialversicherungssysteme als eine schrumpfende Nachwuchsbasis. Das zentrale Problem unserer demographischen Entwicklung ist nicht die Zunahme alter, sondern das Fehlen junger Menschen. Wir koexistieren, um es mit Ursula Lehr (2003: 3) zu sagen, nicht mit einer »Überalterung«, sondern mit einer »Unterjüngung« der Bevölkerung.

45 So wird beispielsweise argumentiert, daß der demographisch bedingte Schwund an Erwerbstätigen durch eine steigende Erwerbsneigung kompensiert werden könne (z. B. Kempe 2000). Besonders kritisch äußert sich das Wirtschaftswissenschaftliche Institut der Gewerkschaften zu den behaupteten ungünstigen Folgen der demographischen Entwicklung; die Hauptursache der deutschen Wachstumsschwäche bestehe in einer schlecht abgestimmten makroökonomischen Geld-, Finanz- und Lohnpolitik (Hein/Mülhaupt/Truger 2004).

4. Kapitel
Soziale Folgen des Bevölkerungsrückgangs

Die ökonomische und erst recht die demographische Analyse bleiben partiell. Sie betrachten »Bevölkerung« bzw. »Wirtschaft« im Sinne isolierter Konstruktionen. Von der Soziologie darf erwartet werden, daß sie einen umfassenderen Interpretationsrahmen bereitstellt. Die Soziologie hat sich jedoch mit Bevölkerungsfragen in jüngerer Zeit wenig befaßt, auch nicht im Ausland.[1] Abgesehen von wissenssoziologischen, insbesondere ideologiekritischen Auseinandersetzungen mit der Behandlung von Bevölkerungsfragen, lassen sich substanzwissenschaftlich vor allem zwei Fragerichtungen unterscheiden: einerseits nach den Ursachen und andererseits nach den Folgen demographischer Veränderungen. Während die ältere Bevölkerungssoziologie makrosoziologisch Gesellschaftsformationen (z. B. Agrargesellschaft, Industriegesellschaft) und Bevölkerungsweisen aufeinander zu beziehen trachtete (Mombert 1929; Mackenroth 1953) und mit der These einer wechselseitigen Anpassung die Erklärungsfrage unterlief, hat sich heute eine im wesentlichen mikrosoziologische Erklärungsweise der Bestimmungsfaktoren von Bevölkerungen – Fertilität, Mortalität und Wanderungen – durchgesetzt. Damit hat sich das Erkenntnisinteresse ganz auf die Ursachenseite verschoben, während die sozialen Folgen demographischer Entwicklungen in der Soziologie noch weniger thematisiert werden als in den Wirtschaftswissenschaften.

Zunächst sei in diesem Kapitel die bisher unterbelichtete Seite der *Folgen* behandelt, womit an das vorangehende Kapitel angeschlossen wird. Dabei soll insbesondere dem Konzept gesellschaftlicher Schrumpfungsprozesse mehr Profil gegeben werden. Das folgende Kapitel handelt sodann von der zentralen *Ursache* des zu erwartenden Bevölkerungsrückgangs in Deutschland, nämlich dem Geburtenrückgang und seiner soziologischen Erklärung.[2] Damit werden Grundlagen für weiterführende Überlegungen in den Kapiteln 6 und 7 gelegt.

1 Überblicke geben Mackensen (1989) und Höpflinger (1997).

Ein verbreitetes Vorverständnis versteht unter ›Gesellschaft‹ den nationalstaatlich verfaßten Sozialzusammenhang. Die neuere Soziologie fragt jedoch nach den tatsächlich relevanten Kommunikations- und Handlungszusammenhängen und sieht sich im Horizont der aktuellen Globalisierungstendenzen deshalb genötigt, in Dimensionen der Weltvergesellschaftung zu denken. ›Gesellschaft‹ erscheint als nur noch lose und auf unterschiedlichen Analyseebenen gekoppelter Zusammenhang von im Zuge der Modernisierung ausdifferenzierten Funktionssystemen wie ›Wirtschaft‹, ›Politik‹, ›Wissenschaft‹ ›Religion‹ oder ›Recht‹, deren normative und kommunikative Reichweite ihre nationalstaatlichen Konkretionen übergreift.[3] Eine Konsequenz dieser neueren Perspektive ist eine Unterschätzung der morphologischen Aspekte der Vergesellschaftung:

»Die theoretische Soziologie hat … lange Zeit darauf verzichtet, die ›physikalischen‹ Größen von Bevölkerung, Raum und Zeit systematisch in ihren theoretischen Bezugsrahmen aufzunehmen … Die soziale Morphologie gehörte in den 50er und 60er Jahren zu den überholten Traditionsbeständen unserer Disziplin. Dies hat sich in mehrfacher Hinsicht gerächt: als Wirklichkeitsverlust und – implizit – als Verabschiedung von der Gesellschaftspolitik, aber auch als eine selbstverschuldete Eingrenzung des Erklärungshorizonts.« (Mayer 1989: 257)

Eine zweite wesentliche Eigenschaft moderner Gesellschaften ist die Herausbildung und Dominanz formaler Organisationen, d. h. von zweckorientierten Handlungszusammenhängen, welche sich durch klare Grenzen der Zugehörigkeit (Mitgliedschaft) konstituieren und als kollektive Akteure auftreten. Im Vergleich zu früheren Sozialverbänden (Stämme, Feudalverbände, Gebietsherr-

---

2 Natürlich kann ein Bevölkerungsrückgang auch durch Abwanderung ausgelöst werden, und zum mindesten in den neuen Bundesländern kommt dies verstärkend hinzu. Zu- und Abwanderung sind jedoch in der Regel intermediäre Faktoren, die auf bereits in Gang gekommene Wachstums- oder Schrumpfungsprozesse verstärkend wirken, nicht ihre primäre Ursache.
3 Die konsequenteste Ausformulierung dieser Zusammenhänge bietet die Gesellschaftstheorie von Niklas Luhmann, doch ist die differenzierungstheoretische Perspektive mittlerweile nahezu Gemeingut der neueren Makrosoziologie.

schaften), welche sich voneinander abgrenzten und die Menschen in eindeutiger Weise umfaßten oder ausschlossen, erscheinen moderne Sozialverbände als komplex und hochgradig vernetzt. Dabei sind die Menschen in unterschiedlichem Maße in die Funktionssysteme eingeschlossen. Inklusion und Exklusion sind daher zu zentralen Begriffen der Gesellschaftstheorie und der politischen Rhetorik geworden (vgl. Stichweh 2000).

Bereits diese knappe Charakterisierung genügt, um die Schwierigkeiten einer Integration von Bevölkerungsfragen in makrosoziologische Theoriezusammenhänge aufzuzeigen.[4] Für die moderne Soziologie wird ›Gesellschaft‹ nicht mehr durch Personen, sondern je nach Theorierichtung durch Kommunikationen oder Handlungen bzw. Systeme oder Institutionen konstituiert. Personen sind mit ›Gesellschaft‹ im wesentlichen durch *Mitgliedschaften* verbunden, und zwar lediglich indirekt, denn die Mitgliedschaft bezieht sich i. d. R. auf Organisationen, die ihrerseits Zwecke im Rahmen bestimmter Funktionssysteme verfolgen. ›Bevölkerung‹ ist kein gesellschaftliches Funktionssystem, sondern lediglich ein statistischer Begriff für die Menge an ›natürlichen‹ (im Unterschied zu ›juristischen‹) Personen, die mit bestimmten sozialen Einrichtungen (z. B. Nationalstaat, Stadt, Kirche, Unternehmung, Sozialversicherung) durch Mitgliedschaft oder andere Beziehungen (z. B. als Publikum oder Klientel) verbunden sind. Dagegen kann ›Familie‹ durchaus als institutionalisiertes gesellschaftliches Teilsystem aufgefaßt werden.[5] Natürliche Personen sind i. d. R. zugleich Mitglieder in zahlreichen Organisationen; und es gehört zum Ethos der Menschenrechte, daß allen Menschen ein Recht auf Inklusion in alle gesellschaftlichen Teilbereiche zugesprochen wird. Man kann also nicht etwa die Mitglieder unterschiedlicher Organisationen eines Landes addieren und daraus auf die Gesamtbevölkerung schließen. Selbst

4 Auf der mikrosoziologischen Ebene ergeben sich unmittelbare Berührungspunkte. Die Lebenslaufforschung z. B. arbeitet u. a. mit denselben Grundkategorien wie die Demographie, nämlich Alter, Geschlecht, Nationalität und Familienverhältnisse; vgl. Mayer (1989: 265 ff.).

5 Vgl. Kaufmann 1994; die zentrale gesellschaftliche Funktion von Familien wird hier als Reproduktion der personellen Umwelt der übrigen Sozialsysteme angegeben und als Leitcode die Unterscheidung »verwandt/nicht verwandt« postuliert. Alternativ kann mit Luhmann (1991) ein gesellschaftliches »Erziehungssystem« postuliert werden, dessen Verhältnis zum »Sozialsystem Familie« (Luhmann 1990) wenig geklärt wurde.

eine Addition der Einwohner aller politischen Einheiten eines Staates führt nur dann zu in etwa korrekten Ergebnissen, wenn es gelingt, mehrfache Wohnsitze (multiple Mitgliedschaft) und Nichtseßhaftigkeit (Exklusion) zu berücksichtigen.

Dennoch ist nicht zu bezweifeln, daß die Zahl der für bestimmte Sozialsysteme relevanten Personen und ihre Veränderung eine wichtige Dimension sozialen Handelns und soziologischer Erklärung darstellt. Die meisten modernen Organisationen sehen ein Wachstum ihrer Mitgliederzahlen als Erfolg an. Mitgliederzahlen symbolisieren Macht, und soweit sie sich aktivieren lassen, können sie auch zu einem realen Machtfaktor werden. Auch die Menge an Nichtmitgliedern, die sich für die Leistungen einer Organisation interessiert, ist für dieselbe relevant: beispielsweise als Nachfrager ihrer Leistungen oder als Unterstützer ihrer politischen Ziele. Wie aber hängen diese Größeninteressen mit der Bevölkerungsentwicklung zusammen?

Soziologisch relevant sind demographische Veränderungen *unmittelbar*, insoweit sie Veränderungen der *Humanpotentiale* mit sich bringen. Nur natürliche Personen verfügen auf elementare Weise über Motive und Fähigkeiten, um sozial relevante Prozesse in Gang zu bringen. Sie werden dazu durch Sozialisation und eigenes Lernen auf der Basis von Zugehörigkeit zu Organisationen in unterschiedlicher Weise befähigt. *Es besteht also stets eine Wechselwirkung zwischen dem jeweils erreichten Stand gesellschaftlicher Entwicklungen und den Humanvermögen in einer Gesellschaft.* Diese Humanvermögen werden zu Humanpotentialen für bestimmte gesellschaftliche Leistungszusammenhänge, insoweit es auf die Zahl ihrer Träger ankommt.[6] Bezogen auf be-

6 Vgl. zum folgenden Kaufmann/Strohmeier/Federkeil (1992: 7ff.). – Mit der Unterscheidung von ›Humanvermögen‹ und ›Humanpotential‹ wird auf zwei Differenzen hingewiesen: zum einen auf die System/Umweltdifferenz: ›Humanvermögen‹ bezieht sich auf die *in* einem sozialen System abrufbaren menschlichen Fähigkeiten, also auf dessen personelle Ressourcen. ›Humanpotential‹ auf die in der *Umwelt* eines sozialen Systems kontingent vorhandenen Personen, deren Fähigkeiten nur durch Akte der Selektion seitens eines sozialen Systems in Anspruch genommen werden können. Zum anderen ist der Humanvermögensbegriff primär *fähigkeitsbezogen*; Humanvermögen als Aggregatbegriff kann entweder durch vermehrte Qualifikation vorhandener Personen oder durch Heranziehung zusätzlicher Personen gesteigert werden. Der Begriff des Humanpotentials dagegen ist ausschließlich auf die *Zahl* der Personen bezogen und damit unmittelbar an demographische Begrifflichkeiten anschlußfähig. Von Humanpotential wird hier in ana-

stimmte gesellschaftliche Teilsysteme lassen sich folgende Arten von Humanpotentialen unterscheiden:

1. *Erwerbspotential:* sein demographisches Korrelat ist die Bevölkerung im erwerbsfähigen Alter;

2. *Fortpflanzungspotential*: sein demographisches Korrelat ist die weibliche Bevölkerung im fortpflanzungsfähigen Alter;

3. *Zielgruppenpotentiale*: d. h. die Gesamtheit derjenigen, die grundsätzlich für bestimmte öffentliche Leistungen in Frage kommen, z. B. die Bevölkerung im Rentenalter oder Jugendliche im schulpflichtigen Alter;

4. *Politische Potentiale*: d. h. insbesondere die Gesamtheit der durch Nationalität und Alter zur Beteiligung an politischen Entscheidungen qualifizierten Bevölkerung, aber auch die Menge an Personen, die aufgrund bestimmter gemeinsamer Merkmale wie regionaler, religiöser oder ethnischer Zugehörigkeit bzw. eines bestimmten sozialen Status ein Mobilisierungspotential für bestimmte Interessen darstellen.

Die unmittelbare Wirkungsweise demographischer Veränderungen auf gesellschaftliche Zusammenhänge besteht somit in der quantitativen Verschiebung bestimmter Humanpotentiale. Dabei können sich Humanpotentiale entweder nach ihrer Größe oder nach ihrer Struktur verändern. Strukturveränderungen sind beispielsweise die Zunahme von Ausländern am Erwerbspotential oder das Altern der politischen Potentiale. Alle Folgewirkungen sind als durch diese Verschiebungen vermittelt anzusehen. Nur insoweit, als die Vermutung begründet werden kann, daß Struktur- und Dimensionsveränderungen von Humanpotentialen nachhaltige Wirkungen für bestimmte Gesellschaftsbereiche zeitigen, kann von einer soziologischen Relevanz demographischer Veränderungen die Rede sein.

Derartige Beweisführungen leiden unter der Schwierigkeit, daß demographische Veränderungen stets nur *ein* Moment des Wandels *unter anderen* sind und sich zudem sehr langsam entwickeln. Für nahezu alle beobachtbaren wirtschaftlichen und sozialen Veränderungen lassen sich deshalb auch andere Erklärungen plausibel machen; *die Effekte demographischer Verände-*

logem Sinne zum Erwerbspersonenpotential in der Theorie des Arbeitsmarkts gesprochen. Der Humanvermögensbegriff stellt dagegen eine soziologische Erweiterung des ökonomischen Humankapitalbegriffs dar (vgl. Abschnitt 1.4 u. 3.3).

rungen ›verstecken sich‹ sozusagen hinter kurzfristigeren Wir-kungsketten. Das spricht allerdings nicht gegen ihre langfristig um so nachhaltigere Wirksamkeit.

Eine weitere Eigenart demographischer Veränderungen liegt in dem Umstand, daß sie mit Bezug auf einen bestimmten Raum *umfassend* und nicht primär teilsystemspezifisch operieren. *Demographische Veränderungen operieren in der Umwelt von allen gesellschaftlichen Teilsystemen.* Aber diese reagieren darauf mit sehr unterschiedlicher Sensibilität. Demographische Veränderungen werden als solche sichtbar vor allem dort, wo die Selektivitäten bestimmter sozialer Systeme sich an den dominierenden Klassifikationsmerkmalen der Bevölkerungsstatistik orientieren, z. B. Geschlecht, Alter oder Nationalität. Derartige Unterschiede werden typischerweise auch in den erwähnten vier Kategorien von Humanpotentialen relevant.

4.2 Die Wechselwirkung von demographischer und sozialer Entwicklung

Neuere sozialwissenschaftliche Untersuchungen über den Zusammenhang zwischen demographischer und gesellschaftlicher Stagnation gibt es m. W. nicht. Immerhin wurde im Herbst 2004 in Berlin die Dokumentation eines Initiativprojektes der Kulturstiftung des Bundes über »Schrumpfende Städte« öffentlich gezeigt und auch publizistisch dokumentiert (Oswalt 2004). Damit ist das unter Stadtforschern schon länger diskutierte Thema des gesellschaftlichen Schrumpfens wenigstens auf die Tagesordnung gelangt:

»Die meisten schrumpfenden Städte hat es in den vergangenen 50 Jahren in den westlichen Industrieländern gegeben, allen voran in den USA (59), Großbritannien (27), Deutschland (26) und Italien (23). Seit 1990 treten schrumpfende Städte auch verstärkt in den ehemaligen Ostblockländern auf, wie Russland (13), Ukraine (22) und Kasachstan (13). Außerdem hat es zwischen 1950 und 2000 überdurchschnittlich viele schrumpfende Städte in Südafrika (17) und Japan (12) gegeben.« (Rieniets 2004: 29)

Die untersuchten Gründe für dieses Schrumpfen sind vielfältig und reichen von Naturkatastrophen bis zu wirtschaftlichen Systemkrisen, wie insbesondere in postsozialistischen Staaten. Für entwickelte Industrieländer erscheinen jedoch vor allem drei Transformationsprozesse charakteristisch: *Deindustrialisierung, Suburbanisierung und demographischer Wandel*. In den Krisenregionen Ostdeutschlands treffen diese Tendenzen zusammen. Eine niedrige Fertilität spielt außer in Ostdeutschland vor allem in Japan eine erhebliche Rolle, wo die Insellage und kulturelle Eigenarten zudem eine kompensierende Zuwanderung bisher weitgehend verhindert haben.[7] Japan weist jedoch eine intensive Binnenwanderung auf, so daß sich die Bevölkerung vor allem in drei metropolitanen Regionen der Hauptinsel konzentriert und das flache Land sowie marginal gelegene, häufig früh industrialisierte Städte sich entvölkern und überaltern. Im Vergleich zu Deutschland spielt eine kompensierende Regionalpolitik kaum eine Rolle, so daß die Verhältnisse dort schon heute gravierender sind und die Zukunftsperspektiven aus demographischer Sicht ungünstiger. Generell gilt, daß die Folgen des Schrumpfens von Städten je nach den Umständen des Umlandes sehr unterschiedlich sind. Einigen Städten ist es gelungen, den Schrumpfungsprozeß aufzuhalten und zu attraktiven Kulturzentren in einem zersiedelten Umland zu werden (z. B. Liverpool). In anderen Fällen dominiert soziale Desorganisation, die sich im Verfall der Bauten und der sozialen Infrastruktur, teilweiser Verelendung – vor allem von alten Menschen und Kindern –, zunehmenden sozialen Konflikten und wachsender Kriminalität äußert.

Im Vergleich zu Entwicklungen im Ausland vollziehen sich die regionalen Schrumpfungsprozesse in Deutschland bisher noch kleinräumiger und weniger dramatisch. Das ist im wesentlichen auf die großen Anstrengungen zurückzuführen, mit denen im Zuge der Wiedervereinigung die öffentlichen Infrastrukturen entwickelt wurden und die sozialen Sicherungssysteme auf die Bevölkerung im Beitrittsgebiet ausgedehnt worden sind. Ökonomische und demographische Schrumpfungsprozesse vollziehen sich fast in der ganzen Welt spontan und sich wechselseitig verstärkend. Wohlfahrtsstaatliche Grundsätze – in Deutschland etwa das Postulat der Gleichartigkeit der Lebensverhältnisse – spielen kaum eine Rolle. Man wird deshalb im deutschen Fall zum mindesten mildere Erscheinungsweisen der Folgen erwarten dürfen. Die ausgeprägten sozialpolitisch vermittelten Umvertei-

7 Selbst in Tokio leben lediglich 2,7 % registrierte Ausländer (Fujii 2004: 99).

lungsprozesse werden immer stärkeren Belastungen ausgesetzt. Anstelle weiträumiger Degradation ist vor allem mit einer Intensivierung von Verteilungskonflikten zu rechnen.

Leider bleibt die erwähnte umfangreiche Dokumentation der internationalen Tendenzen schrumpfender Städte weitgehend auf deskriptivem Niveau und macht weder die Wechselwirkungen noch die ökonomischen, politischen oder mentalen Faktoren namhaft, welche die Prozesse vorantreiben.[8] Zu deren Veranschaulichung sei auf zwei ältere sozialwissenschaftliche Fallstudien zurückgegriffen.[9]

Der französische Agronom und Soziologe Chombart de Lauwe (1946) hat in einem detaillierten Regionalvergleich zweier französischer Regionen über ein ganzes Jahrhundert hinweg gegenläufige Entwicklungen festgestellt: Während die Bretagne um 1840 zu den ärmsten und unfruchtbarsten Gebieten Frankreichs zählte, war das im Südwesten Frankreichs gelegene Garonne-Gebiet eines der reichsten, und hinsichtlich der fortgeschrittenen Agrartechnik nur noch mit Flandern zu vergleichen. Hundert Jahre später gehörte der Südwesten zu den rückständigsten Gebieten Frankreichs, während die Bretagne inzwischen wirtschaftlich kräftiger entwickelt und trotz Bevölkerungszuwachs auch pro Kopf wohlhabender geworden war. Chombart de Lauwe führt die gegenläufige Entwicklung zum einen auf das unterschiedliche Verhalten der Eliten und zum anderen auf die unterschiedliche Geburtenentwicklung zurück.

Im Südwesten lag die Geburtenhäufigkeit seit 1800 unter dem französischen Durchschnitt, und vor allem im Bürgertum beschränkte man sich auf ein bis zwei Kinder. Auf diese Weise ließ sich der erworbene Wohlstand ohne größere Anstrengungen weitergeben, und die Grundeigentümer überließen die Landwirtschaft zunehmend Pächtern. Der Mangel an billigen Arbeitskräften, wie sie insbesondere für den Weinbau benötigt werden, und das Festhalten an veralteten Produktionsmethoden führten zu einem allmählichen Verfall der Landwirtschaft. Als 1880 in Frank-

8 Diese Kritik äußert auch der Rezensent der Berliner Ausstellung, Heinrich Wefing, in der FAZ: »Undichte Städte, unsichere Prognosen: Die Berliner Ausstellung ›Shrinking cities‹ nimmt ein Angstgespenst aufs Korn – aber nicht Stellung.«
9 Eine ausführlichere Darstellung der beiden Fälle findet sich in Kaufmann (1960: 409-423 u. 474-481).

reich eine große Agrarkrise einsetzte, entwerteten sich hier die landwirtschaftlichen Vermögen. Eine deutliche Zunahme offenkundiger psychischer Erkrankungen und der Selbstmorde vor allem im Bürgertum war die Folge. – In der kirchlich geprägten Bretagne dagegen blieb die Geburtenrate stets über dem französischen Durchschnitt. Ab Mitte des 19. Jahrhunderts wurde ein landwirtschaftliches Bildungswesen geschaffen und viel in Bodenverbesserungen investiert, so daß das ehemalige Armenhaus Bretagne mit seinem reichlichen Nachwuchs sich als zur Industrialisierung in anderen Gebieten Frankreichs komplementäre Agrarregion von beträchtlichem Wohlstand zu etablieren vermochte.

Im diesem Beispiel wurden zwei agrarische Regionen verglichen. Das folgende Beispiel betrifft *Frankreich als ganzes*, ein früh mit der Industrialisierung beginnendes Land, das in der ersten Hälfte des 19. Jahrhunderts trotz der Niederlage Napoleons zu den wohlhabendsten Europas zählte und auch militärisch eine Großmacht blieb. Fünf Weltausstellungen zwischen 1856 und 1900 zeugten vom Unternehmungsgeist und der Tüchtigkeit der ›Grande Nation‹.

In demographischer Hinsicht entwickelte das Land jedoch eine geringere Dynamik als der Rest Europas: Um 1800 lebten 28 Millionen Menschen oder fast ein Viertel der damaligen Gesamtbevölkerung Europas in Frankreich; um 1900 waren es 40 Millionen oder nur 43% mehr. In anderen Ländern Europas verdreifachte sich die Bevölkerung im gleichen Zeitraum. Dementsprechend alterte die Bevölkerung in Frankreich auch früher: Um 1900 hatten bereits 12% der Bevölkerung das sechzigste Lebensjahr überschritten. Ursächlich war die frühe Verbreitung der willentlichen Geburtenbeschränkung in Frankreich. Vor allem für Adel und Bürgertum bedeutete die Aufhebung der Testierfreiheit (1793) und des Anerbenrechtes im Code Napoléon (1808) die Gefahr der Zersplitterung von Besitz und Vermögen, worauf mit einer Beschränkung der Nachkommenschaft reagiert wurde.

In der ersten Hälfte des 20. Jahrhunderts entwickelte sich die französische Wirtschaft deutlich langsamer als diejenige vergleichbarer Länder.[10] So besaß Frankreich beispielsweise um 1860

10 Zum Zusammenhang von Bevölkerungsentwicklung und Wirtschaftsentwicklung in Frankreich vgl. auch Armengaud (1993).

nach England und den USA die drittgrößte Handelsflotte der Welt, wurde jedoch bis 1939 von Deutschland, Norwegen, Japan, Italien, den Niederlanden und Rußland überholt (Sauvy 1954: 16). Die Investitionstätigkeit blieb im Mutterland wie in den Kolonien hinter anderen Kolonialmächten zurück, und auch das Realeinkommen pro Kopf stieg langsamer. Besonders deutlich war die Stagnation im Bauwesen. Seit 1914 herrschte eine Mietpreiskontrolle bei praktischem Kündigungsverbot, so daß der Wohnungsbau zum Erliegen kam und auch die Bauwirtschaft technologisch zurückblieb. Dementsprechend »wurde das Kapital, das aus der französischen Wirtschaft gezogen wurde, in immer geringerem und immer unzureichenderem Umfang in sie investiert. Es wurde ins Ausland verschoben, in Goldmünzen und Goldbarren gehortet, auf den verschiedensten Wegen vor Krieg, Revolution und Steuerbehörden ›in Sicherheit‹ gebracht. Die französische Volkswirtschaft wurde zum Gegenstand eines unablässigen Raubbaus.«[11] Parallel zu dieser wirtschaftlichen Stagnation erstarrten in Frankreich die sozialen Strukturen stärker als in anderen Ländern: Konservative und Liberale, Katholiken und Laizisten, Linke und Rechte, ›Patrons‹ und Arbeiter standen sich unversöhnlicher als anderswo gegenüber, was auch die hohe Instabilität der Regierungen in der Dritten und Vierten Republik belegt. Das Interesse an der Erhaltung von »situations acquises«, also von Gewohnheiten und erworbenen Rechten, dominierte Wirtschaft und Verwaltung.

Bekanntlich hat sich diese wirtschaftliche und soziale Stagnation zusammen mit der demographischen Stagnation in Frankreich nach dem Zweiten Weltkrieg allmählich aufgelöst. Frankreich hat wirtschaftlich und politisch stark aufgeholt und weist seit Jahrzehnten eine überdurchschnittliche Fertilität mit Bezug auf den (sinkenden) europäischen Durchschnitt auf. Was die Trendwende betrifft, so ist in zeitlicher Hinsicht ein Vorsprung der demographischen Renaissance festzuhalten. Der Wiederanstieg der Geburtenraten begann präzise im Jahre 1941, der Aufschwung der Bauwirtschaft und auch die politische Konsolidierung erst ab etwa 1950. Grundlage des französischen Natalismus war die familienpolitische Gesetzgebung des Jahres 1938 sowie die Verabschiedung eines »Code de la Famille« unmittelbar vor

11 Lüthy (1954: 257); vgl. auch Goldenberg (1946).

Ausbruch des Zweiten Weltkriegs.[12] Auch wenn man die Kriegs-
erfahrung als verstärkenden Faktor für das Aufbrechen verkru-
steter Strukturen in Rechnung stellt, spricht vieles dafür, daß
der bereits vor Kriegsbeginn erfolgte familienpolitische Auf-
bruch ein Katalysator auch für die anschließende wirtschaftliche
und schließlich (dank der Verfassungsreformen De Gaulles) auch
politisch-soziale Modernisierung gewesen ist.

4.3 Mentalität und Konkurrenz

Folgt man dem herrschenden ökonomischen Paradigma, so hätte
sich der Wohlstand in Frankreich – ausgedrückt in einem steigenden Pro-Kopf-Einkommen – zwischen 1800 und 1950 rascher
entwickeln müssen als in anderen Ländern Europas. Nirgends
waren die ökonomischen Voraussetzungen günstiger, und auch
die Wirtschaftsordnung war bereits durch die Revolution libe-
ralisiert worden. Keine ordnungspolitischen Hindernisse standen
einer »wohltätigen Entfaltung der Konkurrenz« im Wege, aber
die Menschen zogen es vor, sich der von Karl Marx wohl richtiger
bezeichneten »Peitsche der Konkurrenz« zu entziehen.

»Seit der Jahrhundertwende (sc. 1900) hatte sich dieses Frankreich der kleinen Stadt, der kleinen Werkstätte und des kleinen Gütchens langsam in ein
immer dichteres Netz von Gewohnheitsrechten und Privilegien für alles
Kleine, Alte, Bewährte, Unrationelle und Stillstehende, von Verboten und
Strafen gegen alle Neuerung und alle Beunruhigung eingesponnen, von
den Schutzzöllen der Ära Méline bis zur praktischen Befreiung des Klein-
handels und des Kleingewerbes von Besteuerung und Konkurrenz in der
Zwischenkriegszeit, von den staatlichen Preis- und Absatzgarantien der
Agrarproduktion bis zur gesetzlich verfügten Versteinerung der Mühlen-
industrie im bestehenden Zustand, vom Ausschluß fremder Schiffahrt aus
dem Kolonialreich bis zur systematischen Erhaltung funktionslos gewor-
dener Verwaltungs- und Gerichtsresidenzen, deren einziger Daseinszweck
noch war, verödenden Provinzstädtchen einen Schein von Leben und Bewegung zu bewahren, bis endlich jede ererbte Position zum ewigen Ren-

---

12 Vgl. hierzu Schultheis (1988: 387ff.). Diese ein eigenständiges politisches
   Feld der ›Familienpolitik‹ begründenden Maßnahmen hatten allerdings
   eine lange Vorgeschichte, für die ebenfalls auf Schultheis (1988) verwiesen
   sei. Die Etablierung eines eigenständigen Politikfeldes für die Familie vollzog sich dagegen in Deutschland unter weit größeren Schwierigkeiten, vgl.
   Kuller (2004).

tentitel wurde und der Rhythmus des Lebens und Wirtschaftens von jeder Beschleunigung gesichert war.« (Lüthy 1954: 231)

Der Bevölkerungswissenschaftler Afred Sauvy, ein prominenter Kritiker dieser Verhältnisse, bezeichnete die hierin zum Ausdruck kommende Mentalität als »malthusianisch«, weil sie entsprechend dem Pessimismus von Malthus hinsichtlich der Folgen des Bevölkerungswachstums stets die größere oder dynamischere Größe (z. B. Geburten) der kleineren oder statischeren Größe (z. B. Nahrungsspielraum) anpassen will, und nicht umgekehrt (vgl. Kaufmann 1960: 486ff.). Es geht Sauvy zufolge also weder um eine prinzipielle Fortschrittsfeindlichkeit noch um bloße Bequemlichkeit oder Egoismus, wie moralisierende Zeitgenossen urteilen möchten, sondern um eine »Weise der Existenzdeutung, des Fürchtens, Hoffens und Denkens, des Rechthabens und noch häufiger des Sich-Täuschens«.[13] In Deutschland würde man von »Bedenkenträgern« oder »Besitzstandswahrern« sprechen, deren durch Beharren getragene Grundeinstellung in manchem konkreten Fall durchaus als vernünftig erscheinen mag. Im Zweifelsfalle plädieren sie jedoch stets für den Status quo ante und nicht für eine als riskant eingeschätzte Alternative und hemmen damit den sozialen Wandel. Sauvy sieht hierin eine individuell verbreitete Einstellung, also einen psychologischen Tatbestand.

Ähnlich argumentieren Mutmaßungen, welche dem demographischen Altern an sich eine Tendenz zur Verstärkung konservativer Mentalitäten und damit auch von Abwehrtendenzen gegen sozialen Wandel zuschreiben. Diese Argumentationen sind allerdings wenig überzeugend, sie beziehen sich auf stereotype Altersvorstellungen, welche sich in zahlreichen Untersuchungen des altersabhängigen Einstellungswandels nicht bestätigen ließen. Die Argumentation unterschlägt auch, daß mit der Verlängerung der Lebensspanne und den sie begleitenden Modernisierungseffekten, z. B. von zunehmender Bildung, sich die Alterungsprozesse erheblich verzögern. *Man kann also nicht allein aus der Zunahme des Anteils der Menschen über einem bestimmten kalendarischen Alter auf eine proportionale Zunahme spezifischer ›Alterseinstellungen‹ oder ›Altersprobleme‹ schließen.* Schließlich ist darauf hinzuweisen, daß von einem Altern der Bevölkerung

13 Sauvy (1954: 158), meine Übersetzung.

nicht zwangsläufig auf ein Altern der Eliten geschlossen werden kann, da die Selektion in verantwortliche Positionen sich i. d. R. nach ganz anderen Kriterien als der Altersverteilung von Humanpotentialen richtet.[14]

Auch das Beispiel Frankreichs widerlegt derartige Vermutungen, denn bekanntlich hat sich das demographische Altern auch parallel zur aufholenden Modernisierung Frankreichs fortgesetzt. Allerdings: Unsere knappe Skizze des französischen Falles macht Parallelitäten zwischen einer langfristigen Stagnation[15] der Bevölkerung einerseits und fehlender Innovationsbereitschaft für den französischen Fall deutlich und läßt auch kausale Zusammenhänge zum mindesten plausibel erscheinen. Eine »malthusianische Mentalität« braucht nicht notwendigerweise in individuellen Einstellungen verfestigt zu sein. Angesichts der heutigen Macht der Massenmedien ist es vielmehr naheliegender, den systematischen Ort derartiger Mentalitäten in *kollektiv verbreiteten Einstellungen* zu suchen, die durch die öffentliche Meinung verstärkt werden und die individuellen politischen Einstellungen erst ihre Form geben.

Inwieweit aber lassen sich aus der französischen Parallelität zwischen demographischer Stagnation und sozialer Erstarrung verallgemeinernde Schlußfolgerungen ziehen? Schon die Französische Revolution hatte die bis dahin herrschenden traditionalistischen Strukturen erst durch Gewalt beseitigt, während in Großbritannien, Preußen und anderswo die Modernisierung allmählich und ohne dauerhafte Konflikte in Gang kam. Mentalitätsgeschichtlich müssen wir also von tiefer in die Geschichte zurückreichenden Gründen für den französischen Traditionalismus und seinen Einfluß bis zum Ende des Zweiten Weltkriegs ausgehen. Seine Delegitimierung durch das Regime von Vichy hat ebenfalls den Durchbruch Frankreichs zur bis dahin ›verschlafenen Modernisierung‹ gefördert. Ist Frankreich also ein Sonderfall, der uns wenig lehren kann?

Auch in Deutschland mehren sich Stimmen einsichtiger Publi-

14 Mit diesen Argumentationen habe ich mich ausführlich auseinandergesetzt in Kaufmann 1960: 197-237 u. 424-466.
15 Es sei darauf hingewiesen, daß Frankreich nie einen Bevölkerungs*rückgang* erlebt hat; lediglich im Jahre 1935 wurden die Geburten von den Todesfällen übertroffen. Insofern sieht das demographische Szenario für Deutschland heute düsterer aus.

zisten, welche ähnliche Diagnosen vorbringen. Neben Meinrad Miegel, einem schon länger engagierten, gelegentlich etwas grobschlächtigen Mahner (z. B. Miegel 2002), seien hier zwei Stimmen erwähnt, die vor allem den Zusammenhang zwischen Mentalität und demographischer Entwicklung hervorheben: Friedberg Pflüger (2004) erinnert nicht nur an die historische Tradition einer in Aufstiegs- und Niedergangsmetaphern denkenden Kulturtheorie, sondern bringt auch bedenkenswerte Beobachtungen hinsichtlich des gegenwärtigen Zustands Europas und insbesondere Deutschlands angesichts der islamischen Herausforderung vor. Seine Diagnose trifft sich bis in Details mit derjenigen Sauvys vor einem halben Jahrhundert:

»Europa ist meilenweit davon entfernt, die politische, kulturelle und philosophische Bedeutung zu haben, die es in früheren Jahrhunderten besaß. Die demographischen Daten zeigen nach unten, ebenso der Anteil Europas am Welt-Bruttosozialprodukt. Wer es nicht vermag, die ökonomische ›Basis‹ herzustellen, der verliert zunehmend auch den Einfluss auf den ideellen ›Überbau‹ in der Welt. Wissenschaftlich und technisch mag der Westen, vor allem Amerika, noch für lange Zeit eine enorm starke Stellung einnehmen. Was Freizeit, Wohlstand und soziale Sicherheit angeht, wird es im Westen noch lange bessere Verhältnisse geben als in den meisten anderen Regionen der Welt. Aber gleichzeitig breitet sich in den älter werdenden Gesellschaften des Westens – vor allem in Westeuropa – Bequemlichkeit aus. Man lebt nicht mehr für die Zukunft, sondern in den Tag hinein.«

In ähnlicher Weise sprach Peter Graf Kielmannsegg kürzlich mit Bezug auf Deutschland von »Zukunftsverweigerung«.[16] Er erwähnte die demographische Krise, die Zuwanderung und die genetische Revolution als die drei Problemkreise, an denen sich die Zukunftsverweigerung besonders deutlich manifestiere. Alle drei passen nicht in die traditionellen Fronten deutscher Politik, und dies trägt gewiß zu den Schwierigkeiten bei. Doch erscheint die Haltung allgemeiner: Es fällt auf, daß in Deutschland keine Diskussion darüber stattfindet, was die Aufgaben der kommenden Jahrzehnte sind und was sich ändern müßte, um ihnen gewachsen zu sein. Es gibt kaum Visionen für Deutschland im Jahre 2020, und wenn schon, so sind sie düsterer Art. Vor allem die Osterweiterung der EU stellt keineswegs nur eine Bedrohung, sondern auch eine Chance für den »Standort Deutschland« dar, sofern es

16 Peter Graf Kielmannsegg: Zukunftsverweigerung. In: FAZ, 23. 5. 2003, S. 11.

gelingt, das gegenwärtige Lohngefälle durch kurz- und mittel-
fristig wirksame Maßnahmen abzufedern. Die Vorstellung, daß
eine Verlängerung der Arbeitszeiten zu einer Verfestigung der
Arbeitslosigkeit und nicht zu einer Stärkung der Konkurrenz-
fähigkeit der deutschen Wirtschaft und damit zu längerfristigem
Wachstum führe, entspricht der von Sauvy als »malthusianisch«
qualifizierten Mentalität.

Der Einfluß des demographischen Wandels auf fortschritts-
hemmende Mentalitäten läßt sich nur indirekt plausibel machen,
nämlich durch den *Wegfall des Bevölkerungswachstums als Sti-
mulans für wirtschaftlichen und sozialen Wandel.* Die geringe
wirtschaftliche Dynamik und die besitzstandsorientierte Mentalität in Frankreich ließen sich durch das Fehlen »stimulierender
Ungleichgewichte« (Dupréel 1928: 336ff.) erklären, also durch
den geringeren Anpassungsdruck, durch das Fehlen größerer
Mengen von mit Arbeitsplätzen unversorgten jungen Menschen,
die auf den Arbeitsmarkt drängen und auch bereit sind, größere
Risiken einzugehen. Konkurrenz und Wandel werden meist nur
von denen begrüßt, die dadurch zu gewinnen hoffen. Das sind in
der Regel eher die ›Außenseiter‹ als die ›Eingesessenen‹. Wenn es
an Außenseitern fehlt – und die Beschränkung von Geburten wie
diejenige von Zuwanderung sind hochwirksame Formen der Prä-
vention von Außenseitern –, dann dominieren die ›Eingesessenen‹, welche wenig Interesse an Veränderung haben.[17]

Aus soziologischer Sicht lassen sich also öffentlich dominante
Mentalitäten eher auf die Opportunitätsstrukturen und ihre Veränderung als auf psychische Einstellungen zurückführen. Unkontrollierte Konkurrenz ist kein natürliches Bedürfnis des Menschen, sondern allenfalls unumgängliche Herausforderung, deren
Intensität vom Gewicht der Konkurrenten und den erwartbaren
Gewinnen oder Verlusten abhängt. Fehlt es an Konkurrenz, so ist
das Überhandnehmen von Gewohnheiten und ihre normative
Verfestigung, im Grenzfall also strukturelle Sklerose, ein erwart-
bares Ergebnis.[18] Die gegenwärtigen Globalisierungstendenzen
wirken allerdings einer Sklerotisierung im deutschen Fall entgegen.

17 Im Falle Deutschlands steht zu vermuten, daß sich die Außenseiter vornehmlich aus der zugewanderten Bevölkerung und ihren wenig integrier-
   ten Nachkommen rekrutieren. Wenigstens in dieser Funktion vermögen
   sie einer sozialen Erstarrung entgegenzuwirken.

4.4 Zwischenbetrachtung

Es sei zum Abschluß des ersten Teils unserer Untersuchung versucht, die vielfältigen Indizien, die sich aus den Analysen in den Kapiteln 3 und 4 ergeben, in einen verallgemeinernden Zusammenhang zu stellen.

Bereits in Abschnitt 1.2 wurde darauf hingewiesen, daß das Konzept des Wachstums ursprünglich in einem vor allem von Herbert Spencer ausgearbeiteten evolutionstheoretischen Kontext stand und nur in diesem eine konzeptionelle Ausarbeitung gefunden hat. Diese Evolutionstheorie war sich des fortschrittlichen Charakters der Menschheitsgeschichte gewiß, und bis heute wird Wachstum im Kontext von Wirtschaft und Politik positiv konnotiert. Es liegt im Horizont des die westliche Kultur seit dem Zweiten Weltkrieg erneut prägenden aufklärerischen Fortschrittsglaubens daher nahe, regressive Entwicklungen negativ zu bewerten. Aber bereits die Beobachtung, daß Wachstum stets mit Strukturwandel verbunden ist, der auch regressive Teilprozesse aufweist, zeigt, daß dieses eindimensionale Bewertungsraster nicht weit trägt. Zudem lassen sich aus anderen weltanschaulichen (z. B. traditionalistischen oder ökologischen) Perspektiven andere, z. B. zirkuläre, stationäre oder regressive Entwicklungsverläufe durchaus positiv bewerten.

Die soziologische Betrachtung von Prozessen gesellschaftlichen Wachstums und Schrumpfens hat derartige Wertungen nur als Elemente ihres Erfahrungsobjektes zu berücksichtigen. *Aus erfahrungswissenschaftlicher Sicht sind Prozesse des Wachstums und des Schrumpfens sachlich und zeitlich stets begrenzt.* Das zeigt nicht nur der Aufstieg und Fall von Kulturen und politischen Machtzentren, auch für die Weltbevölkerung sind heute bereits Grenzen ihres bis vor kurzem sich beschleunigenden Wachstums erkennbar. So sehr gegenüber einem optimistischen Fortschrittsglauben auf Begrenzungen und Folgeproblemen zu insistieren ist, so muß auch umgekehrt das Konzept des Schrumpfens von kulturkritischen Verfallsdiagnosen deutlich abgesetzt werden.[19]

18 Um nicht ›neoliberal‹ mißverstanden zu werden, sei betont, daß Konkurrenz ebenso ambivalent ist wie Sicherheit. Ein Übermaß an Konkurrenz führt nicht nur zum Ausschluß der Schwächsten, sondern vielfach auch zur Anomie. Doch dies ist ein anderes Kapitel.
19 Dies ist zunächst ein Gebot wissenschaftlicher Seriosität, weil Hoffnungen

Der Umstand, daß demographische Veränderungen in der Regel nicht ein einzelnes, sondern *mehrere* gesellschaftliche Teilsysteme in ihrer raum-zeitlichen Lagerung einigermaßen gleichzeitig betreffen, legt die Frage nach *mittelbaren* gesellschaftlichen Wirkungen des demographischen Wandels nahe. Es liegen zahlreiche Partialanalysen zu den unmittelbaren Folgen des demographischen Wandels für bestimmte Teilbereiche vor, deren wichtigste hier nur stichwortartig zusammengefaßt seien:[20]

– Der Wegfall des Bevölkerungswachstums und erst recht ein Bevölkerungsrückgang senkt die Investitionschancen innerhalb eines Wirtschaftsraums und vermindert das Wirtschaftswachstum.

– Der Mangel an beruflichem Nachwuchs und eine verlangsamte Erneuerungsgeschwindigkeit der erwerbstätigen Bevölkerung beeinträchtigen die Durchsetzung von Innovationen und die Steigerung der volkswirtschaftlichen Produktivität.

– Ein dauerhafter Bevölkerungsrückgang führt zum Rückgang der Binnennachfrage, vor allem hinsichtlich der Deckung von Grundbedürfnissen, und zu Wertverlusten, vor allem auf den Immobilienmärkten; das Altern der Bevölkerung führt zu erhöhter Nachfrage nach personenbezogenen Dienstleistungen, deren steigende Preise die potentielle Nachfrage nach anderen Gütern reduzieren.[21]

– Die Verschiebung des Verhältnisses zwischen dem Bevölkerungsanteil der Erwerbstätigen und demjenigen der Nicht-mehr-Erwerbstätigen intensiviert Verteilungskonflikte um Anteile des Volkseinkommens.

und Befürchtungen stets weit über das hinausreichen, was mit wissenschaftlichen Mitteln aktuell erforschbar und beurteilbar ist. Man wird aber darüber hinaus auch auf die wissenschaftliche Einsicht verweisen dürfen, daß menschliche Geschichte strukturell so komplex und kollektives menschliches Handeln so wenig determiniert ist, daß umfassende Entwicklungsprognosen sozialer Prozesse grundsätzlich unmöglich sind.

20 Überblicke über die Gesamtproblematik geben: Sauvy (1948); United Nations (1953, 1956); Kaufmann (1960); Council of Europe (1978); United Nations (1988); Institut der deutschen Wirtschaft (Hg.) (2004); für den wirtschaftlichen Bereich auch Chaloupek u. a. (Hg.) (1988); Siebert (Hg.) (2002). Leider führt die lesenswerte Arbeit von Schimany (2003) trotz des vielversprechenden Titels noch nicht wesentlich über die demographischen Fragestellungen hinaus.

21 Zu diesen Punkten vgl. Kapitel 3.

– Das Altern der Wählerschaft veranlaßt Politiker, die Bedürfnisse älterer Generationen ernster zu nehmen als diejenigen der nachwachsenden Generationen.[22]

– Der Rückgang der Frauen im gebärfähigen Alter beschleunigt den Geburtenrückgang exponentiell.[23]

– Die Zunahme der Kinderlosigkeit in einem wachsenden Teil der Bevölkerung dünnt die Verwandtschaftsnetze aus und läßt eine zunehmende Vereinzelung im Alter erwarten.[24]

– Es entsteht massenhaft eine Lebensphase zwischen dem Ausscheiden aus dem Erwerbsleben und dem »gebrechlichen Alter«, die bisher institutionell und kulturell kaum strukturiert ist (»drittes Lebensalter«).[25]

Aus jedem dieser Befunde, welche bis auf den letzten unmittelbar an die Häufigkeitsverschiebung von Humanpotentialen anschließen, lassen sich weiterreichende Konsequenzen ableiten, die in der Regel *umstritten* bleiben. Denn fast in allen Fällen lassen sich mögliche oder tatsächliche Gegentendenzen namhaft machen: Das Wirtschaftswachstum kann durch Innovationen und durch Export stimuliert werden; Produktivitätssteigerungen erscheinen weit stärker von unternehmerischen Maßnahmen als von der Personalwirtschaft abhängig; Nachfrageausfälle im basalen Bereich lassen sich durch Verschiebung der Nachfrage in den Bereich superiorer Güter und Dienstleistungen kompensieren; Geburtenausfälle lassen sich durch Zuwanderung kompensieren usw. Auch wenn somit die skizzierten Befunde nicht geleugnet werden, so behaupten die verharmlosenden Diskurse, daß die demographischen Effekte im Vergleich zu anderen Wirkungsgrößen *bescheiden* bleiben und angesichts der Langsamkeit ihrer Entfaltung unschwer durch *Anpassungsmaßnahmen* kompensiert werden können.

22 In dieser Form scheinen mir die beiden letztgenannten Thesen unangreifbar. Spekulationen, daß ein Überhang an alten Menschen diese im demokratischen Prozeß zu einer Ausbeutung der Jüngeren veranlassen könne (z. B. Mueller 2002), sind dagegen aus soziologischer Sicht wenig plausibel; vgl. die Kommentare zu Mueller ebda.; sowie Rothenberger (1995); Szydlik (2000). Ebensowenig plausibel sind Erklärungen wachsender Innovationsfeindlichkeit durch das Altern des Elektorats oder gar das Altern der Eliten; vgl. Kaufmann (1960: 444-466); Wolf u. Kohli (1998: 155 ff.).

23 Das gilt nur, wenn die Fertilität dauerhaft unter dem Reproduktionsniveau liegt.

24 Vgl. Abschnitt 5.6.

25 Vgl. Abschnitt 8.2.

Dieser Verharmlosungs-Diskurs mag mit Bezug auf jede einzelne Partialanalyse plausibel klingen, wenngleich die Argumente auch hier jeweils im einzelnen zu prüfen wären. Die hier vertretene Gegenthese hebt aber auf die *gleichsinnige Wirkungsrichtung des demographischen Wandels mit Bezug auf nahezu alle Gesellschaftsbereiche* ab. Alle genannten Folgen des demographischen Wandels erscheinen als tendenziell problemerzeugend, und es muß damit gerechnet werden, *daß sich mehrere dieser Veränderungen gegenseitig verstärken.* Beispielsweise wird zur Begründung der demographisch prognostizierten und mittlerweile in Deutschland auch gesetzlich beschlossenen Verschiebungen im Beitrags-/Leistungsverhältnis der Gesetzlichen Rentenversicherung darauf verwiesen, daß die absehbare Steigerung der volkswirtschaftlichen Produktivität ein derartiges Wachstum des Volkseinkommens bewirken werde, daß trotz der Senkung des Rentensatzes im Verhältnis zu den Löhnen die Realeinkommen der Rentner weiter ansteigen können. Unsere Argumentation macht dagegen darauf aufmerksam, daß es unter den Bedingungen einer stagnierenden und alternden Bevölkerung wesentlich schwerer fallen werde, die volkswirtschaftliche Produktivität entsprechend zu erhöhen (vgl. Abschnitt 3.6). Wenn aber die These einer wirtschaftlichen ›Wachstumsbremse‹ zutrifft, dann verschärfen sich auch die Verteilungskonflikte; eine Umwidmung öffentlicher Mittel für die dringend unterstützungsbedürftige Nachwuchssicherung wird zusätzlich erschwert usw. Der Umstand, daß die Veränderung der Humanpotentiale sich mit Bezug auf *unterschiedliche* gesellschaftliche Teilbereiche *gleichzeitig* auswirkt, verstärkt ihre soziale und politische Relevanz.

Nicht nur die Wirtschaftswissenschaft, auch die Soziologie betont, daß die zunehmende Komplexität moderner Gesellschaften mit einer Erhöhung ihrer *Anpassungspotentiale* einhergeht. Die tiefgreifenden Transformationsprozesse seit Mitte des 18. Jahrhunderts lassen sich überhaupt nur als Dynamisierung durch fortgesetzte Anpassungszwänge begreifen, und das mit dem Rückgang der Kindersterblichkeit einsetzende säkulare Bevölkerungswachstum spielte hier eine herausragende Rolle. Industrialisierung und Verstädterung waren allerdings oft mit unerwünschten Nebenfolgen verbunden, welche sich häufig zu Lasten der sozial Schwächsten auswirkten. Diese Nebenfolgen wurden in Deutschland und Frankreich als ›soziale Frage‹ thematisiert und bildeten den Ausgangspunkt für soziale Aktionen und die staatliche Sozialpolitik. Im Kontext der beiden Weltkriege und der zwischenzeitlichen Weltwirtschaftskrise wurden die Folgeprobleme der Dynamik durch nationalistische Abschließung zu bewältigen gesucht. Nach dem Zweiten Weltkrieg versprach das Projekt des Sozial- oder Wohlfahrtsstaates, die Verlierer des sozioökonomischen Wandels aufzufangen und ihnen entweder eine berufliche Umorientierung oder eine ökonomische Sicherung außerhalb des Arbeitsmarktes zu ermöglichen. Die ziemlich reibungslose Modernisierung wie auch die außenwirtschaftliche Öffnung der europäischen Volkswirtschaften beruhte auf dem Bewußtsein dieser erweiterten Reziprozität ebenso wie der sogenannte Generationenvertrag.

Das heute in Europa der Vergangenheit angehörende rasche Bevölkerungswachstum in den sich industrialisierenden Ländern hat den Anpassungsdruck erhöht, aber gleichzeitig auch die Anpassungspotentiale. *Das Bevölkerungswachstum erscheint als ein relativ unspezifischer Faktor der Schaffung und Verschärfung sozialer Konflikte, es begünstigte aber gleichzeitig sozialen Wandel, d. h. produktive Konfliktlösungen*; es handelte sich um »stimulierende Ungleichgewichte«. In wachsenden Bevölkerungen offener Gesellschaften sind Aufstiegschancen unter Wachstumsbedingungen größer, die Gefahr der klassenmäßigen Verfestigung sozialer Unterschiede geringer (Dupréel 1928; Kaufmann 1960: 460f.) Hölderlins hoffnungsvolle Sentenz »Wo die Gefahr wächst – wächst das Rettende auch« trifft hier wie überhaupt für die krisenreichen Modernisierungsprozesse der Neuzeit weitgehend zu. Wie aber steht es mit der drohenden demographischen Schrumpfung und ihren Folgen? Wo deutet sich hier das Rettende an?

Die gegenwärtigen Finanzierungsschwierigkeiten der sozialen Sicherungssysteme in Deutschland haben noch kaum demographische Ursachen, doch wird die Notwendigkeit von Leistungskürzungen schon heute mit den absehbaren demographischen Risiken begründet. Deren wachsende Wirkung ist unbestreitbar, und zwar ist sie um so wuchtiger, je stärker der Nachwuchs zurückgeht. Diese demographische Herausforderung trifft die deutsche, aber auch vergleichbare Volkswirtschaften in einer Situation wachsenden Anpassungsdruckes unter dem Einfluß der sogenannten Globalisierung. Die grundsätzlich hohen Anpassungspotentiale moderner Gesellschaften sind am Ende der nationalstaatlichen Ära mit einem steigenden Anpassungsdruck konfrontiert, der durch den demographischen Wandel verstärkt wird. Zugleich reduziert jedoch der demographische Wandel die Anpassungspotentiale. *Darin liegt ein historisch neues Moment.*

Die zentrale Herausforderung moderner Gesellschaften durch die Bevölkerungsschrumpfung besteht darin, daß Schrumpfungsprozesse in ihnen sozusagen strukturell nicht vorgesehen sind, sondern daß bisher alle Probleme durch Wachstum gelöst wurden. *Wachsende Anpassungszwänge stoßen im Falle schrumpfender Bevölkerungen auf sinkende Anpassungsfähigkeit.*[26] Ein Bevölkerungsrückgang, insbesondere ein Rückgang der jüngeren Erwachsenen, wirkt sich als Restriktion für alle gesellschaftlichen Teilsysteme aus. Während das Bevölkerungswachstum zu stimulierenden Ungleichheiten führt, scheint ein Bevölkerungsrückgang in Verbindung mit der Verschärfung sozialstaatlicher Verteilungskonflikte der Verschärfung sozialer Ungleichheit und der Verfestigung sozialer Gegensätze Vorschub zu leisten. Dabei ist weniger an unmittelbare Generationenkonflikte denn an regionale und soziale Ungleichheiten und Konflikte zu denken. Was sich heute erst ansatzweise im Verhältnis von Ost- und Westdeutschland zeigt, kann im Fortgang der demographischen Ausdünnung des Ostens dramatische Formen annehmen. Die Verschärfung sozialer Konflikte dürfte allerdings *nur mittelbar* durch demographische Entwicklungen stimuliert werden, da hier politische Kräfte und ökonomische Gegebenheiten die Form und Intensität der Konflikte bestimmen.

Vielleicht kann eine musikalische Metapher den Einfluß des demographischen Faktors auf die Gesellschaftsentwicklung abschließend verdeutlichen: Im Klang des großen Symphonieorchesters hört man die Kontrabässe kaum. Aber wenn sie fehlen, klingt alles dünn.

26 In diesem Sinne bereits Kaufmann (1975: 59ff.).

5. Kapitel

Die Nachwuchsschwäche,
ihre Bedingungen und Motive

Das Hauptargument gegen eine politische Auseinandersetzung mit der Nachwuchskrise ist die Annahme, dagegen lasse sich nicht viel tun. Demographische Entwicklungen werden wie Naturtatsachen behandelt, an die man sich nur anpassen, die man aber nicht politisch beeinflussen kann (vgl. Abschnitt 6.1). Die Frage nach politischer Handlungsmöglichkeiten der Nachwuchsförderung kann vernünftigerweise erst behandelt werden, nachdem Bedingungen und Motive des Nachwuchsmangels verständlich geworden sind. Das ist das Ziel dieses Kapitels. Zunächst seien die demographischen Sachverhalte skizziert, daran anschließend ihre sozialwissenschaftliche Erklärung.

5.1 Der säkulare Rückgang der Fertilität
im Zuge der Modernisierung

Die Erklärung des Geburtenrückgangs war eines der zentralen Themen der Bevölkerungswissenschaft und von ihr nahestehenden Sozialwissenschaftlern im 20. Jahrhundert. Unter »generativem Verhalten« versteht die Bevölkerungswissenschaft nicht nur das Fortpflanzungsverhalten im engeren Sinne, sondern den von ihr in Form von statistischen Makrogrößen erfaßten Gesamtkomplex der Verhaltensweisen, welche für die Erklärung beobachtbarer Variationen der Geburtenhäufigkeit von Belang sind: Partnerwahl und Eheschluß, Geburtenkontrolle durch Empfängnisverhütung oder Abtreibung, eheliche und außereheliche Fertilität, Gebäralter und Geburtsabstände, Kinderwünsche und beobachtbare Kinderzahl pro Frau, um nur die wichtigsten Größen zu nennen. Das demographische Erkenntnisinteresse bleibt eng an den statistisch erfaßbaren Tatbeständen und vermag mit den heutigen Analysemethoden sowohl das Gebärverhalten zu bestimmten Zeitpunkten (Querschnittsanalyse) als auch dasjenige bestimmter Kohorten von Frauen (Längsschnittanalyse) differenziert darzustellen.

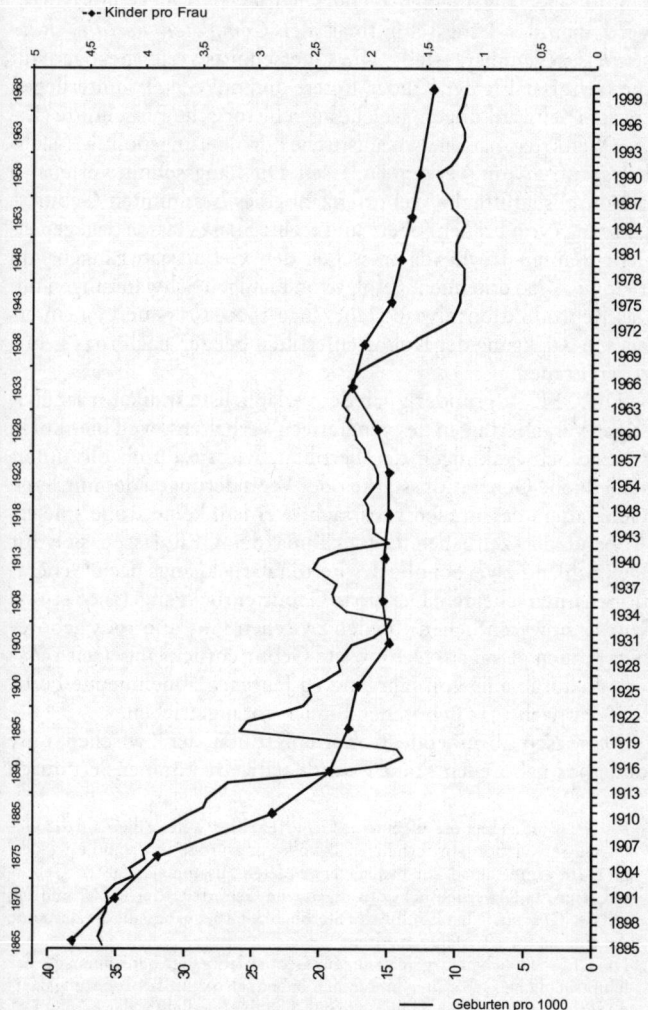

Abb. 5.1: Erster und zweiter Geburtenrückgang: Deutschland 1871-2000

-◆- Kinder pro Frau

—— Geburten pro 1000

Quelle: Statistische Jahrbücher und Schwarz 1997: 485, mit Ergänzung

Abbildung 5.1 zeigt die Veränderung der jährlichen Geburtenzahlen in Deutschland sowohl im Querschnitt als auch im Längsschnitt. Der allgemeinen Geburtenziffer als Querschnittsmaß[1] wird hier das Längsschnittmaß der *Completed Fertility Rate (CFR)*[2] gegenübergestellt. Die Querschnittswerte (bezogen auf die Geburtsjahre der Kinder, untere und linke Skala) unterliegen starken Schwankungen, welche auch historische Einschnitte (Erster Weltkrieg, nationalsozialistische Bevölkerungspolitik, Nachkriegsaufschwung) erkennen lassen. Die Längsschnittwerte, also die durchschnittliche Geburtenzahl eines bestimmten Geburtsjahrgangs von Frauen (obere und rechte Skala), lassen dagegen einen rasanten Rückgang zwischen den Geburtsjahrgängen von 1870 bis 1900 erkennen, gefolgt von mäßigen Schwankungen um das Reproduktionsniveau (Jahrgänge 1900-1935) und einem erneuten Rückgang der Kohortenfertilität bei den nach 1935 geborenen Frauen.

Die CFR ist grundsätzlich der verläßlichste Indikator langfristiger Veränderungen des generativen Verhaltens, weil hier kurzfristige Schwankungen der Fertilität, wie sie durch die unterschiedliche Generationsstärke oder Veränderungen des mittleren Gebäralters der Frauen verursacht werden, keine Rolle spielen. Anhand der zeitlichen Entwicklung der CFR lassen sich für Deutschland zwei Schübe des Fertilitätsrückgangs nach Generationen unterscheiden: Der ›erste Geburtenrückgang‹ (1908-1933) wurde im wesentlichen von den zwischen 1865 und 1905 geborenen Frauen getragen. Der ›zweite Geburtenrückgang‹ (seit 1965) wurde durch eine von Jahrgang zu Jahrgang abnehmende Fertilität der nach 1935 geborenen Frauen vorangetrieben.

Die rasch absinkende Kohortenfertilität der zwischen 1865 und 1905 geborenen Frauen wurde teilweise kompensiert durch

1 Wir verwenden hier die allgemeine Geburtenziffer, welche die Zahl der Geburten in Relation zur jeweiligen Bevölkerungsgröße in Promille wiedergibt. Im Unterschied zur bisher verwendeten zusammengefaßten Geburtenziffer (TFR) verdeutlicht die allgemeine Geburtenziffer in Verbindung mit der CFR auch den Einfluß des Sterblichkeitsrückgangs auf die Bestände der Frauen im gebärfähigen Alter.

2 Die CFR läßt sich naturgemäß nur für Geburtsjahrgänge berechnen, die das hauptsächliche Gebäralter hinter sich haben, also zum Beobachtungszeitpunkt mindestens 35-40 Jahre alt sind. Um die Parallelität der beiden Datenreihen zu veranschaulichen, setzt Abbildung 5.1 einen mittleren Generationenabstand von 30 Jahren voraus.

den gleichzeitigen starken Rückgang der Kinder- und Jugendsterblichkeit, so daß ein größerer Teil der geborenen Mädchen
auch das Fortpflanzungsalter erreichte. Dementsprechend sinkt
hier die allgemeine Geburtenziffer erst mit einer gewissen Verzögerung. Als der zweite Geburtenrückgang einsetzte, war die
Kinder- und Jugendsterblichkeit bereits so gering, daß weitere
Lebensgewinne die Reproduktion nicht mehr wesentlich stützen
konnten (vgl. Schwarz 1991: 151). Deshalb schlägt die sinkende
Fertilität der nach 1935 geborenen Frauen ziemlich unmittelbar
auf die allgemeine Geburtenziffer und damit auf die aktuelle Geburtenentwicklung durch, ja, infolge des gleichzeitigen Anstiegs
des mittleren Gebäralters sinkt die allgemeine Geburtenziffer rascher als die CFR. Für die nach 1960 geborenen Frauen läßt sich
ein weiteres Absinken der Kohortenfertilität erkennen. Deutliche
Anzeichen für deren Stabilisierung oder gar für eine Trendwende
sind nicht in Sicht (vgl. Dorbritz 2004).

Es lassen sich also deutlich zwei Phasen des Fertilitätsrückgangs unterscheiden, für die auch unterschiedliche Erklärungen
zu finden sind, und dies nicht nur im Falle Deutschlands.[3] Die ältere Bevölkerungssoziologie wollte den Geburtenrückgang der
ersten Phase erklären und hat vor allem zwei Erklärungsmuster
hervorgehoben, nämlich zum einen die zunehmende Rationalisierung aller Lebensverhältnisse und zum anderen die Wohlstandssteigerung und die mit ihr verbundenen Möglichkeiten des
sozialen Aufstiegs.[4] Diese Erklärungen sind sehr allgemein und
machen die tiefgreifenden Veränderungen der Motive und In-
teressenlagen noch nicht recht deutlich, welche den allgemeinen
Geburtenrückgang im Zuge der Modernisierung erklären. Zwei
neuere makrosoziologische Erklärungen seien hier kurz skizziert.

Caldwell (1982) sieht die zentrale Veränderung im *Verhältnis
der Generationen*: In vormodernen Gesellschaften, insbesondere
in Gesellschaften mit starkem Einfluß des Verwandtschafts-
systems, erweist sich eine große Kinderzahl als vorteilhaft: Die

3 Vgl. Van de Kaa (1987); es scheint mir allerdings mißverständlich, von zwei
»demographic transitions« zu sprechen, da der Begriff »Demographic Transition« eine Gleichgewichtsvorstellung impliziert, welche durch den zweiten Geburtenrückgang gerade verletzt wird.
4 Einen recht umfassenden Überblick über deutsche und angelsächsische
Theorien des generativen Verhaltens gibt Herter-Eschweiler (1998).

Macht des Clans wächst mit seiner Größe; Kinder dienen als Arbeitskräfte und können eventuell gegen einen Brautpreis »getauscht« werden; Kinder gewährleisten auch die Unterstützung im Alter. Zudem herrscht nicht nur eine erhebliche Kindersterblichkeit; selbst junge Erwachsene werden häufig aus dem Leben gerissen, so daß es auch aus diesem Grunde vernünftig ist, auf größere Nachkommenschaft zu setzen, damit im eigenen Alter noch auf die Unterstützung von Kindern gezählt werden kann. »Rationalität« erscheint hier nicht als Errungenschaft der Moderne; lediglich ihre Form ändert sich im Zuge der Ausdifferenzierung der Lebensbereiche. Entscheidend für das Interesse an einer großen Nachkommenschaft sind allerdings institutionelle Voraussetzungen, die es den Älteren gestatten, ihre Kinder zu kontrollieren und auf diese Weise aus deren Existenz Vorteile zu ziehen.

Mit dem Durchbruch der okzidentalen Modernisierung geht ein Relevanzverlust der Verwandtschaft bzw. des äquivalent wirkenden Feudalzusammenhangs und eine zunehmende Individualisierung einher: Die Verallgemeinerung der Persönlichkeitsrechte, ein vom Vertragsgedanken getragenes Eherecht und die Aufhebung des alleinigen Erbrechts eines Sohnes, schließlich das Verbot der Kinderarbeit und die allgemeine Schulpflicht als institutionelle Veränderungen auf der Makroebene führen dazu, daß Kinder ihren Eltern auf der erlebbaren Mikroebene kaum mehr Vorteile bieten, daß also der »flow of wealth« eher von den älteren zu den jüngeren Generationen fließt als umgekehrt. Caldwells Theorie betont institutionelle Veränderungen, welche im Erfahrungshorizont der Handelnden liegen und den ›Kinderkalkül‹ zu modifizieren geeignet sind. Sie reichten aber auch nach Bekunden des Autors nicht aus, um den *spezifischen* Verlauf des Fertilitätsrückgangs in Europa zu erklären (vgl. Caldwell 1982: 217ff.).

Eine umfassende Erklärung des säkularen Geburtenrückgangs *in Europa* hat Linde (1984) vorgelegt:[5] In sozioökonomischer Hinsicht betont er drei sukzessiv wirksame Innovationen: Am Anfang steht die Ausgliederung der Erwerbstätigkeit aus dem Familienhaushalt als Voraussetzung der Industrialisierung, wodurch in Verbindung mit dem Verbot der Kinderarbeit der wirtschaftliche Wert der kindlichen Arbeitskraft entfällt. Es folgt die Entstehung und der Ausbau eines staatlich organisierten sozialen

5 Eine zusammenfassende Darstellung mit Diskussion bei Mackensen (2000).

Sicherungssystems als Reaktion auf die Industrialisierung, wodurch die Angewiesenheit der Menschen auf familiale Hilfe im Notfalle reduziert wird; und es folgt schließlich – als Ergebnis der kapitalintensiven Massenproduktion und des unternehmerischen Gewinninteresses – eine »systemadäquate Überflutung mit neuen Konsumofferten«, welche die Attraktivität alternativer Verwendungen von Geld und Zeit stärken, also die ›Opportunitätskosten‹[6] des Kinderhabens erhöhen (Linde 1984: 148, 164). Insoweit argumentiert auch Linde mit institutionellen Veränderungen der Kosten-Nutzen-Balance des Kinderhabens. Er fügt jedoch noch eine zweite soziokulturelle Erklärung der europäischen Tendenz zu niedriger Fertilität hinzu, begründet durch die moralische Aufwertung der Konsensualehe und der Familie im Christentum. Im Gefolge von Reformation und Gegenreformation entwickelte sich vor allem im Bürgertum eine Intimisierung des Familienlebens und in diesem Zusammenhang eine wachsende Rücksichtnahme auf die Gesundheit der Mütter und die Erziehung der Kinder.

»Bei der europäischen Nachwuchsbeschränkung handelt es sich um die familiale Dimension der glaubensgegründeten Maxime radikaler Personalisierung der jenseitigen Heilserwartung, der diesseitigen Lebensführung und der nach Welterhellung strebenden Wissenschaften im Dienste der Naturbeherrschung – und zwar um ein Phänomen der bereits säkularisierten Spätphase dieses Prozesses in der Epoche aufgeklärter Empfindsamkeit.« (Linde 1984: 183)

Kulturelle und sozioökonomische Faktoren wirkten also zusammen, um einen planvollen Umgang mit dem Nachwuchs zu legitimieren. Dies alles bietet die Bedingungskonstellation, in der die Fortschritte von Methoden der Geburtenkontrolle sich rasch verbreiten konnten, denen in dieser Theorie keine eigenständige Bedeutung zugemessen wird. Für Linde wirken die Bedingungen

6 Die ökonomische Theorie der Fertilität geht davon aus, daß generative Entscheidungen nach dem Modell des Kosten/Nutzen-Kalküls erfolgen. Bei den Kosten wird zwischen direkten Kosten – also die zusätzlichen Belastungen des Haushaltsbudgets durch die Ankunft eines (weiteren) Kindes einerseits – und den Opportunitätskosten – vornehmlich durch entgangene Einkünfte wegen der Pflege und Erziehung der Kinder – unterschieden. Die ökonomische Theorie der Fertilität beschränkt sich im Regelfall auf quantifizierbare Kosten. Die Denkfigur läßt sich aber auch erweitern, indem beispielsweise auch der durch die Kinder erzwungene Verzicht auf alternative Freizeitaktivitäten unter die Opportunitätskosten gefaßt wird.

für eine weitere Nachwuchsbeschränkung bis in die Gegenwart, so daß er die hier als erster und zweiter Geburtenrückgang unterschiedenen Phasen als einheitlichen säkularen Prozeß im Zeitraum zwischen 1800 und 2000 auffaßt. Im folgenden werden dagegen die neuartige Konstellation des zweiten Geburtenrückgangs und ihre familiensoziologischen Implikationen betont.

5.2 Der »zweite Geburtenrückgang« seit 1965

In die 1960er Jahre fallen zwei Ereignisse, die gerade in ihrer Wechselwirkung geeignet erscheinen, den Beginn des europaweiten neuen Geburtenrückgangs zu erklären: zum einen die von den Vereinigten Staaten ausgehende und sich in Westeuropa verbreitende emanzipative soziale Bewegung, welche vor allem hinsichtlich der weiblichen Lebensverhältnisse dauerhafte Wirkungen gezeitigt hat. Und zum anderen die Verbreitung der »Pille«, welche erstmals eine vom sexuellen Kontakt völlig unabhängige Empfängnisregelung ermöglichte, und zwar durch die Frau.[7] Beides hat zu einer wesentlichen Verschiebung der Machtverhältnisse zwischen den Geschlechtern beigetragen und gleichzeitig eine bis dahin unbekannte Liberalisierung der privaten Lebensformen ermöglicht.

Der in Abbildung 5.1 dokumentierte brüske Fall der allgemeinen Geburtenziffer zwischen 1965 und 1975 ist auf das Zusammentreffen mehrerer Entwicklungen zurückzuführen. Und wie der bis heute nicht zum Stillstand gekommene Rückgang der Kohortenfertilität (CFR) zeigt, ist die relative Konstanz der zusammengefaßten Geburtenziffer (TFR) zwischen 1975 und 2000 noch kein Indiz für eine erneute Stabilität der generativen Verhältnisse.[8]

7 Die Benachteiligung der Frauen durch das Zusammenwirken von wirtschaftlichen und politischen Faktoren ist ein zentrales Thema der ›geschlechterpolitischen‹ Diskussion um Ehe und Familie. Vgl. beispielsweise Wettig-Danielsmeier u. Winkler (Hg.) (1987); Beck-Gernsheim (1992); Lewis (Hg.) (1993); Kreisky/Lang/Sauer (Hg.) (2001).

8 Wie in Kapitel 2 erwähnt, gehen die meisten aktuellen Bevölkerungsprognosen von einer Fertilität von 1,4 Kindern pro Frau aus, was in etwa der durchschnittlichen TFR seit 1990 entspricht (vgl. Abbildung 2.6). Die CFR der in Abbildung 5.1 dargestellten Kohorten hat jedoch dieses niedrige Niveau noch nicht erreicht. Die allgemeine Geburtenziffer ist nach 2000 weiter gesunken und betrug in den Jahren 2002 und 2003 noch 8,7 Promille.

Betrachtet man die Entwicklung des generativen Verhaltens in Deutschland seit 1965,[9] so fällt zunächst der *Rückgang der kinderreichen Familien* ins Gewicht. Ein erneuter Rückgang von Geburten höherer Ordnung (über 3 Kinder) setzte mit dem Geburtsjahrgang 1935 ein, gefolgt von einem regelrechten Einbruch bei den zwischen 1940 und 1945 geborenen Frauen. Weil bei den zwischen 1940 und 1950 geborenen Frauen auch die Geburten niedriger Ordnung zurückgingen (vgl. Birg u. Flöthmann 1996: 13ff.), kam es infolge von Überlagerungen zu dem extremen Geburtenrückgang um fast 50% zwischen 1965 und 1975. Hinzu kam eine Verzögerung des Heirats- und damit des durchschnittlichen Gebäralters. Das Zusammentreffen dieser Entwicklungen erklärt den brüsken Geburtenrückgang zwischen 1965 und 1975.

In der Folge ging jedoch die Geburtenhäufigkeit bei den verheirateten Frauen nur noch unwesentlich zurück und stieg zuletzt sogar wieder etwas an (vgl. Tabelle 5.2 B). Die Fortsetzung des Geburtenrückgangs bei den jüngeren Kohorten ist ausschließlich auf die Zunahme der lebenslang kinderlosen Frauen zurückzuführen (vgl. Tabelle 5.2 A). Während vom Jahrgang 1940 nur jede zehnte Frau kinderlos blieb, ist es beim Jahrgang 1970 voraussichtlich jede dritte.[10] Diese *Verbreitung der Kinderlosigkeit* ist die wichtigste Ursache für den Nachwuchsmangel in

Mit ihrem weiteren Rückgang ist allein schon aus dem Grund zu rechnen, daß seit ca. 2000 die geburtenschwachen Jahrgänge ab 1975 ins intensive Fortpflanzungsalter treten.

9 Ein breiter Überblick findet sich im 5. Familienbericht (Bundesministerium für Familie und Senioren 1994: 34ff.); als neuesten Überblick siehe Bundesministerium für Familie, Senioren, Frauen und Jugend (2003); differenzierte Rekonstruktionen der Fertilitätsentwicklung bei Birg u. Flöthmann (1996) sowie Schwarz (2003); hier auch differenzierte Angaben zur Entwicklung der Eheschließungen. Soweit im folgenden nichts anderes vermerkt, entstammen die Angaben amtlichen Quellen.

10 Zur Kinderlosigkeit der Männer gibt es keine verläßlichen Daten. »Im 1992 vom Bundesinstitut für Bevölkerungsforschung durchgeführten Family and Fertility Survey waren bei allen befragten Jahrgängen jeweils mehr Männer als Frauen kinderlos.« (BMFSFJ 2003: 74) Die auf Befragungen beruhenden Auskünfte des Sozioökonomischen Panels (vgl. Informationsdienst des Instituts der Deutschen Wirtschaft vom 15. 4. 2004) zeigen eine deutlich höhere – berichtete – Kinderlosigkeit bei den Männern als bei den Frauen. Deutlich wird für beide Geschlechter die Zunahme der Kinderlosigkeit unter den jüngeren Generationen, die auch aus demographischen Analysen bekannt ist.

Deutschland.[11] Bezogen auf unsere einleitenden Überlegungen zur Verbreitung der »Pille« wird aufgrund dieser Zahlen deutlich, daß bei den älteren Geburtsjahrgängen die Empfängnisverhütung vor allem der Reduktion unerwünschter Geburten in der Ehe diente, während in etwa ab dem Jahrgang 1950 die Empfängnisverhütung zunehmend auch einer Liberalisierung der Geschlechtsbeziehungen außerhalb der Ehe Vorschub leistete.

Denn bei den Geburtsjahrgängen nach 1950 veränderten sich vor allem die *Formen der Partnerschaft*. Während bis 1975 das durchschnittliche Heiratsalter im Vergleich zur Nachkriegszeit gesunken war, drehte sich nun die Tendenz um: Heirateten junge Frauen um 1975 mit knapp 23 Jahren zum erstenmal, so erhöhte sich der Durchschnittwert auf 28,5 Jahre um 2000, während sich zugleich das voreheliche Zusammenleben verbreitete.[12] Der Anteil der 25-29-Jährigen Frauen, die bereits einmal geheiratet haben, hat sich zwischen 1972 (88%) und 2000 (40%) mehr als halbiert. Etwa gleichzeitig reduzierte sich die Heiratshäufigkeit: Um 1970 waren in der Bundesrepublik rund 90% alle Männer und 85% aller Frauen zwischen 35 und 45 Jahren verheiratet, und die Zahl der lebenslang unverheiratet Bleibenden lag unter 10% für beide Geschlechter. Zu heiraten gehörte damals zum selbstverständlichen Lebensentwurf jedes gesunden erwachsenen Men-

11 In amtlichen Publikationen werden geringere Anteile der Kinderlosen als in Tabelle 5.2 veröffentlicht. Dazu ist zu bemerken, daß der amtlichen Geburtenstatistik die sogenannte Geburtenzählkarte zugrunde liegt, auf der nach der »Zahl der Kinder in der jeweils bestehenden Ehe« gefragt wird. »Dieses Vorgehen hat zur Folge, daß bei einer Frau, die z. B. zwei Ehen hat und in jeder Ehe ein Kind zur Welt bringt, zwei Erste Kinder registriert werden. Da sich die Häufigkeit der geschiedenen Ehen und der Wiederverheiratungen in den vergangenen Jahren kontinuierlich erhöht hat, wird die Zahl der registrierten Ersten Kinder systematisch überschätzt und damit der Anteil der kinderlosen Frauen (*welche nur als Komplementärwert zur Zahl der Erstgeburten ermittelt werden können; Anm. F.-X. K.*) systematisch unterschätzt.« (Birg u. Flöthmann 1996: 4) Die von Birg u. Flöthmann angewandte Schätzmethode ist wesentlich zuverlässiger. – Schwarz (1999: 242) kommt aufgrund eigener Berechnungen nunmehr zu ähnlichen Schätzungen der Kinderlosigkeit für die Jahrgänge 1951-60, jedoch beginnt bei ihm der Anstieg der Kinderlosigkeit auf über 15% bereits mit den Jahrgängen 1936/40.

12 Werte für die alte Bundesrepublik; im Osten lag das Erstheiratsalter der Frauen bis 1981 bei 22 Jahren und ist mittlerweile auf 28 Jahre gestiegen. Bei den Männern ist eine ähnliche Entwicklung jedoch auf einem um ca. drei Jahren höheren Niveau zu beobachten; vgl. BMFSFJ (2003: 66).

Tab. 5.2: Geburten nach Rang und Frauenjahrgängen[13] 1940-1970

A. Von 1000 Frauen eines Jahrgangs haben im Laufe ihres Lebens … Geburten

Geburts-jahrgang	0	1	2	3	4 und mehr	Summe
1940	106	264	341	185	104	1000
1945	130	304	346	140	80	1000
1950	158	294	343	131	74	1000
1955	219	249	335	125	73	1000
1960	260	216	324	124	77	1000
1965	321	176	312	111	81	1000
1970	326	154	321	119	80	1000

B. Von 1000 Müttern desselben Jahrgangs haben im Laufe ihres Lebens … Geburten

Geburts-jahrgang	1	2	3	4 und mehr[14]	Kinder pro Mutter
1940	295	381	207	116	2,203
1945	349	398	161	92	2,042
1950	349	407	155	88	2,027
1955	319	429	160	93	2,073
1960	291	437	168	104	2,136
1965	259	459	163	119	2,202
1970	228	477	177	118	2,245

Quelle: Birg u. Flöthmann 1996: 35; z. T. eigene Berechnung.

schen. Die Heiratswahrscheinlichkeit ging nach 1970 rasant zurück und erreichte um 1997 lediglich noch Werte um 70 % für die 49-Jährigen beiderlei Geschlechts (nach Schwarz 2003: 424f.).

Eine starke Zunahme war auch bei den *Scheidungen* zu beobachten: Die Wahrscheinlichkeit, daß eine Ehe wieder geschieden wird, hat sich zwischen 1970 (15,9 %) und 1985 (30,2 %) nahezu verdoppelt und ist bis 2000 weiter auf 38,5 % gestiegen. Gleichzeitig sank der Anteil wieder heiratender Geschiedener von 80 %

13 Endgültige Kinderzahl nach Abschluß der Gebärphase; für die jüngeren Jahrgänge durch Schätzungen ergänzt.
14 Zur Berechnung des Durchschnitts wurde in dieser Spalte mit 4,5 Kindern gerechnet.

(Männer) bzw. 75 % Frauen auf ca. 67 % im Jahre 1989; seither ist ein moderater weiterer Rückgang zu verzeichnen. Parallel dazu nahmen nichteheliche Lebensgemeinschaften erheblich zu: von ca. 137 000 (1972) auf 963 000 (1990) und 1 727 000 (2002, nur alte Bundesländer).

In der DDR bzw. den neuen Bundesländern verlief die Entwicklung etwas anders, vor allem unterlag die Geburtenhäufigkeit größeren Schwankungen (vgl. nochmals Abbildung 2.6). Außerdem war und ist dort der Anteil der nichtehelichen Lebensgemeinschaften und der nichtehelichen Geburten wesentlich höher und hat von 15 % (1977) auf 35 % (1990) und seither noch auf 52 % zugenommen: »Die nichteheliche Familiengründung ist in Ostdeutschland inzwischen zur mehrheitlichen Form des Übergangs zur Elternschaft geworden« (BMFSFJ 2003: 77f.). Seit der Vereinigung hat auch im Westen der Anteil der nichtehelichen Geburten auf niedrigerem Niveau zugenommen.

Ein gutes Drittel der nicht ehelich Geborenen (im Osten 40 %) wird durch die Heirat ihrer leiblichen Eltern nachträglich legitimiert; ein weiteres Drittel erhält durch Heirat der Mutter einen Stiefvater. Ein Großteil der Kinder, die allein mit einem Elternteil oder in einer nichtehelichen Lebensgemeinschaft aufwachsen, stammt aus geschiedenen Ehen. Nach aktuellen Schätzungen wachsen noch gut drei Viertel aller Kinder zusammen mit ihren beiden verheirateten leiblichen Eltern auf. Etwa jedes elfte Kind hat einen Stiefvater oder eine Stiefmutter, während etwa jedes achte Kind mit nur einem Elternteil aufwächst, in der Regel mit der Mutter.[15]

Einen letzten Aspekt des generativen Verhaltens bildet die Unterbrechung von Schwangerschaften. Obwohl die strafrechtliche Relevanz abortiver Handlungen in Deutschland einen der umstrittensten Aspekte der deutschen Einigung ausmachte, ist das statistische Gewicht der Abtreibungen im internationalen Vergleich bescheiden, besonders in Westdeutschland. Deutschland macht keine Ausnahme von der internationalen Regel, daß dort, wo die Fertilität gering ist, auch die Zahl der Abtreibungen gering ist (vgl. Knudsen 2002). Mit anderen Worten: Wenn die Empfängnisverhütung in einer Gesellschaft selbstverständlich geworden

---

15 Nicht selten leben als alleinerziehend geltende Mütter oder Väter mit einem Partner in Lebensgemeinschaft, wobei allerdings offenbleiben muß, welche Rolle der Partner für das Erziehungsgeschehen übernimmt.

ist, sinkt auch der Anteil ungewollter Schwangerschaften und damit der Wunsch nach ihrer vorzeitigen Beendigung. Bei aller Fragwürdigkeit der niedrigen Geburtenraten in Deutschland und anderswo wird man die Möglichkeiten der selbstbestimmten Entscheidung über Zahl und Zeitpunkt des Nachwuchses als offenkundigen gesellschaftlichen Fortschritt qualifizieren dürfen.

5.3 Deutschland im internationalen Vergleich

Der »zweite Geburtenrückgang« setzte überraschend gleichzeitig in den meisten Ländern Nord- und Westeuropas ein, nämlich zwischen 1965 und 1970. Er setzte sich mit unterschiedlicher Intensität fort und hat bis heute zu von Land zu Land unterschiedlich hohen Fertilitätsniveaus geführt, die jedoch sämtliche unterhalb der für eine vollständige Reproduktion der Bevölkerung notwendigen Fertilität liegen (vgl. oben Tabelle 2.7). Ein Überblick über die gesamteuropäische Entwicklung kommt zu folgender Einschätzung:

»Einheitlichkeit zeigt Europa lediglich in den Trendrichtungen – neben den niedrigen und zum Teil weiter sinkenden Geburten- und Heiratshäufigkeiten sind diese das steigende Durchschnittsalter bei der Familiengründung, Anstiege der Nichtehelichenquote und der Kinderlosigkeit. Auch diese Trends sind auf unterschiedlichem Niveau verlaufen und haben zu unterschiedlichen Zeitpunkten eingesetzt und ihren Abschluss gefunden. Vorläufer waren wie beim Geburtenrückgang in aller Regel die Länder Nord- und Westeuropas (bei der Nichtehelichenquote: Nordeuropa, bei der Kinderlosigkeit: Westeuropa), denen Südeuropa folgte. Der Wandel in den Reformstaaten Mittel- und Osteuropas hatte erst sehr spät mit dem Eintritt in die Transformationsphase in den 90er Jahren eingesetzt. Die Analysen zeigen sehr deutlich, dass es kein wirklich europäisches Muster in der Familienbildung gibt.« (Dorbritz 2000: 235; vgl. auch Billari und Kohler 2004)

Im Vergleich zu anderen europäischen Ländern ist die deutsche Entwicklung wie folgt zu charakterisieren:[16]

16 Soweit nichts anderes vermerkt, beziehen sich die folgenden Aussagen auf Ergebnisse einer international vergleichenden Studie von zehn europäischen Ländern über den Zusammenhang von Familienentwicklung und Familienpolitik: Kaufmann u. a. (Hg.) (1997, 2002). Im Rahmen dieser durch internationale Kooperation zustande gekommenen Vergleiche wur-

1. Bezogen auf die Veränderungen in der Partnerschaftsdimension (Ehealter, Eheschließungen, Ehescheidungen, nichteheliche Lebensgemeinschaften), liegt die Bundesrepublik im Mittelfeld einer Entwicklung zwischen z. T. weit zurückreichender Liberalisierung (Skandinavien) und der Persistenz traditionaler Muster (Italien, Irland).

2. Bezogen auf die Fertilität liegt die Bundesrepublik am unteren Ende, und zwar bereits seit 1950. Die niedrigen Fertilitätswerte kamen also nicht erst durch den »emanzipativen Schub« der 1960er Jahre zustande.

3. Der Geburtenrückgang ist in Deutschland besonders ausgeprägt durch zunehmende Ehe- und Kinderlosigkeit junger Frauen bedingt, während in anderen Ländern eher eine Tendenz zur Einkindfamilie vorherrscht, bei sehr variabler Heiratshäufigkeit. Außereheliche Geburten spielen in der (alten) Bundesrepublik wie in Italien, den Niederlanden und der Schweiz nur eine geringe Rolle und nehmen nur bescheiden zu.

4. Die Erwerbsbeteiligung der Mütter jüngerer Kinder bleibt gering; es dominieren die »Hausfrauen«, ggf. mit geringfügiger oder Teilzeitbeschäftigung.

5. Die *Fertilität ausländischer Frauen* spielt bereits heute in Deutschland eine größere Rolle als in den anderen EU-Staaten, weil hier der Ausländeranteil besonders hoch ist. Auch wenn die Zuwanderer aus Ländern der Massenemigration sich in ihrem generativen Verhalten vergleichsweise rasch den deutschen Standards anpassen, bleiben charakteristische Unterschiede. Insbesondere ist der Anteil der kinderreichen Familien unter den Ausländern höher und der Anteil der kinderlos Bleibenden niedriger (vgl. Birg u. Flöthmann 1996: 42 f.). Daraus resultiert eine höhere durchschnittliche Kinderzahl von ca. 1,8 Kindern pro Frau, im Vergleich zu ca. 1,2 Kindern bei den Einheimischen.[17] Bezogen auf die einheimische Bevölkerung erscheint also die Fertilität in Deutschland etwa gleich niedrig wie in den südeuropäischen Ländern, obwohl dort die staatlichen Leistungen für die Familie weit geringer sind.

den nicht nur Daten der amtlichen Statistik, sondern auch komplexere familien- und sozialstatistische Datensätze von Beginn und Ende der 1980er Jahre ausgewertet.

17 Bei sehr erheblichen regionalen Schwankungen, vgl. hierzu Schwarz (2001: 29).

6. Besonders auffallend ist die starke Bildungsabhängigkeit der Kinderlosigkeit in den alten Bundesländern: Über vierzig Prozent der 35-39-Jährigen Frauen mit Hochschulabschluß, jedoch nur knapp ein Viertel derjenigen mit oder ohne Lehrabschluß waren laut Mikrozensus 2000 kinderlos; in den neuen Bundesländern besteht ein derartiger Zusammenhang in dieser, noch von den Umständen der DDR geprägten Alterskohorte (noch?) nicht.[18] Die erscheint in der Perspektive der Entwicklung von Humanvermögen als problematisch, weil ein »enge(r) Zusammenhang zwischen der Bildung der Eltern und den Kompetenzen der Kinder« besteht und »die Studierneigung der jungen Menschen nicht unabhängig von den Bildungsinvestitionen ihrer Eltern ist«. (Plünnecke u. Seyda 2004: 130)

Als Gesamttrend läßt sich für Deutschland[19] eine zunehmende *Polarisierung der privaten Lebensformen in durch Ehe legitimierte Familien einerseits und in alternative, in der Regel kinderarme oder kinderlose Lebensformen diagnostizieren.*[20] Im Unterschied zu Skandinavien scheint in der Bundesrepublik (West) die soziale Norm ungebrochen, daß Kinder in ehelich legitimierten Beziehungen aufwachsen sollen. Insoweit alternative Lebensformen mit Elternschaft verbunden sind, handelt es sich ganz überwiegend um Kinder aus einer früheren Ehe. Diese Polarisierungstendenz läßt sich nur in wenigen anderen Ländern Westeuropas feststellen (vgl. Abschnitt 5.6).

Erklärungsversuche dieser Veränderungen haben sowohl die hohe Parallelität der Trends als auch deren unterschiedliche Ni-

18 Bundesministerium für Familie, Senioren, Frauen und Jugend (2003: 76). Ausländische Vergleichsdaten deuten ebenfalls auf eine höhere Kinderlosigkeit hochqualifizierter Frauen hin, jedoch sind die Abweichungen vom Durchschnitt deutlich schwächer (vgl. Dickmann u. Seyda 2004: 57).
19 Diese Diagnose gilt voll für die alten Bundesländer. In den neuen Bundesländern fallen dagegen die nach wie vor extrem niedrige Fertilität und der skandinavische Größenordnungen erreichende Anteil der außerehelichen Geburten auf. Die Rolle der Ehe ist also in beiden Teilen Deutschlands sehr verschieden und hängt mutmaßlich mit der unterschiedlichen Bedeutung religiöser Bindungen zusammen. Es ist deshalb möglich, daß hier Differenzen hinsichtlich des generativen Verhaltens auch längerfristig bestehenbleiben; allerdings scheint auch eine allmähliche Konvergenz der Familienauffassungen in Ost und West nicht ausgeschlossen. Unsere Analyse orientiert sich am dominierenden westdeutschen Modell.
20 Zur theoretischen und empirischen Begründung der Polarisierungsthese vgl. Huinink (1989, 1995).

veaus zu berücksichtigen, doch zeigt der vielfältige Befund auch, daß nur komplexe, multikausale Erklärungen Plausibilität beanspruchen können. Das spricht sowohl gegen eine rein ökonomische wie auch gegen eine nur biographietheoretische Erklärung (Birg, Flöthmann u. Reiter 1991) des neueren Geburtenrückgangs. »Die an der neoklassischen Theorie orientierten Arbeiten (halten) an der These fest, Präferenzen seien konstant oder alle Individuen seien sogar... praktisch gleich.« (Zimmermann 1986: 43) Dieser Annahme widerspricht die Empirie vehement; wir können heute vielmehr ein Auseinanderdriften der Präferenzen für oder gegen Kinder beobachten. Hier knüpfen soziologische Erklärungen an.

5.4 Soziologische Interpretationen

Die sozialwissenschaftliche Betrachtungsweise orientiert sich an den Feststellungen der Demographie hinsichtlich des generativen Verhaltens, interpretiert dieses aber nicht bloß behavioristisch, sondern als sinnhaft verstehbares *Handeln*. Geburten werden nicht primär als biologische Ereignisse, sondern als das Ergebnis menschlicher Entscheidungen verstanden, sie werden den Eltern *zugerechnet*. Dabei ist es zumindest unter gesellschaftlichen Bedingungen allgemein akzeptierter Geburtenkontrolle plausibel, daß diese Zurechnung auch dem Selbstverständnis der meisten Handelnden entspricht.

Eine Erklärung des säkularen Geburtenrückgangs wie auch der heute beobachtbaren Variationen der Geburtenhäufigkeit kann nur gelingen, insoweit man die Veränderung der makrosoziologischen kulturellen Deutungsmuster und institutionellen Bedingungen einerseits zu den mikrosoziologischen Kontexten und Motiven individueller und paarweiser Entscheidungen andererseits in Beziehung setzen kann. Es geht also um eine Analyse auf mehreren Ebenen der sozialen Wirklichkeit. Allerdings handelt es sich hierbei bisher um theoretisch weitgehend getrennte Diskurse, und die empirische Evidenz vieler Annahmen ist wenig gesichert.[21]

21 Einen neueren Überblick über unterschiedliche theoretische Erklärungsansätze für die Geburtenentwicklung gibt Höpflinger (1997: 64 ff.); zu Fragestellungen und Ergebnissen der familiensoziologischen Forschung vgl.

Tabelle 5.3 gibt einen Überblick über einige nach Ansicht des Verfassers zentrale Zusammenhänge, die in ihrem Zusammenspiel geeignet sind, den ›zweiten Geburtenrückgang‹ sowie das Andauern der niedrigen Fertilität zu erklären.[22] Dabei wird auf möglichst unmittelbare Umstände abgehoben; dabei von ›Ursachen‹ zu sprechen verbietet sich, denn der Möglichkeitsraum individueller oder paarweiser Entscheidungen wird zwar durch kulturelle und institutionelle Umstände erheblich eingeschränkt, doch bleiben stets alternative Handlungsweisen offen. »Policy profiles work as constraints and never as determinants« (Strohmeier 2002: 345). Eine wesentliche Folge der kulturellen und institutionellen Modernisierungsprozesse besteht mit Bezug auf die Entscheidungsmöglichkeiten der Individuen in der *Erweiterung der Optionen*. Deshalb ist es auch sinnvoll, das generative Verhalten in der Entscheidungsperspektive zu rekonstruieren. Selbst im Falle unbeabsichtigter Schwangerschaft geht der Geburt eine Phase der Annahme der Schwangerschaft voraus, deren Konflikthaftigkeit zunächst vom Stand der Paarbeziehung, dann aber auch von persönlichen Motiven und internalisierten Überzeugungen abhängt.

Natürlich ist das generative Verhalten von Menschen seit jeher eine kulturell überformte bio-soziale Tatsache (vgl. Miller 1962). Insofern greift ein behavioristischer Ansatz, der vom bloß biologischen Zusammenhang zwischen Sexualität und Fortpflanzung ausgeht, auch für vormoderne Gesellschaften zu kurz. Eine soziale Regulierung der Fortpflanzung durch Kindstötung oder -aussetzung hat es auch in Kulturen gegeben, denen Methoden der Geburtenkontrolle unbekannt waren. Vor allem aber haben die uns bekannten vormodernen Kulturen durch Tabus und Regeln der Partnerwahl die sexuellen Beziehungen in allerdings sehr unterschiedlicher Weise reguliert und angesichts der stets drohenden Übersterblichkeit Motive zur Gewährleistung ausreichender Nachkommenschaft gesetzt. In der für Europa maßgeblichen jüdisch-christlichen Tradition wirkten besonders starke Normen

---

Strohmeier (1988); Schmidt (2002: 254ff.); Strohmeier u. Schultz (2004). Die empirischen Ergebnisse über die Ursachen generativer Entscheidungen sind bisher wenig konvergent. Das ist nicht überraschend, wenn man realistischerweise Paarbeziehungen als von außen intransparente soziale Systeme begreift und die heterogenen Einflüsse auf ihre Lebensumstände in Rechnung stellt.

22 Vgl. bereits Kaufmann (1988: 409f.); Kaufmann (1995: 90ff.).

Tab. 5.3: Die Erklärung der Nachwuchsschwäche als Mehr-Ebenen-Problem

Erklärungs-ebene	*Erklärungsfaktoren*	*Folgen*
Kulturelle Ebene	Enttraditionalisierung, »Wertewandel«	Ehe und Elternschaft werden biographisch unverbindlich
	Kulturelle Selbstverständlichkeit der Geburten-kontrolle	Pluralisierung der privaten Lebensformen
Institutionelle Ebene	*Familie:* Liberalisierung des Ehe- und Scheidungs-rechts; Stärkung der Rechte der Kinder	Verstärkte Verantwortung der Eltern
	Wirtschaft: Indifferenz gegenüber Elternschaft; wachsende Dynamik	Ökonomische Benach-teiligung der Eltern; familialer Streß
	Sozialstaat: Leistungs-ansprüche folgen aus der Erwerbsbeteiligung; keine Anerkennung der Erziehungsleistungen	Transferausbeutung der Familien
Paarebene	Erschwerung der ›Nest-bildung‹	Unfreiwillige Kinder-losigkeit
	Veränderung der Macht-balancen	
	Gefährdete Verläßlichkeit der Beziehungen	Erhöhtes Scheidungs-risiko
Individual-ebene	Zunehmende Opportu-nitätskosten von Eltern-schaft	Präferenz für ehe- und kinderlose Lebensformen
	Zurückhaltung gegenüber langfristigen Festlegungen	

auf eine Beschränkung der Sexualität auf die Ehe, aber auch auf die Fruchtbarkeit der Ehe hin.

Wenn wir den Übergang zu einer dauerhaft unterhalb des Re-produktionsniveaus liegenden Fertilität seit den 1960er Jahren er-klären wollen, ist es zweckmäßig, auf zeitgenössische und nicht auf historische Umstände zurückzugreifen. Der Geburtenrückgang ab 1965 erschien besonders dramatisch vor dem Hintergrund der Nachkriegsentwicklung, welche gerade in Deutschland eine Rückbesinnung auf religiöse und familiale Traditionen mit sich brachte und zu einer »Hochzeit der Hochzeiten«, also zu einer extrem hohen Heiratshäufigkeit, führte. Der Umbruch wird vielfach mit einem die zu jener Zeit nachwachsenden Generationen prägenden »Wertewandel« in Verbindung gebracht, welcher eine Ablösung »materialistischer« durch »postmaterialistische« Werte (Inglehart 1990) oder von »Pflicht- und Akzeptanzwerten« durch »Selbstentfaltungswerte« (Klages 1988) mit sich bringe. Mit Bezug auf die Familie erscheint der Gegensatz vor allem in der Spannung zwischen einer Orientierung an der hergebrachten Form der durch Ehe begründeten Familie und alternativen Lebensformen mit und ohne Kinder. Je »alternativer« die persönlichen Orientierungen, desto häufiger leben die Befragten in kinderlosen Lebensformen.[23] Die faktische Ausbreitung alternativer Lebensformen macht diese in Verbindung mit dem Aufstieg der Selbstentfaltungswerte auch normativ zunehmend akzeptabel und leistet damit ihrer weiteren Verbreitung Vorschub.

Diese brüske Umorientierung fällt zeitlich mit der raschen Verbreitung von Ovulationshemmern und anderen ›sicheren‹ Verhütungsmethoden zusammen, und wir neigen dazu, diesem Faktor entgegen der vorherrschenden wissenschaftlicher Meinung eine eigenständige und nachhaltige Wirkung zuzusprechen. Die modernen Methoden der Empfängnisverhütung verändern den generativen Erklärungszusammenhang grundsätzlich, denn erstens wird damit *die Trennbarkeit von Sexualität und Fortpflanzung kulturell selbstverständlich*. Sie ermöglicht erst den Monopolverlust der Ehe mit Bezug auf die sexuellen Kontakte und die aktuelle Pluralisierung der privaten Lebensformen.[24] Auf der Basis dieser neuen kulturellen Selbstverständlichkeit ist zweitens die Ankunft

23 Vgl. hierzu zuletzt die umfangreiche Auswertung der *European Value Study* durch Surkyn u. Lesthaeghe (2004), welche für mehrere Länder Europas einen stabilen Zusammenhang zwischen religiösen und traditionalen Orientierungen hinsichtlich der Ehe feststellt.

24 Entsprechend dem allgemeinen Differenzierungs- und Entkoppelungstrend in der Moderne folgte der Entkoppelung von Sexualität und Fortpflanzung die Entkoppelung von Liebe und Ehe und vielerorts auch von Ehe und Elternschaft; und weitere Fortschritte der Fortpflanzungstechnologie ermöglichen heute bereits die Entkoppelung von biologischer und

von Kindern nicht mehr das erwartbare Ergebnis heterosexueller Kontakte, sondern im Regelfalle das Ergebnis einer mehr oder weniger bewußten *Entscheidung der Eltern*, zumindest aber der Mutter. Diese Entscheidung wird drittens kulturell überformt durch die Norm *»verantworteter Elternschaft«*, d. h., es wird heute von Eltern sozial erwartet, daß sie für von ihnen geborene Kinder die Erziehungsverantwortung übernehmen. *Als Konsequenz dieser Entwicklungen ist heute nicht mehr die Geburtenbeschränkung (wie in der älteren Forschung), sondern die Entscheidung für die Übernahme von Elternverantwortung der zentrale erklärungsbedürftige Tatbestand.* In diesem Sinne halten auch die Herausgeber eines neueren Überblicks über die familiensoziologische Theoriebildung fest:

»Die populäre Verfallsrhetorik, auch wenn sie immer noch eher Randerscheinungen und Variationen des Familienlebens in einer insgesamt wenig veränderten sozialen Welt beschreibt, macht aber eines deutlich: Die Tatsachen, daß Familien mehrheitlich faktisch ihrer Aufgabe gerecht werden und zusammenhalten, daß Frauen (und Männer) Familienbindungen eingehen, auch unter widrigen Umständen, die ihnen u. U. den Verzicht auf andere Formen der Lebensführung und Selbstverwirklichung abfordern... sind alles andere als selbstverständlich und müssen erklärt werden. Insofern hat sich in den mehr als vierzig Jahren seit Schelskys ›Wandlungen der Familie in der Gegenwart‹ tatsächlich ein erheblicher sozialer Wandel vollzogen. Familie (einschließlich der nach wie vor unbezweifelt an sie geknüpften Solidaritätserwartungen) ist heute unter Individualisierungsbedingungen zwar immer noch die wahrscheinlichste Option der Lebensführung, aber sie ist keine selbstverständliche Institution mehr.« (Huinink, Strohmeier u. Wagner 2001: 12).

Die kulturellen Faktoren wirken in die Richtung einer normativen Erweiterung des Möglichkeitsraums individueller Biographien in der familialen Dimension. Aber sie ermöglichen gleichermaßen die Entscheidung für oder gegen Kinder. In dieselbe Richtung wirkt grundsätzlich die Entwicklung des Familienrechts, allerdings mit einer die Kinderlosigkeit eher fördernden Nebenwirkung: Der Liberalisierung des Rechts in der Dimension von Ehe und Partnerschaft steht nämlich aufgrund der Aufwertung der Rechte des Kindes im Horizont der Selbstentfaltungs-

sozialer Elternschaft. (Kaufmann 1995: 96ff.) Diese Optionserweiterung fördert in starkem Maße die Pluralisierung privater Lebensformen.

werte eine verstärkte Inanspruchnahme der Eltern für die Erziehung der Kinder gegenüber. Vor allem posttraditionalistische Paare entscheiden sich deshalb *bewußt* für oder gegen Kinder und scheinen gegebenenfalls bereit zu sein, für die angestrebte Elternrolle einen »biografischen Preis« zu zahlen (Schülein 1990: 219).

Neben diesen grundsätzlichen Orientierungen spielen für die Entscheidung für oder gegen Kinder die *absehbaren Folgen der Geburt* eines (zusätzlichen) Kindes eine erhebliche Rolle. Zunehmende Bedeutung dürfte dabei die Einschätzung der Folgen für die Partnerschaft der potentiellen Eltern spielen, und vieles spricht dafür, daß Kinder Partnerschaften nicht nur stabilisieren, sondern auch labilisieren können: Partnerschaft und Elternschaft scheinen unter den Bedingungen entfalteter Modernität sich tendenziell zu verselbständigen und oft in Spannung zueinander zu geraten (vgl. Herlth u. a. 1994). Zentral sind die wirtschaftlichen Folgen des Kinderhabens, und sie sind vom Zusammenspiel zwischen marktwirtschaftlichen und sozialstaatlichen Bedingungen abhängig. Hierauf wird im folgenden ausführlicher einzugehen sein (vgl. Abschnitte 5.6 und 5.7).

Die Folgen der bisher skizzierten Einflüsse der kulturellen und institutionellen Veränderungen auf die Paarebene äußern sich vor allem in drei Dimensionen: Die mangelnde Anerkennung von Elternverpflichtungen durch Unternehmungen und Sozialstaat erschwert die Familiengründung. Unter den vorherrschenden Bedingungen der Freiwilligkeit kommen Kinder nur im Zuge der Verfestigung partnerschaftlicher Beziehungen zur Welt. Erst wenn eine ausreichende Wohnung in Sicht und berufliche Aspirationen in etwa befriedigt sind, tritt die Erfüllung von Kinderwünschen ins Zentrum einer Paarbeziehung. Zuerst muß also das ›Nest gebaut‹ sein, bevor Kinder angestrebt werden; das ist zum mindesten die vorherrschende Einstellung.[25] Nicht weniger wich-

25 Vgl. zuletzt Institut für Demoskopie (2004: 20). Herlth (in Strohmeier u. Schultz 2004: 79) faßt die der Entscheidung für Kinder förderlichen Bedingungen wie folgt zusammen: »Eine gefestigte Paarbeziehung, die sich in einem Kind darstellen möchte; eine gefestigte ökonomische Basis, aufgrund derer man sich eine solche Entscheidung zumuten kann; ein verläßliches soziales Netzwerk (Verwandte, Freunde), das als Stütze beim Aufziehen von Kindern eingesetzt werden kann; eine halbwegs kalkulierbare berufliche Zukunft; Lebens- und Karriereinteressen, mit denen Kinder vereinbar sind; Berufstätigkeiten, die dem Zusammenleben von Kindern zuträglich sind.«

tig erscheint allerdings die Verläßlichkeit der Beziehung unter den Partnern als Gegengewicht gegen die Ambivalenz, welche durch die Vielfalt der Alternativen und den Streß beruflicher Beanspruchungen beider Partner oftmals entsteht (vgl. Lüscher 2001). Und schließlich werden viele junge Menschen mit den sich wandelnden Geschlechtsrollenmustern schwer fertig: Offensichtlich hat sich in der Praxis die Machtbalance häufig bereits zugunsten der Frauen verschoben, während die Männer noch weiterhin an hergebrachten Rollenvorstellungen festhalten.

Alles in allem bietet sich heute das Bild einer »widersprüchlichen Vielfalt« der privaten Lebensformen, und die Widersprüche äußern sich gleichermaßen auf der Ebene individueller Erfahrungen, der Ebene institutioneller Gegebenheiten und in der öffentlichen Rhetorik über Familie (Lüscher 2001). Daß dies zu Orientierungsschwierigkeiten der jungen Menschen und zu einer Zurückhaltung gegenüber langfristigen Festlegungen führt, ist leicht verständlich. Birg begründet demzufolge in seiner biographietheoretischen Erklärung den Geburtenrückgang mit der »These, daß der säkulare Abnahmetrend der Fertilität auf einer Zunahme des Risikos langfristiger biographischer Festlegungen beruht« (Birg u. Koch 1988: 44).

5.5 Warum noch Kinder?

Von seiten der Wirtschaftswissenschaften wird die Übernahme von Elternverantwortung als rationaler Entscheidungsprozeß zwischen ›Kosten‹ und ›Nutzen‹ des Kinderhabens konstruiert, wobei ursprünglich Kinder vor allem in Konkurrenz zu anderen Konsumgütern gesehen wurden. Hier stehen also die *direkten Kosten* des Kinderhabens in Konkurrenz zu anderen Ausgaben des Haushaltsbudgets. Zunehmend rücken außerdem die indirekten Kosten oder *Opportunitätskosten* des Kinderhabens in den Vordergrund der Erklärungen, die sich am ehesten als Verzicht auf andere Zeitverwendungen operationalisieren lassen.

Geht man von einem im engeren Sinne ökonomischen Kalkül aus, so ist aus der Sicht eines »rationalen Wirtschaftssubjektes« nicht zu erklären, warum überhaupt noch Kinder in die Welt gesetzt werden. Denn im Regelfalle ist das Aufbringen von Kindern seit dem Verbot der Kinderarbeit und angesichts einer weitreichenden Kollektivierung der sozialen Sicherung ohne jeden materiellen Ertrag. Und es bringt um so größere Kosten mit sich, je höhere Ansprüche an deren Ausbildung und Lebensführung gestellt werden, und beide Anspruchsarten nehmen mit der Entfaltung des Wohlstandes und der »systemadäquaten Überflutung mit Konsumofferten« (Linde) offensichtlich zu. Unter dem Gesichtspunkt der Opportunitätskosten ergibt sich vor allem für Frauen eine negative Bilanz, beispielsweise durch Verzicht auf Erwerbsarbeit oder auf eine berufliche Karriere.

Wie bereits Samuelson (1958) gezeigt hat, wird das Aufziehen eigener Kinder in dem Maße ökonomisch irrational, als die Kosten für den Unterhalt der Nicht-mehr-Erwerbstätigen kollektiviert, diejenigen der Noch-nicht-Erwerbstätigen dagegen privatisiert werden. Ebendas ist in den meisten europäischen Staaten nach dem Zweiten Weltkrieg mit dem Ausbau kollektiver Alterssicherungssysteme geschehen, während die Aufbringungskosten der nachwachsenden Generation überwiegend den Eltern überlassen blieben. Auch empirisch zeigt sich im internationalen Vergleich ein zeitlich robuster positiver statistischer Zusammenhang zwischen der Höhe der Geburtenraten eines Landes einerseits und dem Anteil der öffentlichen Aufwendungen für die nachwachsende Generation am gesamten Sozialaufwand andererseits sowie eine negative Korrelation zum Anteil der Aufwendungen zugunsten der alten Generation (vgl. Kaufmann 2002 b: 446).

Es müssen also Motive und Interessen nichtökonomischer Art namhaft gemacht werden, um die Vernünftigkeit des Kinderhabens zu begründen. Die »Nutzen« von Kindern sind heute nahezu ausschließlich immaterieller Art. Die internationale Forschung hat diese Zusammenhänge vor allem mit dem Konzept des »Value of Children« zu operationalisieren versucht (zusammenfassend Höpflinger 1997: 80ff.). Aber offensichtlich sind die individuellen Motivationen in der Regel sehr komplex, so daß sich gerade für hochindividualisierte Gesellschaften nur schwer eindeutige Regelhaftigkeiten herauskristallisieren lassen. Als wichtige erfaßbare Momente eines immateriellen Wertes von Kindern sind zu nennen:

– die Anerkennung, welche Vaterschaft und Mutterschaft in relevanten Sozialzusammenhängen zuteil wird;
– kollektive, insbesondere religiöse oder verwandtschaftliche Traditionen;

- persönliche Konstruktionen von Lebenssinn durch die Übernahme von Verantwortung für Kinder;
- positive emotionale Erfahrungen im Kontext von Partnerschaft und Elternschaft;
- Hoffnung auf reziproke Anerkennung und Unterstützung seitens eigener Kinder in späteren Lebensjahren.

Neuere empirische Untersuchungen lassen erkennen, daß traditionale Motive der Familienbildung weiterhin an Einfluß verlieren, während ein »intrinsischer Wert« von Kindern, also ihre Eigenwertigkeit, an Bedeutung gewinnt. Das ist insofern bemerkenswert, als hierin ein mutmaßlich »modernisierungsresistentes« Motiv zu sehen ist.

Johannes Huinink (1995) hat diese Perspektive vertieft und ist den spezifischen Motivationen nachgegangen, die unter posttraditionalen Bedingungen zum Eingehen dauerhafter Partnerschaften und zur Übernahme von Elternverantwortung bewegen können. Er vertritt die Auffassung,

»daß Menschen auch und gerade in der modernen Gesellschaft auf spezifische Strukturen sozialer Interaktion angewiesen sind, in denen sie die notwendige persönliche Affirmation erfahren, um als handlungsfähige, autonome Akteure in unserer modernen Gesellschaft erfolgreich bestehen zu können. Nicht nur Kinder und Jugendliche in den Phasen des Aufbaus von Ich-Identität, auch Erwachsene brauchen diese persönliche Affirmation. Um in einer komplexen und durch fortwährenden Wandel gekennzeichneten Gesellschaft, wie der unsrigen, handlungsfähig zu sein, das heißt zielgerichtet und planvoll handeln zu können, muß das Individuum in der Lage sein, klare Vorstellungen zu entwickeln und zu erhalten. Dazu gehört die Konstruktion von Ich-Identität in der Sozialisationsphase, aber auch ihre fortwährende Rekonstruktion und Bestätigung über geeignete Akte der Selbstvergewisserung.« (Huinink 1997: 83, unter Bezugnahme auf Huinink 1995)

Zwar läßt sich der »Wert von Kindern« im Rahmen eines ökonomischen Kalküls als »Nutzen« interpretieren, der den mutmaßlichen »Kosten« gegenübergestellt wird. Aber damit wird man der realen Entscheidungssituation junger Menschen nur wenig gerecht. Die Übernahme von Elternverantwortung wird vor allem als *langfristige biographische Festlegung* verstanden: »Elternschaft und Ehe in der modernen Gesellschaft sind... als Strategien zur Reduktion von Planungs- und Gestaltungsunsicherheiten in bezug auf den weiteren Lebensverlauf anzusehen«

(Huinink 1997: 85). Diese Festlegung erfolgt zudem im Regelfalle nicht individuell, sondern paarweise; Frauen, die sich »ein Kind machen lassen«, um es alleine aufzuziehen, sind nach wie vor exotische Ausnahmen. Im Regelfalle setzt die Entscheidung zum Kind zunächst das Eingehen oder den Fortbestand einer als belastbar angesehenen Partnerschaft voraus.[26] Weitere Bedingungen wie ausreichende Wohnverhältnisse, Netzwerke und Berufssituation beider Partner sind ebenfalls von Bedeutung, aber wohl auch im Bewußtsein der prospektiven Eltern den Perspektiven einer gemeinsamen Zukunft untergeordnet. Huinink (1987: 86f.) systematisiert die Bedingungen für die »Realisierung von Kinderwünschen«[27] als die Lösung von drei Problemen: (1) Die Koordination der Lebenspläne beider Partner (»Perspektivenproblem«), (2) die Sicherung ausreichender Ressourcen für eine Elternschaft ohne das Risiko sozialen Abstiegs (»Ressourcenproblem«); und (3) die Gewährleistung der Vereinbarkeit von familialer Verantwortung und außerfamilialem Engagement auf der Basis prinzipiell gleicher Rechte beider Partner (»Vereinbarkeitsproblem«).

Wir stoßen hier auf das *Zusammenspiel zwischen wirksamen kulturellen Leitbildern und persönlichen Bedürfnissen*, welche den Wert von monogamer Partnerschaft, von persönlicher Treue und Verläßlichkeit »bis ins Pianissimo des höchsten Alters« (Max Weber), von verantworteter Elternschaft und die emotionale Bereicherung des Lebens durch eigene Kinder, aber auch die Gleichberechtigung der Geschlechter betonen. Selbst in Ländern und sozialen Kontexten, in denen die formale Eheschließung sozial fakultativ geworden ist, scheint das Leitbild der Monogamie zum mindesten für die Bestandsdauer einer Beziehung ungebrochen, ja, in partnerschaftlicher Hinsicht anspruchsvoller geworden zu sein. Auch die Anforderungen an Elternschaft sind in der 2. Hälfte des 20. Jahrhunderts gestiegen. Selbst die im Grundsatz lebenslange Perspektive partnerschaftlicher Bindungen wird

26 In unseren eigenen Längsschnittuntersuchungen konnten wir feststellen, daß Ähnlichkeiten von sozialer Herkunft wie auch von Einstellungen, z. B. hinsichtlich der Erwerbstätigkeit der Ehefrau, die Wahrscheinlichkeit der Ankunft von (weiteren) Kindern erhöhen; vgl. Simm (1987).

27 Ich setze diese in der politischen Rhetorik verbreitete Formel in Anführungszeichen, um darauf hinzuweisen, daß die mittels Befragungen ermittelten Kinderwünsche nach unseren Längsschnittuntersuchungen wenig stabil sind, sobald sie von der gesellschaftlichen Norm der Zweikinderfamilie abweichen.

kaum in Frage gestellt, aber das Scheitern vor dieser Anforderung toleriert und kaum mehr sanktioniert.

Was die Aufwertung von Elternschaft betrifft, so wird sie in der zunehmenden Verbindlichkeit der Norm »verantworteter Elternschaft« greifbar.[28] Diese Norm entstand parallel zur Verbreitung der Geburtenkontrolle und besagt, daß Eltern für jedes geborene Kind selbst die Verantwortung tragen. Das augenfälligste Symptom der gewachsenen Normativität von Elternschaft ist das vollständige Verschwinden der im 19. Jahrhundert in Europa verbreiteten Findelhäuser. Wie stark diese Norm verinnerlicht ist, zeigt sich auch an der Fruchtlosigkeit der Empfehlungen, ein unerwünschtes Kind auszutragen und es dann zur Adoption freizugeben (vgl. Colomb u. Geller 1992). Nicht zuletzt die jüngsten Veränderungen im Verhältnis von Ehe und Elternschaft bzw. der Regelung des elterlichen Sorgerechts bestätigen diesen Trend. Insbesondere wird nunmehr auch den Kindern selbst das Recht auf Elternschaft, d. h. das Recht auf Anerkennung seitens ihrer Erzeuger, zugesprochen.

Man kann insgesamt von einer »Idealisierung« des traditionellen Leitbildes von Familie sprechen (vgl. Kaufmann 1995: 118ff., 151f.) Mit dieser Idealisierung nehmen die Erwartungen an die *Partnerschaft* zu, so daß auch aus diesem Grunde deren Scheitern verständlicher und tolerabler wird. Aber auch Elternschaft wird anspruchsvoller: Kinder werden nicht nur infolge ihrer längeren Erziehungs- und Ausbildungsbedürftigkeit teurer, sondern Erfolge und Mißerfolge der Kinder werden stärker den Eltern zugerechnet. Man muß sich heute Kinder besser überlegen!

Schließlich bleibt nicht zu übersehen, »daß der prinzipiellen Vergrößerung individueller Entscheidungsfreiheiten nach wie vor die Resistenz sozialstruktureller Ungleichheitsverhältnisse gegenübersteht. Ja, zum Teil brechen sie erst jetzt richtig auf, wo doch materielle und ›kulturelle‹ Ressourcen zu zentralen Bestimmungsfaktoren individueller Lebenschancen geworden sind.« (Huinink 1995: 348) Für Deutschland im besonderen bleibt der hohe Anteil an Immigrantenfamilien zu berücksichtigen, die überwiegend aus traditionalen islamischen Kontexten entstammen und deshalb von dem hier skizzierten posttraditionalistischen Bild besonders weit entfernt sind.

28 Ausführlicher Kaufmann (1995: 42ff., 97f.).

Betrachtet man die Kinderhäufigkeit verheirateter Paare in Deutschland unter dem Gesichtspunkt ihrer Bildungs- und Einkommensverhältnisse (vgl. Schwarz 1999), so fällt auf, daß Familien mit drei oder mehr Kindern vor allem bei Paaren häufig sind, bei denen beide Partner keinen Ausbildungsabschluß besitzen; das dürfte für Zugewanderte besonders charakteristisch sein. Zum zweiten finden sich kinderreiche Familien häufig bei Paaren, wo der Mann einen Hochschulabschluß, die Frau aber einen anderen oder keinen Abschluß besitzt; hier dürften traditionale Rollenverhältnisse recht verbreitet sein. Den höchsten Anteil der Kinderlosen findet man bei Paaren, wo beide Partner über einen Hochschulabschluß und ein monatliches Haushaltseinkommen von über 7000 DM (1997) verfügen; hier dürfte die Berufsorientierung beider Partner den Ausschlag für den Verzicht auf Kinder geben. Generell zeigt sich eine häufigere Kinderlosigkeit in den oberen Einkommensgruppen, was auf die stärkere Erwerbstätigkeit beider Partner zurückzuführen sein dürfte.

5.6 Pluralisierung oder Polarisierung privater Lebensformen

Die beobachtbaren statistischen Veränderungen im Bereich der privaten Lebensformen werden unterschiedlich *gedeutet*. In der deutschen familiensoziologischen Literatur finden sich vorzugsweise vier Interpretationen, die sich mit den Stichworten »Individualisierung«, »Deinstitutionalisierung«, »Pluralisierung« und »Polarisierung« bezeichnen lassen.[29] Dabei handelt es sich bei Individualisierung oder Deinstitutionalisierung einerseits und Pluralisierung oder Polarisierung andererseits um jeweils konkurrierende Interpretationen.

Die Debatte um Individualisierung oder Deinstitutionalisierung bezieht sich primär auf den *normativen* Aspekt der familialen Entwicklung. Offensichtlich ist der Bedeutungsgewinn des Individuums in der Lebensführung: Dabei handelt es sich vor allem um eine Folge wachsenden Wohlstandes und zunehmender außerhäuslicher Erwerbstätigkeit sowie der damit verbundenen Unabhängigkeit, welche nunmehr auch den Frauen zugute

29 Vgl. zusammenfassend und mit weiteren Nachweisen Schulze u. Tyrell (2002).

kommt. Entscheidend ist jedoch die Legitimität und Akzeptanz dieser Entwicklungen im Horizont einer individualistischen und überwiegend liberalen Kultur, der zufolge Individualisierung als Möglichkeit der Selbstverwirklichung positiv beurteilt wird. Aus der Perspektive eines traditionellen Verständnisses von Ehe und Familie erscheint diese zunehmende »Individualisierung« dagegen als Verlust an Verbindlichkeit und Zunahme von Beliebigkeit in den persönlichen Beziehungen, welche in ihren Konsequenzen zu anomischen Verhältnissen führen könne oder gar müsse. Gegen eine Dramatisierung der »neuen Freiheiten« wird allerdings eingewandt, daß sich an den beobachtbaren familialen Beziehungen so viel gar nicht geändert habe. Das trifft für Deutschland in der Tat zu. Was sich hier verändert hat, wird eher aus der zweiten Debatte um Pluralisierung oder Polarisierung deutlich.

Die verbreitete Rede von einer Pluralisierung familialer Lebensformen trifft für Skandinavien, Frankreich und Großbritannien weit stärker zu als für Deutschland, die Schweiz, die Niederlande oder Italien. Im Gegensatz zu den Letztgenannten hat in jenen Ländern die Ehe als Begründungsform familialer Lebensverhältnisse stark an Einfluß eingebüßt, und der Anteil der außerehelichen Geburten überschreitet mittlerweile ein Drittel oder gar die Hälfte.[30] Auch von seiten der Rechtsordnung werden dort immer weniger Konsequenzen an die Ehe geknüpft, die Elternschaft ist zum zentralen Bezugspunkt politischer Regulierung geworden. Dementsprechend finden sich in diesen Ländern sehr unterschiedliche Lebensformen *mit Kindern*: »Meine Kinder – deine Kinder – unsere Kinder«. Kinderlosigkeit ist wenig verbreitet. Hier kann man zu Recht von einer Pluralisierung *familialer* Lebensformen sprechen.

In der zweiten Ländergruppe dagegen dominiert ein traditionelles, an die Ehe geknüpftes Familienverständnis, so daß der Bereich der familialen Lebensformen relativ homogen bleibt, jedoch in seinem Umfang schrumpft: »In the FRG, as in the Netherlands, one observes a retreat *from* the family sector that as such remains

---

30 Die meisten dieser Kinder wachsen aber wie in ›eheorientierten‹ Gesellschaften in Gemeinschaft ihrer beiden leiblichen Eltern oder zum mindesten in Gemeinschaft von zwei Erwachsenen unterschiedlichen Geschlechts auf. Alleinerziehende Eltern befinden sich überall in einer prekären und grundsätzlich weniger erwünschten Situation (vgl. Torremocha 2002).

more or less unbroken, more than a modernization of the family sector.« (Kuijsten 2002: 64) Hier also entwickelt sich eine *Polarisierung* zwischen einem eher traditionell verfaßten »Familiensektor« und einem neuen pluralen Bereich überwiegend *kinderloser* privater Lebensformen, die sich zunehmend auch in einer sozialräumlichen Segregation niederschlägt (vgl. Strohmeier 1991): Posttraditionale Lebensformen finden sich vor allem in Großstädten und städtischen Zentren, während Familien vorzugsweise im Stadtumland wohnen, soweit sie nicht ohnehin in einem eher traditionalen ländlichen Umfeld siedeln. Und es ist ebendiese Polarisierungstendenz, welche das besondere Ausmaß des Geburtenrückgangs in Deutschland mit erklärt. Es bilden sich hier zunehmend »kinderlose Milieus«, in denen das Fehlen von Kindern auch nicht mehr wahrgenommen wird. Kinderlose finden hier also Bestätigung unter ihresgleichen. Sie haben sich den Umgang mit Kindern buchstäblich abgewöhnt.

Diese nationalen Unterschiede werden auch durch Untersuchungen auf der Einstellungsebene bestätigt. Surkyn u. Lesthaeghe (2004) unterscheiden zum einen acht verschiedene Formen des privaten Lebens;[31] sie bilden zum zweiten auf der Basis der *European Value Study* Indikatoren für folgende Wertefelder: Ehe und Familie (liberal-egalitär versus traditionell); Religion (atheistisch versus religiös); Bürgerliche Moral (permissiv/opportunistisch versus konformistisch); Politik (Mißtrauen gegenüber öffentlichen Institutionen und Protestaktivitäten versus Loyalität); Identifikation (universalistisch versus partikularistisch); Zurückgezogenheit (apolitisch versus Engagement); Sozialisation (für Unabhängigkeit und Phantasie versus bürgerliche Tugenden); Berufliche Merkmale (Selbstverwirklichung versus Materialismus); Soziale Distanz (Präferenz für Außenseiter versus Präferenz für Großfamilien und Rechtsgerichtete).[32] Die erstgenannten Pole werden als »unkonventionell/nonkonform«, die zweitgenannten als »konformistisch« bezeichnet. Verglichen

---

31 Noch bei den Eltern wohnhaft; nie verheiratet und keine nichteheliche Lebensgemeinschaft (Single); nichteheliche Lebensgemeinschaft ohne Kinder; verheiratet ohne Kinder; nichteheliche Lebensgemeinschaft mit Kindern; verheiratet mit Kindern, früher in nichtehelicher Lebensgemeinschaft gelebt; verheiratet mit Kindern, nie in nichtehelicher Lebensgemeinschaft gelebt; früher verheiratet oder in einer nichtehelichen Lebensgemeinschaft, noch keine neue Lebensgemeinschaft. (Surkyn u. Lesthaghe 2004: 71)
32 Vgl. Surkyn u. Lesthaeghe (2004: 75).

werden drei Ländergruppen, nämlich »Westeuropa« (Belgien, Frankreich und Deutschland), »Iberia« (Portugal und Spanien) und »Skandinavien« (Schweden und Dänemark).

Als für alle Ländergruppen gleicher Befund ergibt sich zunächst: »Alle Übergänge in die Ehe und/oder Elternschaft sind mit Wertänderungen und einer verminderten Nonkonformität verbunden.« (Surkyn u. Lesthaeghe 2004: 77) Man wird dabei an Martin Bubers Einsicht erinnert:

»Die Ehe, als die entscheidende Verbindung eines Menschen mit dem andern, versetzt in die Konfrontation mit dem öffentlichen Wesen und seinem Schicksal, – ausweichen kann ihr der Mensch in der Ehe nicht mehr, er kann nur noch sich darin bewähren oder darin versagen. Die vereinzelte Person, ehelos oder nur fiktiv verehelicht, kann sich isoliert erhalten.« (Buber 1991: 56)

Die niedrigste Nonkonformität findet sich in der Gruppe der Verheirateten mit Kindern, die nie in einer nichtehelichen Lebensgemeinschaft gewohnt haben; allerdings ist dieser Konformismus in Skandinavien geringer als in den beiden anderen Gruppen. Der höchste Grad an Nonkonformismus findet sich grundsätzlich bei den kinderlosen nichtehelichen Lebensgemeinschaften; in Skandinavien allerdings »sind Eltern, die in einer nichtehelichen Lebensgemeinschaft leben,... bezüglich ihrer Wertorientierungen viel vergleichbarer mit verheirateten Personen als in anderen Ländern« (Surkyn u. Lesthaghe 2004: 87).

Insgesamt zeigt sich, daß die Einstellungen in Skandinavien zwar im Durchschnitt nonkonformistischer sind als in Westeuropa und auf der Iberischen Halbinsel, wo sich die Einstellungsmuster sehr ähneln. Aber zugleich differieren die Einstellungen in Skandinavien weniger zwischen den verschiedenen Typen der Lebensformen. Die Polarisierung der Einstellungen zwischen Lebensformen mit und ohne Kinder, aber auch der Paare mit und ohne Eheschluß ist in West- und Südeuropa weit ausgeprägter und korreliert stärker mit religiösen Orientierungen. Auch finden sich hier seltener ehelose Lebensformen mit Kindern. Das Junktim »Kinder und Ehe« ist hier weitgehend intakt.[33] Dementsprechend

---

33 Skandinavien, insbesondere Schweden, wies übrigens bereits im 19. Jahrhundert höhere Unehelichenquoten als der Rest Europas auf, und der Grad der religiösen Prägung war geringer. Wir stoßen hier also mutmaßlich auf historisch tief verankerte Unterschiede.

polarisieren sich auch traditionelle und »alternative« Orientierungen stärker und hängen enger mit der Entscheidung für oder gegen Kinder zusammen.

Die Polarisierung auf der Bewußtseinsebene wird auch durch eine aktuelle Studie im Auftrage der baden-württembergischen Landesregierung bestätigt. Ihr zufolge ist *ein Teil der deutschen Bevölkerung dabei, sich von Kindern zu entfremden.* »Der Anteil der Bevölkerung, der kaum Kontakte zu Kindern und Jugendlichen hat, wächst kontinuierlich und damit die Gefahr, daß die Interessen der nächsten Generation bei der gesellschaftlichen Meinungsbildung und den Entscheidungen in Politik und Gesellschaft zu wenig berücksichtigt werden.« (Institut für Demoskopie 2004: 1) »Eine Folge der Entfremdung vieler Kinderloser von Kindern ist, daß sie die Nachteile, die mit Kindern verbunden sind oder sein können, Kinderlosen besonders plastisch vor Augen stehen, während die Gratifikationen der Elternschaft wesentlich weniger gesehen werden als von Eltern.« (Ebda., S. 83)

Zweitens erscheint *das »subjektive Zeitfenster« für die Geburt von Kindern bei den Befragten wesentlich enger als die biologischen Möglichkeiten.* »Im Durchschnitt beziffern die Frauen das optimale Alter, um Kinder zu bekommen, in der engen Spanne zwischen dem 24. und 31. Lebensjahr« (Institut für Demoskopie 2004: 18). Berücksichtigt man den gleichzeitigen Wunsch, zunächst eine Ausbildung abzuschließen und berufstätig zu sein, so zeigt sich, daß insbesondere für die qualifizierteren Frauen ein Konflikt zwischen Kinderwunsch und Berufsperspektive entsteht, zumal die Mehrheit der Frauen keine kontinuierliche Berufstätigkeit, sondern das ›Dreiphasen-Modell‹ – Beruf, Mutterschaft, Beruf – bevorzugt.

Alles in allem dürfte die zunehmende Polarisierung der privaten Lebensformen in Deutschland, das Auseinanderdriften zwischen Eltern und Kinderlosen in ideeller, räumlicher und praktischer Hinsicht und die tendenzielle Verfestigung eines »kinderfreien Lebensraums« in erheblichem Maße auf die Spannung zwischen den vorherrschenden Familienvorstellungen einerseits und den praktischen Möglichkeiten der Lebensgestaltung vor allem junger Frauen zurückzuführen sein. Kinderlosigkeit erscheint nicht mehr als Makel, sondern als freie Lebensentscheidung, der im Falle von ›Karrierefrauen‹ zunehmend Leitbildcharakter zu-

kommt. Das Fernsehen, in dessen meistgesehenen Sendungen
Kinder kaum vorkommen, trägt das Seine dazu bei.

5.7 Paternalismus und Familienpolitik

Anscheinend werden in Deutschland vor allem Frauen vor eine
härtere Wahl zwischen Beruf und Familie gestellt. Wie läßt sich
das erklären? Auch wenn die nationalen Fertilitätsniveaus in Europa im Weltvergleich ähnlich sind – sie liegen heute überall unterhalb des Reproduktionsniveaus von 2,1 Kindern pro Frau –, so
lassen sich doch auch nationale Unterschiede feststellen und erklären, und zwar sowohl in kultureller wie in struktureller Hinsicht. Im Rahmen einer internationalen Kooperation haben wir in
der kulturellen Dimension die Bedeutung des Paternalismus und
in der strukturellen Dimension den differentiellen Einfluß sozialpolitischer Maßnahmen zugunsten von Kindern untersucht (vgl.
Kaufmann u. a. (Hg.) 1997, 2002).

Skandinavien und Frankreich weisen – bei kurzfristigen
Schwankungen – über die Zeit ein deutlich höheres Fertilitätsniveau auf als Deutschland, und neuerdings erst recht als die südeuropäischen Staaten Griechenland, Italien und Spanien. Unter
den außereuropäischen OECD-Staaten fällt vor allem Japan
durch seine niedrige Fertilität auf.[34] Gemeinsam ist diesen gebur-
tenarmen Ländern ein ausgeprägter Traditionalismus in den Ge-
schlechterbeziehungen, d. h. eine starke Betonung der Geschlech-
ter-Ungleichheit zugunsten des Mannes; sie sei als *Paternalismus*
bezeichnet.[35]

Man mag angesichts der deutlichen Artikulation feministischer
Anliegen in der Bundesrepublik und einer offiziellen Gleichstel-
lungspolitik bezweifeln, ob hier noch ein ausgeprägter Paternalis-

---

34 Vgl. Anne Schneppen: Mehr Hunde als Kleinkinder. Japans Familienpoli-
    tik ohne Rezepte. FAZ, 15. 6. 2004.
35 Die breite Diskussion der »Gender-Frage« in den letzten Jahren drehte
    sich weit stärker um weibliche Benachteiligungen und Möglichkeiten ihrer
    Beseitigung als um die genauere Präzisierung der kulturellen Voraus-
    setzungen für die beklagten Zustände. Mir scheint die (auch in den Ge-
    schichtswissenschaften eingeführte) Bezeichnung »Paternalismus« am
    präzisesten, da sie auf die Verknüpfung von familialen, ökonomischen und
    politischen Leitbildern männlicher Dominanz verweist, welche in Europa
    vor allem seit der Barockzeit kulturell kodiert wurden.

mus zu finden sei. Aber die Virulenz des Themas wie auch überdurchschnittlich häufige Verurteilungen der Bundesrepublik durch den Europäischen Gerichtshof wegen Verstößen gegen den Gleichberechtigungsgrundsatz deuten eher auf ein Fortbestehen der grundlegenden Problematik hin. Mit Bezug auf die zentrale Frage, ob Frauen grundsätzlich ihre Erwerbstätigkeit neben ihren Familienaufgaben fortsetzen (»Kontinuitätsmodell«) oder aber die Erwerbstätigkeit zugunsten der Kindererziehung unterbrechen (»Dreiphasenmodell«) oder ganz aufgeben sollten (»Traditionales Modell«), zeigen international vergleichende Umfragen:

»In neun der elf untersuchten Länder vertreten mehr als die Hälfte der Befragten das Kontinuitätsmodell ... Nur in zwei Ländern, in den alten Bundesländern (sc. Deutschlands) und in Großbritannien findet das Dreiphasenmodell größere Zustimmung; ... Frauen vertreten das Kontinuitätsmodell häufiger und traditionale Modelle seltener als Männer ... In allen Ländern ist die Zustimmung zu traditionalen Modellen in der jüngsten Altersgruppe am geringsten und in der ältesten Altersgruppe am stärksten. ... deutlich tritt auf der anderen Seite der restaurative Sonderweg Westdeutschlands zutage.« (Schulze u. Künzler 1997: 96-99)

Deutschland ist in dieser Frage zwischen Ost und West grundsätzlich gespalten: Die Befürwortung der Frauenerwerbstätigkeit übertrifft in den neuen Bundesländern skandinavische Dimensionen, während in den alten Bundesländern die Mehrheit auch der Frauen noch für das Dreiphasenmodell votiert. Als Hinterlassenschaft aus DDR-Zeiten finden sich in Ostdeutschland auch wesentlich mehr Ganztagseinrichtungen für Kinder und Kinderkrippen.

Die gründlichsten international vergleichenden Untersuchungen zum Zusammenhang von »Gender-Verhältnissen«[36] und generativem Verhalten hat Künzler (2002) für die Staaten der OECD vorgelegt. Das Ausmaß an geschlechtsspezifischen Ungleichheiten wird in dieser Studie insbesondere durch folgende Indikatoren gemessen:
- geschlechtsspezifische Rollenorientierungen;
- geschlechtsspezifische Beteiligung an bezahlter Arbeit;

36 Daß sich bis heute im Deutschen keine der angelsächsischen Unterscheidung zwischen »Sex« and »Gender« vergleichbare Terminologie entwickelt hat, zeigt, wie schwer es hierzulande ist, den nach wie vor vorhandenen Paternalismus – insbesondere bei Unternehmern, Gewerkschaftern und Kinderärzten! – zur Rechenschaft zu ziehen.

– geschlechtsspezifische Beteiligung an unbezahlter Haus-
und Erziehungsarbeit;
– geschlechtsspezifische Beteiligung an höherer Bildung.

Angaben zu diesen vier Dimensionen wurden von Künzler zu
einem Indikator »Modernität der Geschlechterverhältnisse« zusammengefaßt und die Werte am Median geteilt (vgl. Tabelle 5.4,
letzte Spalte).

Seinen politischen Ausdruck findet der Paternalismus auch in
der Form sozialstaatlicher Politik, insbesondere mit Bezug auf
Frauen und Kinder. Die Maßnahmen können der Vereinbarkeit
von Familientätigkeit und Erwerbstätigkeit von Frauen förderlich oder hinderlich sein. In der international vergleichenden
Wohlfahrtsstaatsforschung wurden in diesem Zusammenhang
verschiedene Typologien entwickelt.[37] Die Typologie von Künzler unterscheidet »ökonomische« (direkte Geldleistungen) und
»ökologische« (die Umwelt von Familien gestaltende) staatliche
Interventionen[38] und gewinnt durch Kombination dieser Dimensionen vier Typen sozialstaatlicher Politikmuster mit Bezug auf
Familien. Dabei wird angenommen, daß die Dominanz von
Geldleistungen für Familien eher das Dreiphasenmodell oder das
traditionale Modell, die Dominanz sozialer Dienstleistungen für
Kinder eher das Kontinuitätsmodell fördert.

1. Politische Vernachlässigung der Familie (indolence): Hier
sind weder die öffentlichen Geldleistungen noch die Dienstleistungen für Familien entwickelt. Dieses Politikmuster findet sich
in Kanada, Griechenland, Irland, Italien, Niederlande, Portugal,
Schweiz und Spanien.

2. Behinderung weiblicher Erwerbstätigkeit (inhibition): Hier
finden sich erhebliche Geldleistungen für Mütter und/oder Kinder, aber kein ausgebautes System ganztägiger Kinderbetreuung.
Dieser Politiktypus findet sich in Österreich, Westdeutschland,
Luxemburg und Großbritannien.

3. Förderung weiblicher Erwerbstätigkeit (intensification): In
diesen Ländern sind die Einrichtungen zur Kinderbetreuung
stark ausgebaut, während nur wenige Geldleistungen an Familien

---

37 Hierzu zusammenfassend Lengerer (2004).
38 Künzler bezieht sich dabei auf Schulze (1993); ich übersetze die auf eng-
lisch formulierte Typologie in Anlehnung an Kaufmann/Herlth/Stroh-
meier (1980: 118ff.).

Tab. 5.4: Fertilität in den OECD-Staaten (1994), Muster der Familienpolitik und Modernität der Geschlechterverhältnisse[39]

Land	Zusammen-gefaßte Geburten-ziffer	Politikmuster nach Schulze	Modernität der Ge-schlechter-verhältnisse
Neuseeland	2,10	fördernd	+
Vereinigte Staaten	2,08	fördernd	+
Kanada	1,93	vernachlässigend	+
Schweden	1,88	neutral unterstützend	+
Australien	1,87	neutral unterstützend	+
Norwegen	1,86	neutral unterstützend	+
Finnland	1,85	neutral unterstützend	+
Irland	1,85	vernachlässigend	–
Dänemark	1,80	neutral unterstützend	+
Großbritannien	1,74	behindernd	+
Luxemburg	1,72	behindernd	–
Frankreich	1,65	neutral unterstützend	+
Niederlande	1,57	vernachlässigend	–
Belgien	1,55	neutral unterstützend	–
Japan	1,50	fördernd	–
Schweiz	1,49	vernachlässigend	–
Portugal	1,44	vernachlässigend	+
Österreich	1,44	behindernd	–
Griechenland	1,35	vernachlässigend	–
Deutschland: alte Bundesländer	1,34	behindernd	–
Italien	1,21	vernachlässigend	–
Spanien	1,21	vernachlässigend	–
Deutschland: nBL	0,77	neutral unterstützend	–

gezahlt werden. Dieser Politiktypus findet sich in Japan, Neusee-
land und den Vereinigten Staaten.

4. Erwerbsbeteiligungsneutrale Familienunterstützung (neu-
trality): In diesen Ländern sind sowohl die Geldleistungen wie die
Dienstleistungen für Mütter und Kinder gut ausgebaut. Dieser
Politiktypus findet sich in Australien, Belgien, Dänemark, Finn-
land, Frankreich, Ostdeutschland, Norwegen und Schweden.[40]

39 Adaptiert nach Künzler (2002, Tabelle 8.10, S. 285), mit freundlicher Er-
laubnis des Verfassers.
40 Vgl. Künzler (2002, Tab. 8.8, S. 280).

Der Zusammenhang dieser Politikmuster mit dem Fertilitätsniveau ergibt sich in Tabelle 5.4 aus dem Vergleich von Spalte 3 mit Spalte 2.

Unter Berücksichtigung multivariater Analysen läßt sich das Ergebnis dieser Untersuchung wie folgt zusammenfassen:

1. Je geringer die Differenz in der Erwerbsbeteiligung von Männern und Frauen, desto höher die Fertilität.

2. Je »moderner« die Geschlechterverhältnisse, desto höher die Fertilität.

3. Je besser ausgebaut die öffentlichen Dienstleistungen für Kinder (Krippen, Kindergärten Ganztagsschule), desto höher die Fertilität.

4. Der Anteil der Geldleistungen für Familien am Volkseinkommen korreliert dagegen kaum mit der Fertilität. (Vgl. Künzler 2002: 284)[41]

Man kann daraus schließen, daß unter den gegenwärtigen Umständen die Schwierigkeiten einer Vereinbarkeit von Elternverantwortung und Erwerbstätigkeit besonders wirksame Ursachen niedriger Fertilität darstellen, zumindest für die Frauen der Mittelschicht. Die niedrige Fertilität in der Bundesrepublik kommt bei im OECD-Vergleich nur wenig über dem Durchschnitt liegenden Geldleistungen für Familien[42] und einer eklatanten Unterversorgung mit Krippenplätzen in den alten Bundesländern sowie dem allein für die deutschsprachigen Länder charakteristischen Halbtagsschulsystem zustande. Man wird also von einer wenig großzügigen Unterstützung der Familie sprechen dürften. Für den hohen Anteil kinderloser Frauen scheint jedoch der normative Konflikt von nicht geringerer Bedeutung: Junge Frauen, die eine kontinuierliche Berufstätigkeit und Kinder verbinden wollen, sind in Deutschland eine Minderheit, die gegen Vorurteile über »berufstätige Mütter« anzukämpfen hat[43] und in den alten

---

41 Einen ähnlichen Befund stellt Schwarz (1999: 368f.) auf der Individualebene fest: »Im übrigen hat sich eine erstaunliche, fast alle Bevölkerungsgruppen übergreifende Einheitlichkeit der Kinderzahl und der Struktur der Familien nach der Kinderzahl durchgesetzt, die von der Einkommenslage fast ganz unabhängig ist.«

42 Die Aufwendungen werden von der OECD mit 1,31 % des Bruttosozialprodukts für Deutschland und mit 1,28 % für den OECD-Durchschnitt ausgewiesen; vgl. Künzler (2002: 280).

43 Hierzu prägnant Sandra Kegel: Wir Rabenmütter. FAZ, 6. 1. 2005; dieser

Bundesländern zudem auf erhebliche Schwierigkeiten der Kinderbetreuung stoßen.[44] In den neuen Bundesländern dürften Mütter angesichts der allgemeinen Arbeitslosigkeit ohnehin schlechte Chancen auf dem Arbeitsmarkt haben. In dieser Konstellation wird der Konflikt von einem zunehmenden Anteil der Frauen durch Verschiebung an sich gewünschter Geburten – bis es zu spät scheint – oder aber durch entschlossene Kinderlosigkeit gelöst.

Daß Kinder und Karriere in Deutschland nicht zu verbinden sind, scheint sich unter qualifizierten jungen Frauen zunehmend auch als Vorurteil zu verfestigen. Während bis in die jüngste Vergangenheit Meinungsumfragen zum sogenannten ›Kinderwunsch‹ mit schöner Regelmäßigkeit einen die Reproduktion theoretisch gewährleistenden Durchschnittswert von 2,1 Kindern pro Frau zutage förderten, zeigt eine neue Studie des Allensbacher Instituts für Demoskopie (2004: 7ff.) nunmehr ein deutlich ambivalenteres Bild, vor allem bei den Kinderlosen, bei Männern noch stärker als bei Frauen.[45] »Nur 59 Prozent der 18- bis 44-Jährigen Bevölkerung sind überzeugt, daß Lebensglück das Zusammenleben in einer Familie voraussetzt ... Nur 42 Prozent der Kinderlosen wollen ›bestimmt‹ Kinder haben, 35 Prozent eventuell. 23 Prozent schließen die Elternschaft für sich persönlich kategorisch aus.« Und je entschiedener die Übernahme von Elternverantwortung abgelehnt wird, desto stärker wird auch die kollektive Bedeutung generativer Entscheidungen verneint.

Artikel hat eine umfangreiche Folgediskussion in den Leserbriefen und im Feuilleton der FAZ ausgelöst. Vgl. auch Pfundt (2004).

44 Nach mehreren Untersuchungen zu schließen, sind die Großmütter immer noch das verläßlichste Betreuungsarrangement!

45 Dieselbe Tendenz ist aus der Umfrage 1999/2000 des ›Eurobarometers‹ zu entnehmen: Österreich und Deutschland erscheinen dabei als die Länder, in denen sowohl die gewünschte Kinderzahl als auch die ideale Kinderzahl unter den 18- bis 39-Jährigen besonders niedrig sind. »In Westdeutschland wünschen sich mit 57,6 % der Befragten noch etwas mehr als die Hälfte 2 und mehr Kinder. In Ostdeutschland sind es mit 46,5 % schon weniger als die Hälfte«; der durchschnittliche Kinderwunsch beträgt nach dieser Befragung in Deutschland noch 1,52 Kinder. Zum Vergleich: In Frankreich 2,25, in Großbritannien, 2,23, in Dänemark 2,14 und in Schweden 1,96. Vgl. Kinderwünsche in Europa: Keine Kinder mehr gewünscht. BiB-Mitteilungen 03/2004, S. 10-17. – Einschränkend muß hinzugefügt werden, daß die ausländische Wohnbevölkerung in die Studie des Instituts für Demoskopie ausdrücklich nicht einbezogen wurde und möglicherweise auch beim ›Eurobarometer‹ ausgeschlossen blieb.

Solchen Polarisierungen ist mit Plakataktionen und sonstigen »Aufklärungsschriften«, wie sie von Zeit zu Zeit von Familienministerien verbreitet werden, kaum beizukommen. Selbst wo Rechtsansprüche bestehen, beispielsweise auf Elternurlaub oder Teilzeitarbeit, sind die Verhältnisse außerhalb des öffentlichen Dienstes oft so beschaffen, daß sie sich praktisch nicht durchsetzen lassen – von Männern noch weniger als von Frauen! Es sind ja nicht so sehr die Vorurteile und Willkürlichkeiten einzelner Personen dem hinderlich, sondern *strukturelle Eigenarten unseres Wirtschaftssystems, welche keine Rücksicht darauf nehmen, ob Erwerbstätige Elternverantwortung übernehmen oder nicht.*

Wir müssen tief in die Selbstverständlichkeiten unseres gesellschaftlichen Lebens blicken, um die strukturelle Benachteiligung von Menschen zu verstehen, die heute Elternverantwortung übernehmen. Moderne, funktional ausdifferenzierte Gesellschaften entwickeln Teilsysteme mit eigensinnigen »Funktionslogiken«, die sich indifferent gegenüber Umständen und Entwicklungen verhalten, die für ihr eigenes Funktionieren nicht unmittelbar relevant sind. Diese zuerst von Emile Durkheim (»Gesellschaftliche Teilung der Arbeit«) und Georg Simmel (»Sociale Differenzierung«) in ihrer Bedeutung erkannten Transformationen der Modernisierung sind die eigentliche Ursache der allgemeinen Leistungssteigerung, welche wir nicht nur in der Wirtschaft, sondern ebenso in Wissenschaft, Staat und nicht zuletzt Familie beobachten können.[46] Während nämlich die familialen Beziehungen in vormoderner Zeit in den Lebenszusammenhang von Produktion und Herrschaft »eingebettet« waren, haben sie sich heute ebenso verselbständigt wie diejenigen von Produktion und Herrschaft und sind aufgrund verstärkter kultureller Codierung zu einem gesellschaftlichen Teilsystem eigener Art geworden (vgl. Kaufmann 1994).

Auch die Anforderungen an Familie sind gestiegen. Familien sind aus gesellschaftlicher Sicht zu auf Reproduktion und Regeneration von Humanvermögen sowie auf Stabilisierung der Solidarität zwischen Generationen spezialisierten Funktionsein-

---

46 Einen guten Überblick über die soziologische Reflexion dieser Transformationsprozesse gibt Schimank (1995).

heiten geworden.[47] Aber Familien können sich nicht der typischen Methoden der Leistungssteigerung bedienen, welche andere gesellschaftliche Teilsysteme kennzeichnen: Organisation, Größenwachstum und Arbeitsteilung. Wenn Modernisierung »Entbettung« bedeutet, nämlich »das ›Herausheben‹ sozialer Beziehungen aus ortsgebundenen Ineraktionszusammenhängen und ihre unbegrenzte Raum-Zeit-Spannen übergreifende Umstrukturierung« (Giddens 1995: 33), so bleiben Familien, zumindest die haushaltzentrierten des westeuropäischen Typus,[48] zwangsläufig unvollständig modernisierbare Gebilde. Auch in ökonomischer Hinsicht sind Familien »unmodern«, denn in ihnen gelten nach wie vor naturalwirtschaftliche Prinzipien der Sorge und Reziprozität unter Angehörigen. Sieht man vom Taschengeld ab, endet der Geldverkehr an der Haustüre. Allerdings ist Familien heute im Regelfall die Selbstversorgung unmöglich geworden; sie sind für nahezu alle Güter auf Marktversorgung und damit auch auf Gelderwerb angewiesen. Dafür sind heute allein die Eltern da, und sie müssen auf dem Arbeitsmarkt mit den disponibleren Kinderlosen konkurrieren.

Wir können deshalb von einer *strukturellen gesellschaftlichen Rücksichtslosigkeit gegenüber Familien sprechen*.[49] Sie resultiert aus dem Sachverhalt, daß jedes Funktionssystem nur die für es relevanten Gesichtspunkte seiner Umwelt in Rechnung stellt und deshalb die Erfüllung familialer Aufgaben wie Elternschaft oder Pflege kranker oder behinderter Angehöriger in der Regel keine Anerkennung außerhalb der Familien selbst findet. Der moderne Individualismus im Wirtschaftsleben wie in der Rechtsordnung bleibt nicht ohne Folgen für die Bildung und Stabilität familialer

47 Das entspricht natürlich nicht dem Selbstverständnis der Beteiligten, die eher von Kindererziehung, wechselseitiger Hilfe, Freizeitgestaltung und Haushaltstätigkeiten sprechen. Zum Verhältnis von Aufgaben und Leistungen von Familie einerseits und von gesellschaftlichen Funktionen andererseits vgl. Kaufmann (1995: 34-81); andere Systematisierung bei Lüscher (2003: 20ff.).

48 Bemerkenswerterweise entwickeln sich im Zuge zeitgenössischer Migration transnationale Verwandtennetzwerke von z. T. beachtlicher Leistungsfähigkeit; vgl. Bös (1997). In Westeuropa kam jedoch schon im Mittelalter feudalen Bindungen größere Bedeutung als verwandtschaftlichen Bindungen zu.

49 Hierzu ausführlicher Kaufmann 1995: 169ff. sowie Bundesministerium für Familie und Senioren (1994: 21ff.).

Lebenszusammenhänge. Auch die kulturellen Leitvorstellungen orientieren sich am erwachsenen Individuum; Kinder sind nur als Privatsache vorgesehen, deren Lebensraum in Familien, Bildungseinrichtungen und Zentren der Jugendkultur insular isoliert wird und die Kinder zu »Außenseitern der Gesellschaft« macht (vgl. Kaufmann 1980).

Ein zentrales Moment der strukturellen Benachteiligung von Familien läßt sich nicht ohne Schaden für Wirtschaft und Gesellschaft beseitigen, nämlich die individuelle Entlohnung nach Leistungskriterien, *wobei als Leistung ausschließlich die Erwerbsarbeit gilt.*[50] Nicht mehr der produzierende Familienhaushalt, sondern der erwerbstätige einzelne stellt die für die Lebensführung relevante Wirtschaftseinheit dar. Für ein Unternehmen und erst recht für die Funktionsprinzipien der Marktwirtschaft ist es grundsätzlich irrelevant, ob jemand Elternverantwortung übernimmt oder nicht. Und dasselbe gilt für das liberale Staatsverständnis (vgl. O'Neill 1994). Zwar entwickeln alle gesellschaftlichen Teilsysteme wechselseitige strukturelle Rücksichtslosigkeiten, aber wo organisierte Arbeitsteilung herrscht, ist mit solchen komplexen Herausforderungen leichter umzugehen als in dem Kleingebilde Familie. *Es ist deshalb eine zentrale Aufgabe von familienbezogener Politik, derartige Rücksichtslosigkeiten abzubauen oder zu kompensieren.* Allerdings ist dies weniger einfach, als es auf den ersten Blick scheint: Da die meisten sozialrechtlichen Regelungen dem individualistischen Paradigma des Wirtschaftslebens folgen, ist es strukturell erschwert, durch Familienpolitik eine nachhaltige Verbesserung familialer Lebenslagen zu erzeugen.

Wird die individualistische Orientierung von Wirtschaft und Politik nicht korrigiert, so führt dies in der Konsequenz zu verschiedenen Formen der Benachteiligung von Familien, welche ihrerseits unentgeltlich Vorteile (»positive Externalitäten«) für die übrigen gesellschaftlichen Teilbereiche produzieren: Sie bestehen in erster Linie in der grundsätzlich unentgeltlichen Reproduktion und Regeneration der Humanvermögen, auf deren Nutzung die übrigen Gesellschaftsbereiche angewiesen sind.

---

50 Mit dieser Einschätzung bleibe ich auf dem Boden »kapitalistischer Tatsachen«. Daß die noch zu besprechende »Transferausbeutung von Familien« ihren konstitutiven Grund in der am Kapitalzins orientierten Wirtschaftsordnung hat, zeigt Suhr (1990: 82ff.).

Man kann diesen Sachverhalt polemisch als »Transferausbeutung der Familie« bezeichnen.[51] Unabhängig von diesem rhetorischen Kunstgriff bleibt der Tatbestand schwerwiegender Asymmetrien zwischen Leistungen des Familiensystems und Gegenleistungen von Wirtschaft und Staat bestehen. *Diese Asymmetrien führen zu einer Begünstigung der Kinderlosen im Vergleich zu den Eltern.*

Eine erste Asymmetrie ergibt sich aus der Abhängigkeit des Familienhaushalts von den Bedingungen des Arbeitsmarktes. Personen, welche Elternverantwortung übernehmen, stehen nicht in gleichem Umfange dem Arbeitsmarkt zur Verfügung, es sei denn, es gelingt ihnen dank besonderer Arrangements, das Problem der Vereinbarkeit von Familientätigkeit und Erwerbstätigkeit befriedigend zu lösen. Das Vereinbarkeitsproblem ist jedoch nur ein Teilaspekt der strukturellen Benachteiligung von Familien; seine Lösung reduziert nur die *Opportunitätskosten* des Kinderhabens.

Daneben schlagen auch die *direkten Kosten* des Aufbringens von Kindern zu Buche. Hierbei handelt es sich um zwangsläufig anfallende konsumtive Aufwendungen. Diese sind in jedem Falle von den Eltern zu tragen, werden aber zusätzlich auch noch vielfach mit Steuern belastet. Das gilt für die Einkommenssteuer, insoweit die dort anerkannten Freibeträge unterhalb der tatsächlichen Aufwendungen der Eltern bleiben. Erst auf Druck des Bundesverfassungsgerichts werden seit 2002 diese Aufwendungen in realistischer Höhe anerkannt.[52] Ferner: Auch wenn sich das Familieneinkommen durch die Erwerbsbeteiligung beider Eltern unter sonst gleichen Bedingungen auf das Niveau eines kinderlosen Paares erhöht, bleibt die *Fähigkeit, Ersparnisse zu bilden*, hinter derjenigen der Kinderlosen erheblich zurück. Dies schränkt nicht nur die Möglichkeiten der Eigenvorsorge ein. Vielmehr werden wegen der unterschiedlichen Besteuerung von Konsum-

51 Grundlegend Suhr (1990); ferner mit besonderem Nachdruck Borchert (1989, 1993).
52 Das anerkannte steuerliche Existenzminimum eines Kindes (einschließlich Freibetrag für Betreuung, Erziehung und Ausbildung) beträgt seit dem Jahre 2002 5808 EUR pro Jahr. In Anlehnung an die Sozialhilfesätze beträgt das anerkannte Existenzminimum je nach Alter des Kindes zwischen 2834 und 4474 EUR im Jahr 2002 (vgl. Parsche u. a. 2003: 38). Die tatsächlichen Aufwendungen der Eltern sind i. d. R. höher, sofern das Einkommen der Eltern dies gestattet.

ausgaben und Ersparnissen die Familienhaushalte auch steuerlich stärker belastet.[53] Unter dem Gesichtspunkt der verfügbaren Einkommen fallen schließlich neben den Steuern auch die Sozialversicherungsbeiträge stark ins Gewicht, welche die Einkommen oberhalb der Beitragsbemessungsgrenzen ungeschoren lassen. All diese staatlichen Abgaben führen in ihrer kumulierten Wirkung trotz eines progressiven Einkommenssteuertarifs zu einer deutlich *degressiven Belastung der höheren Einkommen, welche eine Hauptursache für die relative Verarmung der Familien darstellt* (vgl. Hessische Staatskanzlei (Hg.) 2003: 60ff.).

Eine besonders gravierende Ungerechtigkeit entsteht im Bereich der *Gesetzlichen Rentenversicherung*. Alleinstehende und Ehepaare mit nur einem Verdiener erhalten trotz offenkundig ungleicher Bedürfnisse grundsätzlich dieselbe Rente, berechnet auf der Basis der bezahlten Beiträge. Dementsprechend steht einem kinderlosen Doppelverdienerehepaar bei gleicher Einkommensbiographie die doppelte Rente eines Einverdienerehepaares zu. Diese Betonung des sogenannten Äquivalenzprinzips bedeutet eine im internationalen Vergleich der gesetzlichen Alterssicherungen ziemlich einmalige Vernachlässigung des Bedarfsaspektes, die auch durch die jüngst verbesserte Anerkennung von Erziehungszeiten nicht aus der Welt geschafft wird. (Vgl. Hessische Staatskanzlei (Hg.) 2003: 79ff.) Auch im Hinterbliebenenrecht stellen sich Doppelverdienerpaare günstiger.

Die gravierendste »Ausbeutung« – oder weniger polemisch: ein parasitäres Verhältnis – ergibt sich aus dem Umstand, daß an Kindern mit guten Gründen keine Eigentumsrechte bestehen können. Das Umlageverfahren in der Gesetzlichen Renten- und Pflegeversicherung finanziert den Unterhalt nur der vorangehenden, nicht der nachwachsenden Generation (hierzu ausführlicher Abschnitt 7.6). Der Unterhalt der gegenwärtigen Erwachsenen- oder Elterngenerationen wird einst von den Kindern dieser Generation gesichert werden müssen. Zum Aufbringen der nachwachsenden Generation tragen aber kinderlos Bleibende nur wenig bei, da selbst der Familienlastenausgleich zu einem hohen

---

53 Das Ausmaß dieser zusätzlichen Belastungen, hier als »Kinderstrafsteuer« apostrophiert, wurde vom ifo-Institut für die Zeit von 1990 bis 2002 auf 33 Mrd. EUR im Bereich der Einkommenssteuer und für 1998-2002 auf 7,5 Mrd. im Bereich der Verbrauchssteuern geschätzt (Parsche u. a. 2003: 85).

Maße von den Eltern mitfinanziert wird (vgl. Bundesministerium für Familie und Senioren 1994: 294f.).

Die tatsächlichen wirtschaftlichen Verhältnisse der Familien entsprechen weitgehend den Erwartungen, die sich aus der Analyse ihrer institutionellen Benachteiligungen ergeben. So zeigen wiederholte Untersuchungen der Familienwissenschaftlichen Forschungsstelle des Statistischen Landesamtes Baden-Württemberg, daß der Lebensstandard eines kinderlosen Ehepaares zumindest in der Familienaufbauphase nahezu doppelt so hoch ist wie derjenige eines Ehepaares mit zwei Kindern (zuletzt Stutzer 2003: 213). Gravierend ist der hohe Anteil von Familien an den Sozialhilfeempfängern, wobei hier vor allem Alleinerziehende und kinderreiche Familien überproportional vertreten sind. Jedes zehnte Kleinkind unter drei Jahren erhielt im Jahre 2001 Hilfe zum Lebensunterhalt, und der Anteil hat im letzten Jahrzehnt überproportional zugenommen (Statistisches Bundesamt 2003a: 6). Im Jahre 2003 erhielten 1,08 Millionen Kinder und Jugendliche Hilfe zum Lebensunterhalt, eine Zunahme um 6,2% gegenüber dem Vorjahr (Pressemitteilung 11.8.2004). Dazu kommen 184 000 Jugendliche, welche »erzieherische Hilfen« erhalten.

Im vorangehenden ist nur von allgemein wirksamen Faktoren die Rede gewesen, welche die Nachwuchsschwäche erklären können.[54] Kurz gesagt, tendieren moderne okzidentale Gesellschaften zur Kinderarmut, weil sie kulturell die individuelle Entscheidung im Rahmen der vom Recht gezogenen Grenzen an die Spitze aller Maximen gesetzt haben und strukturell Personen ökonomische Vorteile nach dem Maße zukommen lassen, als sie ihre Kompetenzen in den Dienst von direkten oder indirekten Kapitalinteressen stellen. »Wer Schweine erzieht, ist ihr ein produktives, wer Menschen erzieht, ein unproduktives Mitglied der Gesellschaft.« (List 1841/1930: 231.) Das Aufziehen von Kindern gilt als ökonomisch irrelevant, als konsumtive Tätigkeit, als »Privatvergnügen«.[55] Die marktwirtschaftliche Ökonomie verhält sich parasitär mit Bezug auf die Erziehungsleistungen der Eltern.

---

54 Hinzu kommen die spezifischen Umstände einzelner Bevölkerungsgruppen, welche diese allgemeinen gesellschaftlichen Bedingungen als mehr oder weniger beeinträchtigend erfahren lassen.

55 Huinink (1997: 88f.) vermutet angesichts der ökonomischen Schwierigkeiten von Elternschaft, daß sich Kinder zu einem »Luxusgut« entwickeln.

Dieses »Privatvergnügen« ist jedoch von größter öffentlicher Bedeutung, und wenn es allzusehr durch andere Vergnügungen verdrängt wird, wozu die mit der Wohlstandssteigerung einhergehende Optionserweiterung reiche Angebote enthält, so gefährdet sich dieser Wohlstand selbst. Auf andere Weise, als Karl Marx vermutet hat, könnte der Kapitalismus an seinen Erfolgen zugrunde gehen, wenn ihm der Nachwuchs ausgeht. Im Sinne der ökonomischen Theorie sind Kinder zu einem »öffentlichen Gut« geworden, an dessen Produktion alle ein Interesse haben, die einzelnen jedoch keine oder ungenügende Anreize erhalten, sich an der Produktion zu beteiligen.

In der Theorie öffentlicher Güter formuliert, bedeutet der Verzicht auf die Übernahme von Elternverantwortung »Free-Riding«. Kinderlose als »Trittbrettfahrer«, das klingt häßlich. Es ist auch ungerecht aus der Sicht der Betroffenen. Der Vorwurf ist nicht an die zu richten, die ihre knappen Ressourcen nach ihren Präferenzen verwenden, sondern an eine Wirtschafts- und Gesellschaftsordnung, die die Kinderlosigkeit prämiert und die Übernahme von Elternverantwortung mit ungebührlichen Nachteilen verbindet. So bemerkt zu Recht Schneider (1996: 136):

»Die zunehmende Verbreitung bewußter Kinderlosigkeit kann nach unseren Resultaten nicht als Indikator für eine moralische ›Verwahrlosung‹, wie es von konservativer Seite gerne gesehen wird, herangezogen werden, sondern sie spiegelt einen modernen Lebensstil wider, der von immer mehr jungen Menschen angestrebt wird und nicht zuletzt Folge der skizzierten Eltern- und Kinderunfreundlichkeit unserer Gesellschaft ist. Hier, und nicht an einer spaltenden Stigmatisierung, sind die Hebel zur Veränderung anzusetzen.«

6. Kapitel
Politische Perspektiven

In den beiden folgenden Kapiteln stehen politikbezogene Überlegungen im Vordergrund. Was läßt sich seitens der Politik aus
den vorangehenden Analysen lernen? Was kann aus sozialwissenschaftlicher Sicht angesichts der Problemlage empfohlen werden?
Nach Einschätzung des Verfassers ist der diskursive Weg von
sozialwissenschaftlichen Einsichten zu praktisch brauchbaren
politischen Schlußfolgerungen recht weit, und er setzt auf jeder
Stufe der Argumentation Zusatzannahmen voraus, die für die ursprüngliche Problembeschreibung entbehrlich sind. Es gibt somit
gute Gründe, das Geschäft der Politikberatung von der wissenschaftlichen Analyse institutionell zu trennen.

Der praktische Nutzen sozialwissenschaftlicher Überlegungen
bezieht sich vor allem auf die Art und Weise der Problembestim-
mung und auf die grundsätzlichen Perspektiven möglicher Pro-
blemlösungen. Eine für die praktische Wirksamkeit der Sozialwissenschaften grundlegende Einsicht stammt von dem ameri-
kanischen Sozialpsychologen William I. Thomas: »If men define
situations as real, they are real in their consequences.« In eine ähnliche Richtung weist ein bekanntes Diktum von Karl Marx: »Man
muß diesen versteinerten Verhältnissen ihre Melodie vorsingen,
dann fangen sie an, zu tanzen.« Es ist uns Menschen nicht ver-
gönnt, die Welt in kollektiv eindeutiger Weise zu erkennen. Was
wir als Wirklichkeit bezeichnen, ist zum einen das Ergebnis unserer eigenen, durch gedeutete Erfahrungen zustande gekommenen Vorstellungen, und zum anderen ein Vorrat von in unseren
sozialen Bezugkreisen geteilten, in der Regel öffentlich verbreitete Deutungen, mit denen wir uns mit Bezug auf das sich Ereig-
nende vor allem dann verhalten, wenn es sich nicht in unserem
unmittelbaren Erfahrungsraum ereignet, wenn es sich also nur
um »Erfahrungen zweiter Hand« handelt, die uns heute vorzugsweise durch Massenmedien, aber natürlich auch durch Gespräche
oder individuelle Lektüre nahegebracht werden. Inwieweit es
sich hierbei um »richtiges« oder »falsches Bewußtsein« handelt,
ist oft nicht eindeutig zu entscheiden. Die Sozialwissenschaften

sind das fortgesetzte Bemühen, unsere öffentlich geteilten Vorstellungen mit auf systematischem Wege gewonnenem Wissen zu konfrontieren und diese in, wie Sozialwissenschaftler hoffen, erfahrungstauglicher und lebensdienlicher Weise zu verändern.

Diese Schrift ist der bescheidene Versuch eines Sozialwissenschaftlers, andere Menschen durch individuelle Lektüre davon zu .überzeugen, daß ein Bevölkerungsrückgang, wie er sich aufgrund der in Deutschland seit drei Jahrzehnten herrschenden Fertilität für das 21. Jahrhundert abzeichnet, zu schwerwiegenden ökonomischen, sozialen und politischen Problemen für ein Gemeinwesen führen würde. Wer so argumentiert, stellt sich in den Horizont praktischer Solidarzusammenhänge, deren Existenz vorausgesetzt wird (vgl. Abschnitt 1.3).

Dagegen erhebt sich allerdings die Frage, ob man gegen solche alle Gesellschaftsbereiche umfassenden Entwicklungstendenzen überhaupt etwas tun kann oder ob man sich ihnen nur teilsystemisch anpassen kann. Politiker neigen dazu, nur das als Problem anzuerkennen, was sie als politisch handhabbar einschätzen; deshalb wird der Bevölkerungsrückgang verdrängt (vgl. Abschnitte 1.5 und 1.6). Im Bericht über eine einschlägige Tagung (Herbert-Quandt-Stiftung 2004) bemerkt Stefan Dietrich klarsichtig: »Menschenwerk oder naturwüchsige Entwicklung? Dieselbe Frage, die den Klimawandel, der so alt ist wie die Erde selbst, zu einem Gegenstand von Glaubenskämpfen machte, schiebt sich nun auch in der Demographiedebatte nach vorn, und manches spricht dafür, daß sie hier ähnlich polarisierend wirken könnte. Dabei sind die Daten der Bevölkerungsforschung so eindeutig, daß sie wenig Raum für Interpretationen zu lassen scheinen.« (FAZ, 20. 5. 2004)

Wie bei den meisten Glaubenskämpfen steht zu vermuten, daß die Frage falsch oder zumindest nicht zukunftweisend gestellt ist. Die skizzierten demographischen Regressionstendenzen sind real – in Deutschland, in Europa, und in absehbarer Zukunft auch global [1] –, und es sind keine spontan entgegenwirkenden Faktoren erkennbar. Aber im Rahmen dieses Trends gibt es nationale und soziale Unterschiede, die darauf hindeuten, daß es auch national spezifisch wirksame Bedingungen gibt, welche politischer Beeinflussung durchaus offenstehen. Mehr noch: Die Bewegung zur

1 Hierzu Lutz/Sanderson/Scherbov (2004).

Geburtenkontrolle, welche das Umkippen des ›natürlichen‹ Bevölkerungswachstums erklärt, ist selbst ein ›künstliches‹, also vom Menschen ausgehendes Phänomen, das deshalb sozialer und politischer Beeinflussung *grundsätzlich* zugänglich ist. Offen ist allerdings die Frage, ob und inwieweit unser Wissen um Zusammenhänge und unser politisches Können ausreichen, um hier *absichtsvolle* Wirkungen zu erzeugen.

Diese Frage stellt sich allerdings nicht nur mit Bezug auf demographische, sondern auch viele andere, beispielsweise wirtschaftliche Zusammenhänge. Ob sich beispielsweise das Weltwährungssystem unter Kontrolle halten läßt, ist ebenso ungewiß, und dennoch käme niemand auf die Idee, entsprechende Bemühungen zu unterlassen. Menschliche und insbesondere politische Vorhaben lassen sich kaum je mit Erfolgsgarantie planen. Das gilt in besonderem Maße für die Beeinflussung komplexer Zusammenhänge, wie sie für moderne Lebensformen charakteristisch sind: Wir müssen ohne zureichendes Wissen und können nur aufgrund von Vertrauen *entscheiden*; und wir können nur durch die Kontrolle der Folgen unseres Handelns *lernen* (prägnant Strulik 2004). Das Problem einer absichtsvollen Beeinflussung demographischer Zusammenhänge unterscheidet sich von anderen anscheinend ›leichteren‹ Großproblemen nur graduell und in näher zu bestimmender Hinsicht.

6.1 Zwischen ›Bevölkerungspolitik‹ und ›demographischem Fatalismus‹

Bevölkerungsfragen erwecken bei vielen Menschen ein schwer zu formulierendes Unbehagen. Und dies Unbehagen steigert sich, sobald von »Bevölkerungspolitik« die Rede ist. Die Bevölkerungswissenschaft oder Demographie hat das Ihre dazu beigetragen, solchem Unbehagen Nahrung zu geben. Man braucht gar nicht an die verhängnisvolle Rolle zu erinnern, welche die Bevölkerungswissenschaft unter dem Nationalsozialismus gespielt hat. Auch ohne solche politischen Perversionen scheint dem demographisch begründeten politischen Diskurs etwas Brutalisierendes eigen zu sein. Geburt und Sterben erscheinen nur als nüchterne Statistiken biologisch feststellbarer Tatbestände, und Menschen werden auf zählbare Einheiten reduziert. Die Bevölkerungsstatistik hat sich aus der »Politischen Arithmetik« des 17. und 18. Jahrhunderts entwickelt, welche sich selbst als Handlungswissenschaft für die regierenden Fürsten verstand, denen die Vermehrung ihres Volkes einen Zuwachs an Macht versprach. Erkenntnis – Voraussicht – Handeln, diese Trias des rationalen Politikentwurfs prägt bis heute das Konzept einer Bevölkerungspolitik.[2]

In einem demokratisch legitimierten Staatswesen stellt sich dagegen die Frage, ob und gegebenenfalls wie sich ein bestimmtes öffentliches Interesse an Bevölkerungspolitik überhaupt begründen läßt. Gibt es hier allgemein akzeptierte normative Kriterien zur Begründung bevölkerungspolitischer Ziele und insbesondere zur Beurteilung von Maßnahmen, die auf eine Steuerung von Komponenten der Bevölkerungsentwicklung gerichtet sind? Ohne hier in das weite Feld rechts- und sozialethischer sowie staatstheoretischer Überlegungen einzutreten[3] läßt sich diese Frage *verneinen* (vgl. Kaufmann 1983). Die Bevölkerungsentwicklung ist kein normativer Bestandteil unserer allgemein geteilten Vorstellungen von einem guten Leben. Mehr noch: Ein Großteil der bisher unter dem Gesichtspunkt von Bevölkerungspolitik eingesetzten Maßnahmen war und ist repressiver Art: von der verbrecherischen Ausmerzung »lebensunwerten Lebens« oder gar ganzer Ethnien, über Zwangssterilisierungen, das Verbot von Abtreibung und des Vertriebs von Mitteln zur Geburtenkontrolle bis zur staatlichen Kontrolle und Behinderung von Zu- oder Abwanderung. Die »eugenische Versuchung« hat nicht nur in totalitären, sondern auch in demokratischen Staaten wie Schweden einflußreiche Anhänger gefunden (vgl. Spektorowski 2004). Die Beeinflussung von Struktur und Größe einer Bevölkerung soll nach unserem Vorverständnis kein eigenständiges politisches *Ziel*

2 So definierte beispielsweise die Sachverständigenkommission für den Dritten Familienbericht der Bundesregierung: »Unter dem Begriff ›Bevölkerungspolitik‹ versteht man zielgerichtetes begründetes Handeln zum Zwecke der planmäßigen Beeinflussung demographischer Tatbestände wie Größe, Altersaufbau, regionale Verteilung und Wachstumsintensität der Bevölkerung. Die strategischen Zielkomponenten für bevölkerungspolitische Maßnahmen sind Fruchtbarkeit, Wanderungen und Sterblichkeit.« (Bundesministerium für Jugend, Familie und Gesundheit 1979)

3 Grundsätzliche philosophische Erörterungen zu demographisch relevanten Problemen finden sich in Sikora u. Barry (Hg.) (1978); vgl. auch Birg (1990). Zur verfassungsrechtlichen Zulässigkeit von Bevölkerungspolitik und ihren Grenzen vgl. Pechstein (1994: 69ff.).

sein, aber die Bevölkerungsentwicklung ist als *Nebenbedingung* für die Erreichung bestimmter gesellschaftspolitischer Ziele durchaus relevant, und es spricht nichts Grundsätzliches dagegen, bei der Beurteilung und Ausgestaltung politischer Maßnahmen auch deren mögliche Auswirkungen auf demographische Veränderungen mit zu berücksichtigen.

Mit den leitenden Normen der Menschenwürde und einer freiheitlichen Gesellschaftsordnung vereinbar sind Aufklärungsmaßnahmen und Maßnahmen der Förderung von Geburten oder Wanderungsbewegungen, welche die Entscheidungsfreiheit der Individuen respektieren. Derartige Maßnahmen beziehen sich im wesentlichen auf die *Rahmenbedingungen* und sind unter dem Steuerungsaspekt auf die Beeinflussung individueller Entscheidungen durch Aufklärung oder Veränderung der Vorteils/Nachteilsbalancen ihrer Folgen beschränkt. Mindestens mit Bezug auf die Förderung von Geburten bleibt eine politische Intention jedoch auch im Falle von Anreizprogrammen (z. B. Geburtsprämien) fragwürdig. Die Entscheidung für oder der Verzicht auf Kinder gilt zu Recht als höchst persönliche Angelegenheit.[4] Jede bevölkerungspolitische Intention gerät hier leicht in den Verdacht einer Instrumentalisierung der Individuen bzw. Paare für staatspolitische Zwecke.[5]

Das Ungenügen der bevölkerungspolitischen Perspektive ergibt sich aus dem Umstand, daß es gar nicht primär auf die Zahl der Geburten ankommt. Gesellschaftspolitisch relevant ist nicht die Geburt von Kindern, sondern deren Annahme, Pflege und Erziehung, wie sie durch die Partnerschaft und Elternschaft regulierenden gesetzlichen Normen institutionalisiert sind und im Regelfalle gemäß der moralischen Norm verantworteter Elternschaft auch praktiziert werden. *Das relevante Ziel sollte also nicht*

4 Ähnlich Dinkel (1984: 160). Mit Bezug auf Wanderungen nehmen auch freiheitliche Demokratien ein Kontrollrecht der Zuwanderung Staatsfremder für sich in Anspruch, und Anreizprogramme gelten auch gegenüber Abwanderungszielen nicht als illegitim.
5 Mit dieser Begründung lehnt z. B. Lüscher (2003) bevölkerungspolitische Begründungen grundsätzlich ab. Wingen (2003) dagegen befürwortet eine »bevölkerungsbewußte Familienpolitik«. Das kürzliche im Auftrag des Bundesministeriums für Familie, Senioren, Frauen und Jugend erstellte Gutachten von Bert Rürup und Sandra Gruescu (2003) trägt den Titel »Nachhaltige Familienpolitik im Interesse einer aktiven Bevölkerungsentwicklung«, ohne zu den damit verbundenen Problemen Stellung zu nehmen.

die Vergrößerung der Geburtenzahlen, sondern die Vermehrung sozialisatorisch erfolgreicher Familien sein.

Der Zwiespalt zwischen der in Deutschland allgemein anerkannten Auffassung, daß Familie Privatsache sei, ja, in gewisser Hinsicht Privatheit in qualifizierter Form erst konstituiert, und der Auffassung, daß die Förderung familialer Lebensformen durchaus auch aus Gründen kollektiver Folgen ungenügender Geburten zu rechtfertigen ist, läßt sich nur auflösen, wenn man eine gewisse Unabhängigkeit von kollektivitätsorientierten politischen Intentionen und individuellen Motivationen nicht nur als faktisch gegeben, sondern auch als politisch legitimierbar akzeptiert. Personen oder Paare orientieren sich am Nutzen politischer Maßnahmen für ihre eigenen Absichten, völlig unabhängig davon, mit welchen Absichten sie politisch in die Welt gesetzt worden sind. Deshalb sollte man auch aus Begründungen nicht voreilig auf die Wirkungen politischer Maßnahmen schließen.

Der im einzelnen ja intransparente individuelle Nutzen vorgeschlagener familienpolitischer Maßnahmen ist allerdings kein ausreichendes Argument in der politischen Auseinandersetzung. Wo mit dem Nutzen für bestimmte soziale Gruppen argumentiert wird, liegt stets der Verdacht von Interessenpolitik nahe. Deshalb ist anzuerkennen, daß in politischen Auseinandersetzungen kollektivitätsbezogene, »gemeinsinnige« Argumentationen durchaus ihren Platz haben, auch wenn die intellektuelle Redlichkeit verbietet, hierfür bereits die hehre Idee des »Gemeinwohls« in Anspruch zu nehmen.[6]

Unabhängig davon stellt sich sodann die Frage, unter welchen Bedingungen politische Maßnahmen Aussicht auf Erfolg bieten und wie solche Wirkungen in den komplexen Wirkungsgeflechten moderner Gesellschaften überhaupt zu identifizieren sind.[7] Dabei sind zwei Ebenen der Wirkungsweise zu unterscheiden, nämlich eine symbolisch-kulturelle und eine pragmatisch-instrumentelle. Die Begründung familienpolitischer Maßnahmen mit bevölkerungspolitischen Intentionen stößt auf der symbolisch-kulturellen Ebene in Deutschland und der Schweiz bisher mehrheitlich auf Ablehnung, während z. B. in Frankreich in einem *Haut Conseil de*

---

6 Zur Unterscheidung von verfassungsbezogenem Gemeinwohl und solidaritätsbezogenem Gemeinsinn vgl. Kaufmann (2002: 35 ff.).
7 Zu Problemen der demographischen Wirkungsanalyse vgl. Kaufmann, Strohmeier u. Federkeil (1992).

la Population et de la Famille kein Geringerer als der Präsident der Republik den Vorsitz führt. Auf der pragmatisch instrumentellen Ebene dagegen ist von einer hochgradigen Kontingenz zwischen politischen und individuellen Motiven auszugehen.

Eine ausschließlich von demographischen Überlegungen inspirierte Politik greift mit Bezug auf praktisch bedeutsame politische Fragen zwangsläufig zu kurz; deshalb bleibt das Nachdenken über ›Bevölkerungspolitik‹ meist eine Angelegenheit von Demographen. Zwar sind demographische Argumentationen einfach darzustellen und mit statistischer Evidenz zu begründen. Aber diese Einfachheit ist nicht mit den für die Einwohner eines Landes tatsächlich relevanten kulturellen, wirtschaftlichen und sozialen Zusammenhängen vermittelt. Wissenschaftlich gesprochen, kann nur die Entwicklung komplexerer theoretischer Denkmuster, welche die Interdependenz demographischer, sozialer und ökonomischer Variablen berücksichtigen, einer kurzschlüssigen bevölkerungspolitischen Argumentation entgegenwirken. In dieser Schrift wurde deshalb der Begriff des *Humanvermögens* stark gemacht (vgl. Kapitel 3). In politischer Hinsicht entspricht ihm die im folgenden zu begründende politische Zielsetzung der *Nachwuchssicherung*. Hierauf sind sowohl familien- und jugendpolitische wie frauenpolitische, migrationspolitische und bildungspolitische Postulate und Maßnahmen zu beziehen, um nur die wichtigsten zu nennen.

Aber es ist auch vor dem umgekehrten Fehlschluß zu warnen, nämlich einem *demographischer Fatalismus*: Die unter konstant bleibenden Bedingungen prognostizierte niedrige Fertilität und regressive Bevölkerungsentwicklung werden hier als *vorgegebene Tatsachen* verstanden, die man nicht wesentlich beeinflussen könne. Die demographischen Perspektiven werden allerdings auch nicht als besonders gravierend eingeschätzt, wahrscheinlich um kognitive Dissonanzen zu reduzieren.[8]

Der demographische Fatalismus ist eine kollektive Situationsdefinition, die erkennbar nicht aus der demographischen Sackgasse hinausführt, sondern Konsequenzen zeitigt, die man mit

---

8 Von Fatalismus mit Bezug auf die Bevölkerungsentwicklung hat zuerst Mayer (1999: 412) gesprochen. Mayers grundsätzliche Kritik an ›Bevölkerungspolitik‹, bei gleichzeitig positiver Einschätzung der Steuerungspotentiale moderner Gemeinwesen hinsichtlich demographischer Prozesse, trifft sich weitgehend mit der hier vertretenen Position.

Alfred Sauvy als »malthusianisch« bezeichnen kann (vgl. Abschnitt 4.3): Man sieht sich dann gezwungen, die übrigen Gesellschaftsbereiche an die regressive Bevölkerungsentwicklung anzupassen, was allerdings in Konflikt mit wirtschafts- wie mit sozialpolitischen Zielen gerät.

Die vorherrschende Deutung der gegenwärtigen Situation denkt von einer *Biologisierung demographischer Prozesse* her. Die Bevölkerungsentwicklung gilt als Naturtatsache, der man sich »anpassen« muß, auch wenn diese Anpassungen schmerzlich sein sollten. Ein Beispiel ist die Empfehlung des Instituts der deutschen Wirtschaft:

»Auch bei der Erwerbstätigkeit von Frauen erreicht Deutschland nur den OECD-Durchschnitt und bleibt deutlich hinter ähnlich entwickelten Volkswirtschaften zurück. Der ... Befund ist deswegen besonders ernst zu nehmen, weil die demographischen Projektionen (sic!) allein in der verlängerten Lebensarbeitszeit und der höheren Erwerbsbeteiligung der Frauen einen kompensierenden Faktor zur altersstrukturellen Veränderung des Bevölkerungsaufbaus sehen. Die Ausschöpfung des Erwerbspersonenpotentials der Frauen ist deshalb aus demographischer Perspektive besonders dringlich« (Institut der deutschen Wirtschaft 2004: 398).

Wer so denkt, dem kommt auch nichts anderes in den Sinn; auch nicht die Frage, ob eine forcierte Steigerung der Erwerbsbeteiligung der jüngeren Frauen negative Konsequenzen auf die Geburtenrate haben kann.[9] Die Definition der Wirklichkeit ist wirksam in ihren Konsequenzen! Und diese werden mit Bezug auf den »demographischen Wandel« deutlich unerfreulicher sein, als sich Politiker heute vorzustellen in der Lage sind. Was heute bereits für erhebliche Teile Mecklenburg-Vorpommerns und Sachsen-Anhalts gilt, könnte sich wie ein Ölfleck allmählich in Deutschland ausbreiten.[10] Das flache Land entvölkert sich, nur die Regionen um die Großstädte bleiben attraktiv und müssen den Unterhalt für den Rest der Republik erwirtschaften. Immobilienkapital entwertet sich in großem Umfang, die Binnennachfrage stagniert. Die öffentlichen Haushalte sind nicht mehr auszugleichen, ihre Kreditwürdigkeit sinkt. Soweit lassen sich die Wirkungsketten

9 Soweit erkennbar, ist in Deutschland der Anteil der Mütter immer noch groß, die das Drei-Phasen-Modell, also eine Unterbrechung der Vollzeit-Erwerbstätigkeit zugunsten der Kindererziehung, vorziehen.
10 Ein anschauliches Bild vermitteln die Analysen und Szenarien in GEO, Mai 2004.

mit einiger Sicherheit voraussehen. Welche politischen und sozialen Weiterungen daraus entstehen, läßt sich nur ahnen: zunehmende Verarmung, Abwanderung, soziale Unruhen, neue extremistische Parteien, kollektiver Vertrauensverlust, vielleicht auch kollektive Erstarrungserscheinungen. Die Politikverdrossenheit, von der im Sommer 2004 angesichts der aktuellen Reformen der Arbeitsmarkt- und Sozialhilfepolitik dramatisierend gesprochen wurde, könnte traurige, dauerhafte Wirklichkeit werden. Je länger der Nachwuchs- und Bevölkerungsrückgang andauert, um so schwerer wird ihm ohne einen externen Schock zu entgehen sein, wie ihn der Zweite Weltkrieg für Frankreich darstellte.

Der demographische Fatalismus faßt die Bevölkerungsentwicklung wie ein Naturereignis auf, das man nicht ändern, dem man sich politisch nur anpassen kann. Das trifft für die Zunahme der Altenpopulation tatsächlich zu: Die Alten der kommenden Jahrzehnte leben alle bereits unter uns, und sie werden noch länger leben als unsere heutigen Alten. Und weil das Recht auf Leben zu unseren fundamentalen Kulturgütern gehört, akzeptieren wir dies mit gutem Grund als selbstverständlich, ja, als kulturellen Fortschritt. Geburtenhäufigkeiten und Wanderungsströme dagegen sind vorzugsweise das unbeabsichtigte kollektive Ergebnis individueller Entscheidungen, wobei die Richtung der kollektiven Entwicklungen von institutionellen Vorgaben und ihren Folgewirkungen wesentlich mitbestimmt wird. Institutionelle Vorgaben haben stets einen rechtlichen Kern und sind daher politischer Beeinflussung zugänglich. Gegen eine Biologisierung der Bevölkerungsfrage wird hier für ihre Ökonomisierung und Soziologisierung plädiert. Auf diese Weise werden *politische* Optionen deutlich oder mindestens angedeutet. Die Bevölkerungsentwicklung ist kein unaufhaltsames Schicksal, sondern durch institutionelle Reformen grundsätzlich in zukunftstauglicher Weise zu beeinflussen. Hierfür müßten allerdings andere Prioritäten als bisher gesetzt werden.

6.2 Sozialstaat und Wohlfahrtsproduktion

Um hier weiter zu denken, müssen wir eine übergreifende Zwischenüberlegung einschalten. Wie bereits in Abschnitt 1.3 angedeutet, bildet der Nationalstaat, hier also konkret die Bundesrepublik Deutschland, nach wie vor den wichtigsten politischen Solidaritätshorizont. Neben kulturellen Identitätsmustern bestimmen vor allem die politischen Institutionen der Rechts- und Sozialstaatlichkeit die Realität eines gemeinsamen Schicksalsraums. In der hier gebotenen Vereinfachung bezieht sich die Rechtsstaatlichkeit vor allem auf die Gewährleistung individueller Handlungsfreiheit im Rahmen gesetzlicher Formen und die Verläßlichkeit eingegangener Bindungen; die Sozialstaatlichkeit dagegen auf die Gewährleistung sozialer Teilhabe an den lebensrelevanten Leistungszusammenhängen. Der Staat als Sozialstaat ist dabei stets auf die produktiven Leistungen der Marktwirtschaft angewiesen. Die Bevölkerungsentwicklung, und nur sie ist im vorliegenden Zusammenhang thematisch, wird politisch relevant vor allem mit Bezug auf das oft spannungsreiche *Verhältnis* zwischen Marktwirtschaft und Sozialstaat. Dieses muß zunächst theoretisch verdeutlicht werden.

Im Gegensatz zur starken paradigmatischen Verfestigung der Wirtschaftswissenschaften pflegt die Soziologie eine Vielfalt theoretischer Ansätze, die sich teils konkurrenzieren, teils ergänzen. Das gilt auch für gegenstandsbezogene »Theorien mittlerer Reichweite« (R. K. Merton), hier also für Theorien des Sozial- oder Wohlfahrtsstaates.[11] Da es mir im Zusammenhang meiner Bemühungen um eine Theorie des Wohlfahrtsstaats in besonderer Weise um Anschlußfähigkeit zu Fragen der Familien- und Bevölkerungsentwicklung geht, beziehe ich mich hier ohne antikritische Absicherung und mit nur skizzenhaften Begründungen auf meine eigenen Vorarbeiten.[12]

Politische Gemeinwesen sind als Wohlfahrtsstaaten zu bezeichnen, insoweit sie eine rechtlich-institutionelle Verantwortung für grundlegende Voraussetzungen menschlichen Wohlergehens aller ihrer Bürger (und der ihnen Gleichgestellten) übernehmen. Unter zeitgenössischen Bedingungen geht es vor allem

11 Wir verwenden im folgenden »Wohlfahrtsstaat« zur Kennzeichnung der international vergleichenden Perspektive, denn diese Bezeichnung ist international eingebürgert. Für Deutschland sprechen wir dagegen von »Sozialstaat«, da dies die vorherrschende Selbstbezeichnung ist. Zur Sozialstaatsdiskussion der letzten Jahrzehnte vgl. zusammenfassend Kaufmann (2003a: 160ff.); zu den Unterschieden nationaler Vorverständnisse vgl. Kaufmann (2003); zu Varianten der deutschen Wohlfahrtsstaatsanalyse vgl. Borchert u. Lessenich (2004).

12 Vgl. Kaufmann (1997; 2002a, bes. Kap. 8 u. 11; 2003: 25-50).

um die *Gewährleistung sozialer Rechte*, insbesondere in den Bereichen Arbeit, Bildung, Gesundheit, Wohnen, Einkommens-
sicherung und Schutz vor Armut. Die allmähliche Ausgestaltung
und institutionelle Gewährleistung individueller Ansprüche war
und ist überall das Ergebnis politischer Auseinandersetzungen im
Horizont kultureller Leitbilder und im Kontext unterschiedlicher
Machtverhältnisse und beschränkter wirtschaftlicher Möglichkeiten. Wir können analytisch zwischen der wohlfahrtsstaatlichen
Programmatik und ihren normativen Legitimationen einerseits[13]
und den institutionellen Verwirklichungen (z. B. Sozialversicherungen, Tarifvertragswesen, Aufsichtsbehörden, Soziale Dienste
usw.) unterscheiden; für letztere verwenden wir den Sammel-
begriff »Sozialsektor«, weil gerade im deutschen Verständnis
»Sozialstaat« vor allem die programmatische Seite betrifft.

Anlässe und Motive für wohlfahrtsstaatliche Innovationen und
Interventionen variieren nach Ort und Zeit und bleiben in ihrer
Deutung von Interessen und normativen Orientierungen der Beteiligten abhängig. Eine wesentliche Differenz läßt sich an kulturellen Unterschieden zwischen dem angelsächsischen und dem
kontinentaleuropäischen Raum festmachen: Im Horizont des angelsächsischen Utilitarismus dominiert eine individualistische
Vorstellung von Wohlfahrt. In Kontinentaleuropa werden ergänzend auch die kollektiven Funktionen von Sozialpolitik betont.

Sozialwissenschaftliche Deutungen bemühen sich um möglichst »unparteiliche« Perspektiven und Begriffe, welche Gemeinsamkeiten und typische Varianten der historischen Entwicklungen hervorheben. Dennoch sind auch sie nicht voraussetzungslos.
Während das vorherrschende wirtschaftswissenschaftliche Paradigma von individualistischen Prämissen ausgeht, impliziert die
makrosoziologische Perspektive die Vermutung, daß erfolgreiche
institutionelle Entwicklungen neben individuellen Interessen
oder Bedürfnissen kategorisierter Zielgruppen (z. B. Arbeiter,
Alte, Kranke, Familien, Schüler usw.) stets auch bestimmte kol-

---

13 Hier ist insbesondere an die Allgemeine Erklärung der Menschenrechte
und internationale Abkommen zu denken (hierzu Kaufmann 2003 b), sowie an nationale Festlegungen auf Verfassungsebene wie dem »sozialen
Staatsziel« nach Art. 20 GG (hierzu Zacher 2004). Aber natürlich unter-
liegt die wohlfahrtsstaatliche Programmatik auch einer fortgesetzten, z. T.
konfliktiven Konkretion durch Parteien, Verbände, soziale Bewegungen,
Wissenschaftler usw.

lektive »Werte«, »Interessen« oder »Funktionen« mitbedienen, deren Aufdeckung Aufgabe soziologischer Analyse ist.

Neben kulturellen (Legitimation) und politischen (Pazifizierung sozialer Gegensätze) Funktionen lassen sich dem Sozialstaat auch wirtschaftliche und soziale Funktionen zuschreiben, die in unmittelbarem Zusammenhang mit unserem Thema stehen, nämlich die Stützung der Humankapitalbildung und die Stabilisierung privater Lebensformen, in denen die von den übrigen Gesellschaftsbereichen beanspruchten Humanvermögen regeneriert und reproduziert werden (vgl. Kaufmann 1997: 34ff.).

Seit dem Ende des Zweiten Weltkriegs und im Horizont der internationalen Menschenrechtsdoktrin haben sozialstaatliche Legitimationen die älteren machtstaatlichen Legitimationen nationaler Vergesellschaftung überlagert. Das kulturelle Leitbild des Sozialstaates beinhaltet ein politisches Gemeinwesen, das auf Freiheit, rechtlicher Gleichheit, Marktwirtschaft und zugleich demokratisch und sozialstaatlich vermittelter Solidarität seiner Bürger beruht. Politisch verwirklicht wird es in dem Maße, wie es einem Staate gelingt, Freiheitsrechte, politische Mitbestimmungsrechte und soziale Teilhaberechte gleichgewichtig zu entfalten und zu gewährleisten (vgl. Marshall 1992; Kaufmann 2003b). Je stärker im Zuge von Globalisierung und Europäisierung die nationalen Grenzen an Bedeutung verlieren, desto wichtiger wird die *Synergie* (d.h. das gelingende Zusammenwirken) *von Wirtschafts- und Sozialpolitik* für den Erfolg nationaler Politik.

Die Vorstellung einer »Standortkonkurrenz« zwischen ganzen Volkswirtschaften bezieht sich nicht etwa nur auf Löhne und Abgaben, sondern auf den Zusammenhang zwischen politischen (z.B. Rechtssicherheit, sozialer Friede), ökonomischen und soziokulturellen Standortfaktoren; zu letzteren zählen insbesondere die Arbeitskräfte mit ihren Motivationen und Fähigkeiten, also das sogenannte Humanvermögen, aber auch die infrastrukturellen Voraussetzungen der Produktivität wie Forschung, Kommunikation oder Lebensqualität.[14]

Angesichts der disziplinären Spezialisierung der Sozialwissenschaften fehlt es noch weithin an einer Begrifflichkeit, um diese

14 Wie ernst in den Vereinigten Staaten diese Standortschwächen Deutschlands genommen werden, zeigt Christian Schwägerl: Das Exodus-Dossier. Wohin es die akademische Elite zieht. Kinderarmut wird durch falsche Forschungspolitik gesteigert. FAZ 16. 2. 2005, S. 44.

komplexen Zusammenhänge zur Sprache zu bringen. Nach wie vor dominiert ein öffentliches Bewußtsein, das die Wohlfahrtsbedingungen moderner Gemeinwesen auf die Dichotomie »Markt« versus »Staat« reduziert.[15] Um über diese oft sogar als antagonistisch verstandene Dichotomie hinauszukommen, muß nach gemeinsamen Bezugspunkten beider Begriffe gefragt werden. Ein solcher Bezugspunkt ist beispielsweise »Steuerung«, also die Frage nach unterschiedlichen Prinzipien institutionalisierter Handlungskoordination. Wenn Steuerung als ein übergeordneter Bezugspunkt akzeptiert ist, fällt es nicht mehr schwer zu zeigen, daß »Markt« und »Staat« allein keine zureichende Explikation gesellschaftlicher Steuerungsprozesse darstellen.

In wohlfahrtstheoretischer Perspektive bietet sich als übergreifender Bezugspunkt der Begriff der *Wohlfahrtsproduktion* an. Hierunter sei die Gesamtheit der *Nutzen für Dritte* stiftenden Transaktionen verstanden, seien sie öffentlicher oder privater Art, entgeltlich oder unentgeltlich, formell oder informell.[16] Der Begriff wird jedoch nur durch seine Spezifizierung analytisch fruchtbar. Neuere »wohlfahrtspluralistische« Ansätze arbeiten meist mit einer vierfachen Unterscheidung, nämlich zwischen marktlicher, staatlicher, assoziativer und familialer Wohlfahrtsproduktion (zuerst Zapf 1984). Marktliche Wohlfahrtsproduktion orientiert sich primär an Kosten und Preisen, staatliche Wohlfahrtsproduktion an Rechtsnormen, familiale Wohlfahrtsproduktion an Solidarität und assoziative Wohlfahrtsproduktion bald an korporativen, bald an professionellen, bald an Solidaritätsnormen.[17] Diese vier Formen der Wohlfahrtsproduktion ope-

---

15 Diese Dichotomie wird durch die disziplinäre Spezialisierung auf eine marktzentrierte Wirtschaftswissenschaft und eine staatszentrierte Politikwissenschaft sowie durch den herkömmlichen politischen Gegensatz zwischen »Links« und »Rechts« stabilisiert. Es sei nachdrücklich darauf hingewiesen, daß diese politisch polarisierende Sichtweise der Komplexität unserer gegenwärtigen wohlfahrtspolitischen Probleme nicht mehr angemessen ist und selbst eine kognitive Schranke für zukunftstaugliche Perspektiven darstellt.

16 Vgl. Kaufmann (2003: 42, sowie 2002a: 197ff.). Die Definition kann als eine Erweiterung des transaktionsökonomischen Ansatzes verstanden werden, wie er zuerst durch Williamson (1975) eingeführt wurde.

17 Der Typus assoziativer Wohlfahrtsproduktion bezieht sich zentral auf den sogenannten »Dritten« oder »Non-profit«-Sektor – von kollektiver Selbsthilfe bis zu den Wohlfahrtsverbänden und ihren Einrichtungen. Zu den hier unterschiedenen Steuerungstypen vgl. Kaufmann (2002a: 189ff.).

rieren jedoch typischerweise nicht auf derselben Ebene sozialer Emergenz: Familiale Wohlfahrtsproduktion, aber auch die unmittelbare Erbringung von Dienstleistungen (durch Lehrer, Ärzte, Sozialarbeiter usw.) operiert primär auf der interaktiven Ebene. Marktmäßig oder assoziativ gesteuerte Wohlfahrtsproduktion operiert vor allem auf der organisatorischen und interorganisatorischen Ebene und impliziert ein hohes Maß an Selbststeuerungsfähigkeit. Die zentrale Aufgabe des Staates im Kontext von Wohlfahrtsproduktion besteht hier in der Gewährleistung sozialer Rechte und der rechtlichen wie finanziellen Ermöglichung funktionsfähiger Strukturen der Leistungserbringung. Bezogen auf die Familienhaushalte ist normativ wie größtenteils auch faktisch ebenfalls eine hohe Selbststeuerungsfähigkeit anzunehmen. Familien sind gleichzeitig »umweltabhängig und politikresistent« (Kaufmann 1995: 7). Will der Staat die familiale Wohlfahrtsproduktion unterstützen, so kann er dies erfolgreich nur durch die Beeinflussung der *Lebenslage* von Familien und ihren Mitgliedern tun.

›Lebenslage‹ ist ein Zentralbegriff der Theorie der Sozialpolitik, dessen ursprüngliche Definition durch Gerhard Weisser unübertroffen ist: »Als Lebenslage gilt der Spielraum, den die äußeren Umstände dem Menschen für die Erfüllung der Grundanliegen bieten, die er bei unbehinderter und gründlicher Selbstbesinnung für den Sinn seines Lebens ansieht.«[18] (Weisser 1956: 635) Die neuere Diskussion betont das relationale Moment von Person und Umwelt am Begriff der Lebenslage und spricht auch von ›sozialer Teilhabe‹. Vier zentrale analytische Dimensionen der Lebenslage lassen sich unterscheiden, nämlich Status, Ressourcen, Gelegenheiten und erworbene Kompetenzen (vgl. Kaufmann 2002a: 87ff.). Sie werden typischerweise durch unterschiedliche politische Maßnahmen gefördert: Der Status ist vor allem von der Zuweisung von Rechten abhängig. Unter den Ressourcen dominiert in sozialpolitischer Perspektive das Einkommen, das staatlicherseits vorzugsweise durch Steuern und Sozialleistungen beeinflußt wird. Unter ›Gelegenheiten‹ ist hier vor allem die Chance der Inanspruchnahme von Infrastruktur und sozialen Diensten zu verstehen, deren ortsnahe Bereitstellung eine öffentliche, oftmals regionale oder kommunale Aufgabe darstellt; aber natürlich

---

18 Daß Kinder gerade unter säkularisierten, modernen Verhältnissen als sinnstiftend erfahren werden, wurde bereits dargelegt (vgl. Abschnitt 5.5).

gehören auch Arbeitsplätze zu den zentralen ›Gelegenheiten‹. Erworbene Kompetenzen resultieren vor allem aus formellen und informellen Lernprozessen, deren politische Förderung vor allem mittels des allgemeinen oder beruflichen Bildungswesens erfolgt. Politische Familienförderung kann nur erfolgreich sein, wenn sie diese vier Dimensionen *gemeinsam* berücksichtigt.[19]

In der skizzierten Perspektive stellt sich die Aufgabe des Sozialstaates komplexer, aber auch realistischer dar als in herkömmlichen Bestimmungen. Wie schon die ökonomische Ordnungstheorie seit langem die Grenzen staatlicher Steuerung durch die Eigengesetzlichkeiten des Marktmechanismus thematisiert, wird nunmehr deutlich, daß auch andere Formen der Wohlfahrtsproduktion nur unter der Bedingung einer Respektierung ihrer Eigendynamik in erfolgversprechender Weise staatlich gefördert werden können: bei der hier im Zentrum stehenden Förderung *familialer Wohlfahrtsproduktion* beispielsweise durch Förderung ihrer Selbststeuerungspotentiale durch Wahrung bzw. Einräumung entsprechender Rechte und Vermittlung von Qualifikationsmöglichkeiten, aber auch durch die Zuweisung von Ressourcen und die Schaffung von Gelegenheiten. Die Wahrnehmung staatlicher Wohlfahrtsverantwortung muß sich an der Frage messen lassen, inwieweit staatliche Interventionen geeignet sind, die nichtstaatlichen Formen der Wohlfahrtsproduktion tatsächlich zu fördern. Das Arsenal staatlicher Interventionsmöglichkeiten ist begrenzt und nur unter Berücksichtigung seiner spezifischen Wirkungsbedingungen effektiv einsetzbar.

Diese allgemeinen Perspektiven werden im folgenden auf zwei spezifische Problembereiche zugespitzt, nämlich das Problem der Nachwuchssicherung (Kapitel 6) und dasjenige der Gestaltung der Generationenverhältnisse (Kapitel 7).

6.3 Nachwuchssicherung als prioritäre Aufgabe des Sozialstaats

Der langfristige Rückgang der erwerbsfähigen Bevölkerung und der potentiellen Eltern ist die Konsequenz vielfältiger individueller Entscheidungen unter bestimmten kulturellen Voraussetzun-

---

19 Für ein dieser vierfachen Dimensionierung folgendes Konzept der Familienförderung vgl. Kaufmann (1995: 195 ff.).

gen sowie politisch und ökonomisch gesetzten Bedingungen. Er ist vor allem die Konsequenz der *Kinderlosigkeit* eines in den letzten drei Jahrzehnten stark zunehmenden Teiles der Bevölkerung. Offensichtlich wirkt ein Leben ohne Kinder per saldo auf wachsende Bevölkerungsgruppen attraktiver als ein Leben mit Kindern. Und hierfür lassen sich plausible Gründe anführen (vgl. Abschnitt 5.4 u. 5.8).

Daß die sich ankündigenden Schwierigkeiten kollektiv verdrängt werden, hat auch mit dem Umstand zu tun, daß die deutsche Öffentlichkeit bisher keine Begriffe gefunden hat, um die »Problematik« – d. h. das Problem *und* seine Lösungsperspektiven – in für ›Links‹ und ›Rechts‹ bzw. für ›Frau‹ und ›Mann‹ akzeptabler Weise zu formulieren. *In der Bundesrepublik fehlt es an einer akzeptablen Sprache, um die Probleme demographischer Nachhaltigkeit politisch zu artikulieren.* Denn die herkömmlichen Begriffe wie Bevölkerungs- oder Familienpolitik beinhalten tiefliegende Ambivalenzen.

Das ist offenkundig für den naheliegenden Begriff der *Bevölkerungspolitik.* Er ist – im Gegensatz zum Ausland – durch die Erinnerung an die nationalsozialistische Vergangenheit dauerhaft kontaminiert. Er trifft aber auch das Problem nicht genau genug (vgl. Abschnitt 6.1). Es kommt ja für die wirtschaftliche Leistungsfähigkeit und soziale Nachhaltigkeit nicht primär auf die Zahl und das Alter der in Deutschland Lebenden an, sondern auf den Umfang und die Art der vorhandenen *Fähigkeiten* sowie auf die Motive und Bedingungen ihrer Nutzung. Nicht demographische Quantitäten, sondern *soziale Qualitäten* in ausreichendem Umfange – als Bürger, Kulturträger, Produzenten, Konsumenten und, last but not least, als Eltern – sind das Entscheidende für die Zukunft einer Gesellschaft.

Der Begriff *Familienpolitik* kommt unserer Problematik bereits näher. Offensichtlich geschieht in der Gemeinschaft von Eltern und Kindern Entscheidendes für die Entfaltung der Anlagen von Kindern, wie wir aufgrund neuerer Erkenntnisse der Hirnforschung nun auch in naturwissenschaftlich belegter Weise wissen. Intelligenz entfaltet sich nicht ohne persönliche Zuwendung; Leistungsbereitschaft entsteht nicht ohne emotionale Anerkennung. Zudem gibt es kein anderes soziales Arrangement, in dem Fortpflanzung und Sozialisation in so selbstverständlicher Weise miteinander zu koppeln sind wie die Familie. Und vor allem: Jedermann glaubt an den Wert von Familie, wie auch immer er sie im einzelnen verstehen mag. Die unzureichende Häufigkeit von Familiengründungen ist der offensichtlichste Engpaß der Humanvermögensbildung in der Bundesrepublik.

Nicht zuletzt wegen des verbreiteten Paternalismus ist auch die Bezeichnung ›Familienpolitik‹ ambivalent geworden, vor allem durch die Frauenbewegung (vgl. Gottschall 2000). Manche plädieren statt dessen für eine *Kinderpolitik*, was insoweit problemaufschließend ist, als es ja nicht nur darauf ankommt, jungen Menschen die Elternschaft zu erleichtern, sondern, sind die Kinder einmal da, deren spezifische Belange *als Kinder* in den politischen Blick zu nehmen. Und dabei wird offenkundig, daß die entwicklungsförderliche Lebenswelt der Kinder in der Familie nicht aufgeht, sondern daß die politische Verantwortung für Kinder z. B. auch die Schulpolitik, die kommunale Raumplanungspolitik, die sozialen Dienste und nicht zuletzt die wohlfahrtsförderliche Abstimmung zwischen den verschiedenen Leistungsbereichen einbeziehen muß.

Die Bezeichnungen ›Familienpolitik‹ wie ›Kinderpolitik‹ haben als politische Leitbegriffe jedoch schlechte Karten. Sie suggerieren nur ein weiteres Feld der *Klientelpolitik*, ohne zu verdeutlichen, wie vital notwendig *für die gesamte Gesellschaft* die Erfolge einer solchen Politik sind. Familien und Kinder sind keine organisierbaren Interessengruppen, die es zu befriedigen gilt, sondern die Grundlage der Zukunft *aller* Gesellschaftsbereiche, welche angesichts des nicht zu beseitigenden Alterns und Sterbens des Menschen zwangsläufig auf Nachwuchs angewiesen sind (vgl. Abschnitt 4.4). Wenn Kinder nicht zur Welt kommen, wenn sie sich ungünstig entwickeln, wenn sie die für die gesellschaftliche Teilhabe notwendigen Kompetenzen nicht erwerben, wenn also die erforderlichen Humanvermögen nicht im für die Nachwuchssicherung notwendigen Umfange gebildet werden, so trifft das den gesellschaftlichen Zusammenhang als ganzen. Es reduziert die Standortqualitäten Deutschlands in jeder Hinsicht und leistet im Extremfall sozialer Desorganisation Vorschub. Der Hinweis ist nicht hilfreich, daß auch andere europäische Länder vor ähnlichen Problemen stehen. Einige gehen mit ihnen erfolgreicher um als die Bundesrepublik, und anderen stehen vergleichbare, ja, vielleicht noch gravierendere Probleme bevor.

Deshalb wird hier der Programmbegriff *Nachwuchssicherung*

zur Kennzeichnung unserer Problematik vorgeschlagen. Nachwuchssicherung ist unschwer als eine Ausprägung von Nachhaltigkeit zu erkennen, so daß sich auch die Brücke zu diesem Diskurs schlagen läßt. Das dem Begriff nahestehende Wort ›Nachwuchsförderung‹ ist zudem ein eingeführter Begriff auf der Ebene von Organisationen. *Nachwuchssicherung wird postuliert als ein Politikfelder übergreifendes Ziel von Regierungspolitik, wie öffentliche Sicherheit, Geldwertstabilität, Vollbeschäftigung oder gesunde Umwelt.*

Wir können zwischen dem quantitativen und dem qualitativen Aspekt von Nachwuchssicherung unterscheiden (vgl. Kaufmann, Herlth u. Strohmeier 1980: 27ff.). Solange man von einzelnen Politikfeldern her denkt, kann man beide Aspekte auch verschiedenen Politikfeldern zuordnen, beispielsweise quantitative Nachwuchssicherung als Aufgabe der Familienpolitik – insbesondere einer »bevölkerungsbewußten Familienpolitik« (vgl. Wingen 2003) – und die qualitative Nachwuchssicherung als Aufgabe der Bildungspolitik postulieren. Aber wie auch Wingen hervorhebt, geht es bei der Familienpolitik natürlich nicht allein um die Förderung der Fortpflanzung, sondern stets gleichermaßen um die Verbesserung der familialen Sozialisation. Und ebenso geht es bei der Bildungspolitik nicht allein um die Förderung der Qualifikation der Schüler, sondern auch um die Zahl oder den Anteil derjenigen, die einen höheren Qualifikationsgrad erreichen. Gerade hinsichtlich dieses integrativen Gedankens unterscheidet sich der Programmbegriff ›Nachwuchssicherung‹ von den erörterten konkurrierenden Bezeichnungen.

Nachwuchssicherung ist keine Aufgabe eines einzelnen Politikfeldes, sondern auf Beiträge aus verschiedenen Politikfeldern angewiesen, nämlich zentral auf Familienpolitik, Bildungspolitik und Zuwanderungspolitik; ferner sind auch die Frauenpolitik, die Jugendpolitik, die Berufsbildungspolitik und die Arbeitsmarktpolitik direkt betroffen. Es würde offensichtlich zu weit führen und auch die Kompetenzen des Verfassers übersteigen, all diese Zusammenhänge aufzuzeigen. Einige grundsätzliche Überlegungen zu den drei zentralen Feldern müssen genügen.

6.4 Zuwanderung ist nur ein bescheidener Beitrag zur Problemlösung

Betrachtet man die Dinge ausschließlich vom demographischen Standpunkt, so erscheint Nachwuchssicherung auch durch fortgesetzte massive Zuwanderung möglich, welche die Lücken an eigenem Nachwuchs schließt. Weil die Fertilität ausländischer Frauen zumindest in der ersten Generation über derjenigen der einheimischen liegt, darf davon sogar ein Beitrag zur Stabilisierung der Fertilität erhofft werden.

Wie in Tabelle 2.10 gezeigt wurde, würde beim Andauern der gegenwärtigen Fertilität von 1,4 Kindern pro Frau selbst mit einem jährlichen Zuwanderungssaldo von 300 000 Personen der zu erwartende Bevölkerungsrückgang nicht voll ausgeglichen; und schon hierfür wären nach bisheriger Erfahrung mit Rückwanderungen eine Bruttozuwanderung in einer Größenordnung von einer Million Personen pro Jahr notwendig. Würde es gelingen, die Fertilität auf 1,6 Kinder pro Frau zu erhöhen, so wäre bei einem Zuwanderungssaldo von 300 000 Personen ein Erhalt des Bevölkerungsstandes in etwa gewährleistet. So ginge das demographische Szenario prinzipiell auf.

Diese demographische Betrachtungsweise reicht aber nicht hin, denn es kommt für die Zukunft eines Landes nicht auf die Menschenzahl an sich an, sondern auf deren Motive und Fähigkeiten, also auf das oder die *Humanvermögen*.[20] Die Knappheit des Nachwuchses vor allem in Ost- und Südeuropa macht die Hoffnung einer Problemlösung durch Zuwanderung kulturell ähnlicher Bevölkerungsgruppen trügerisch; wir müssen damit rechnen, daß die Humanvermögen der Zuwanderungswilligen in Zukunft immer weniger zu unseren Aufnahmebedingungen passen. Daß dies neben ungünstigen Wirkungen auf den Arbeitsmarkt auch zu größeren sozialen und politischen Spannungen führen würde, liegt auf der Hand.

Bereits eine ökonomische Betrachtungsweise allein macht das Dilemma sichtbar: Das Humankapital einer Volkswirtschaft ist sowohl von der Zahl als auch von der Qualifikation der Erwerbs-

---

20 Mit dieser ungewöhnlichen Formulierung sei ausgedrückt, daß »Vermögen« sowohl auf der Ebene des Individuums als Summe seiner Fähigkeiten als auch auf der Ebene sozialer Systeme als Summe der dort mobilisierbaren Fähigkeiten operationalisiert werden kann; vgl. auch Abschnitt 3.3.

tätigen abhängig, und die beiden Größen lassen sich nur in bescheidenem Umfang einander substituieren. Qualifikationen werden vornehmlich in der Ausbildungsphase erworben, wobei Zuwanderer meist über eine geringere Ausbildung und zudem über einen auf die Bedürfnisse des Aufnahmelandes weniger abgestimmten Sozialisationshintergrund verfügen. Sie dürften deshalb auch noch weniger als die einheimische Bevölkerung auf jene Prozesse »lebenslangen Lernens« vorbereitet sein, deren Institutionalisierung sich angesichts des fortschreitenden Alterns der Bevölkerung für die kommenden Jahrzehnte aufdrängt.

Sobald im übrigen die Zuwanderer einmal im Lande sind und eigene Familien gründen, geraten sie in dieselben Schwierigkeiten wie die Einheimischen in ungünstiger Soziallage, allerdings oft potenziert durch die Fremdheit der Eltern. Einer Studie der Bertelsmann-Stiftung in elf norddeutschen Städten zufolge gingen im Jahre 2003 22,6 % aller ausländischen Schüler ohne Abschluß von der Schule; im Jahr zuvor waren es noch 15,1 %. Dieser Anteil ist etwa dreimal so hoch wie derjenige der einheimischen Jugendlichen. (Mitteilung in der »Neuen Westfälischen« vom 13. 8. 2004) Eine neuere Untersuchung zeigt, daß es in der Schweiz nur sehr ungenügend gelingt, die zweite Generation der Zuwanderer aus Italien und der Türkei zu integrieren (Hoffmann-Nowotny u. a. 2001). Mit Ausnahme einer noch in Gang befindlichen europäischen Studie (vgl. Heckmann 2001) fehlen m. W. für Deutschland vergleichbare Untersuchungen der Integration der zweiten und dritten Generation von Zuwanderern, doch spricht nichts für ein günstigeres Ergebnis.[21] Von Loeffelholz und Thränhardt (1996: 111) schätzen allein den »fiskalischen Verlust bei Nichtintegration von Ausländern auf 7-12 Mrd. DM für die alten Bundesländer und auf 1,5-3 Mrd. DM für Nordrhein-Westfalen«.

Eine gezielte Zuwanderungspolitik kann zwar dazu beitragen, den absehbaren Mangel an jüngeren Arbeitskräften zu lindern, aber *fortgesetzte Zuwanderung ist keine gleichwertige Alternative zur Nachwuchssicherung in der Form des Aufbringens ausreichenden Nachwuchses in den Erziehungs- und Bildungskontex-*

---

21 Einen Überblick über den bescheidenen deutschen Forschungsstand zur Integration ausländischer Jugendlicher gibt der sechste Familienbericht der Bundesregierung (Bundesministerium für Familie, Senioren, Frauen und Jugend 2000). Zu den ungünstigen Bildungschancen ausländischer Jungendlicher s. S. 169ff.

ten des eigenen Landes. Allerdings ließe sich durch eine deutlich auf Integration und Qualifikation der Zugewanderten und ihrer Kinder ausgerichtete Politik wahrscheinlich der »Umsatz« der Wanderungsströme reduzieren und damit auch die Zuwanderungsbilanz (vgl. Schader Stiftung u. a. (Hg.) 2005) verbessern. Das wäre durchaus ein willkommener Beitrag auch zur Nachwuchssicherung.

6.5 Bildungspolitik:
Kompensation statt Selektion

Der Bildungspolitik, welche auch wesentliche Beiträge zur Integration der zweiten Generation der Zuwanderer zu leisten hätte, wird in der deutschen Öffentlichkeit bei weitem nicht die Beachtung zuteil, die sie verdient. Der »PISA-Schock« scheint schon wieder abzuklingen, und die Ministerpräsidenten der Länder machten sich im Dezember 2004 nichts daraus, die Föderalismusreform an der Frage nach den Zuständigkeiten in der Bildungspolitik scheitern zu lassen, obwohl sich die Länder in den letzten Jahrzehnten hier keinesfalls »mit Ruhm bekleckert haben«. Auch für die Zukunft verspricht ein Rückbau der zentralstaatlichen Bildungspolitik nichts Gutes, denn wenn die Einschätzungen dieser Schrift zutreffen, so bedarf es einer massiven Umverteilung öffentlicher Mittel zu Gunsten des Bildungswesens. Es sind aber schon heute die Bundesländer, welche über die größte Knappheit ihrer Mittel klagen und deshalb sogar aus dem bisherigen tarifvertraglichen Verbund mit Bund und Ländern auszuscheren erwägen.

Wegen der Zuständigkeit der Länder gehört ›Bildungspolitik‹ in Deutschland konzeptionell nicht zur Sozialpolitik, obwohl fehlende schulische Qualifikationen ein zentrales Armutsrisiko darstellen (vgl. Allmendinger 1999). Man vergleiche dies mit der US-amerikanischen Auffassung, daß Bildungspolitik den Kern der Sozialpolitik ausmache (vgl. Heidenheimer 1981). Die im deutschen Sprachraum einzigartige Halbtagsschule stellt auch ein wesentliches Hindernis für eine bessere Vereinbarkeit von Familie und Beruf und damit einen Aspekt der strukturellen Rücksichtslosigkeit unserer Verhältnisse gegenüber Familien dar (vgl. Gottschall/Hagemann 2002). Bildungstheorie, Bildungsökonomie und Bildungspolitik sind konzeptionell breit entwikkelte Gebiete, die mir jedoch nicht im einzelnen vertraut sind.[22] Ich beschränke mich daher auf eine skizzenhafte Argumentation.

Herkömmlicherweise ist das Bildungswesen an den Prinzipien der Vermittlung von Bildungsinhalten und der Selektion nach Begabung und Leistung orientiert, und zwar in Deutschland besonders ausgeprägt. Die PISA-Studien lassen erkennen, daß es dem deutschen Bildungswesens besonders schlecht gelingt, den Zusammenhang von sozialer Ungleichheit und Leistungsunterschieden der Schüler zu durchbrechen (vgl. Baumert u. Schümer 2001). Vier plausible Erklärungen seien angeführt, die auf unser Argument hinführen:

– Am folgenreichsten ist wohl die Vernachlässigung der (entgeltlichen!) Frühförderung und der Grundschule zugunsten der (unentgeltlichen!) Gymnasial- und Hochschulbildung. Die deutsche Bildungspolitik hat auf neuere Einsichten der Hirnforschung über den Zusammenhang von Gehirnentwicklung und Intelligenzentwicklung noch kaum reagiert: Das Wichtigste passiert vor Schulbeginn; und ab der Pubertät ist das ›Entwicklungsfenster‹ im wesentlichen geschlossen (vgl. Singer 2002).

– Die deutsche Schule versteht sich ausschließlich als Bildungseinrichtung, aber weder als Erziehungseinrichtung noch als Erfahrungs- und Lebensraum für Kinder und Jugendliche. Das hängt nicht zuletzt mit dem Halbtagsschulsystem zusammen. Die Erziehungsaufgabe (einschließlich der schulunterstützenden Leistungen wie Aufgabenhilfe) wird grundsätzlich den Eltern überlassen, die damit je nach Kompetenz und eingesetzter Zeit unterschiedlich fertig werden.

– Der Anteil schwieriger und aus unterschiedlichen Gründen lernbehinderter Kinder nimmt zu. Schulsozialarbeit und die Zusammenarbeit von Lehrern und Psychologen finden sich in deutschen Schulen im Gegensatz zu im Bildungswesen erfolgreicheren europäischen Ländern aber nur ausnahmsweise.

– Der zunehmende Anteil von Kindern mit fremdkulturellem Hintergrund verschärft die Problematik in strukturbildender

22 Allerdings habe ich nicht den Eindruck, daß insbesondere die Hochschullehre und -forschung in Deutschland dem Gewicht der Problematik für die gesellschaftliche Zukunft entspricht. Anstöße kommen in neuerer Zeit vor allem von privaten Stiftungen, vgl. insbesondere Klös u. Weiß (2003).

Weise.[23] Soweit es nicht gelingt, die zweite Generation der Zuwanderer zu akkulturieren und zu integrieren, muß damit gerechnet werden, daß sie neue verfestigte Unterschichtmilieus bilden, deren Kinder erneut von sozialer Exklusion bedroht sind.

Diesen vier Punkten ist gemeinsam, daß sie *offensichtliche Hindernisse für eine an sich mögliche Entwicklung von Humanvermögen* darstellen. Derartige Hindernisse sind an sich nicht neu, und es läßt sich darüber streiten, ob und wo diese Voraussetzungen in den letzten Jahrzehnten günstiger oder ungünstiger geworden sind. *Neu ist jedoch der Umstand, daß wir dauerhaft mit einem quantitativen Rückgang des Nachwuchses rechnen müssen, der sich durch eine bessere Qualifikation des vorhandenen Nachwuchses in etwa kompensieren ließe.* Dabei ist nicht nur an Berufsqualifikation zu denken; auch Lebensbewältigung und soziale Teilhabe hängen in der heraufkommenden ›Wissensgesellschaft‹ immer stärker von Kompetenzen ab, die typischerweise in der Schule gelernt werden können.

Von besonders erfolgreichen Bildungssystemen wie dem finnischen wird als Prinzip berichtet, daß jedes Kind als gleich wertvoll und förderungswürdig betrachtet wird. *Der Schule wird hier also nicht primär eine Selektions-, sondern eine Kompensationsfunktion vorhandener Schwächen angesonnen.* Das heißt nicht, daß auf die Feststellung und Dokumentation von Leistungsunterschieden verzichtet werden könnte oder daß hier für eine möglichste Nivellierung der Ergebnisse plädiert werden soll. Aber die Chancen zur schulischen Förderung sollten nicht vom Leistungsstand abhängig gemacht werden. Kompensierende Förderung ist besonders wirksam im Vor- und Grundschulalter; aber gerade auf diesen Bildungsstufen liegt Deutschland im internationalen Vergleich zurück. Auch eine spätere Verzweigung der Schultypen dürfte der Angleichung der Lebenschancen förderlich sein. Vor allem im Bereich der bisherigen Hauptschule besteht dringender Reformbedarf, um den Zusammenhang von Schule und Leben zu verdichten.[24] Im Hinblick sowohl auf die bessere Vereinbarkeit

---

23 Lernschwache Kinder werden gerne in Sonderschulen abgeschoben; darauf weist der überproportionale Anteil von Ausländerkindern in den Sonderschulen hin ((Bundesministerium für Familie, Senioren, Frauen und Jugend 2000: 180f.).
24 Differenzierte Analysen und Empfehlungen zur Reform des Schulwesens und zur besseren Vernetzung von Schule und Leben hat die Zukunftskom-

von Familienaufgaben und beruflichen Aufgaben als auch im Hinblick auf eine verbesserte Sozialisationssituation vor allem der Kinder aus benachteiligten Sozialschichten ist der Ausbau ganztägiger Schulangebote dringlich (vgl. Wessig 2003).

Vor allem aber gilt es konzeptionell umzudenken. Es gibt eine »Bildungsarmut im (sc. deutschen) Sozialstaat« (Allmendinger u. Leibfried 2002), welche eine wesentliche Voraussetzung für sowohl individuelle als auch kollektive Verarmungsrisiken darstellt. Nicht zuletzt infolge des zunehmenden Einflusses der sogenannten Globalisierung läßt sich der Sozialstaat nicht mehr primär als gigantische Umverteilungsmaschinerie begreifen. Er muß sich vielmehr seiner Verantwortung auch für die Bedingungen von Produktion und Reproduktion bewußt werden. Wenn es an Nachwuchs fehlt, kann sich eine Gesellschaft ›Bildungsverlierer‹ um so weniger leisten. Daß dies zudem ein Gebot der Menschlichkeit ist, wissen zwar die meisten, doch schlägt leider die Sittlichkeit weniger als die Ökonomie politisch zu Buche.

6.6 Familienpolitik: Politik für Eltern und Kinder

Die Familienpolitik ist kein Ruhmesblatt deutscher Politik. Trotz ihrer Institutionalisierung auf Ministerebene und erheblicher Bemühungen der hierfür jeweils Verantwortlichen ist sie stets im Windschatten der »großen Politik« geblieben und hat kaum je eine nachhaltige Unterstützung der politischen Eliten erfahren. Das kontrastiert auffällig vor allem mit Frankreich, dem Musterland europäischer Familienpolitik. Aber auch in Ländern wie Schweden oder Großbritannien, welche keine explizite Familienpolitik kennen, ist die Unterstützung von Familien bzw. von Frauen und Kindern vergleichsweise gut ausgebaut. Im internationalen Vergleich erscheint Deutschland als ein Land, das auf der deklamatorischen Ebene der Familie und ihrer Förderung große Bedeutung zumißt, während die Implementation einer an den Belangen von Eltern und ihren Kindern orientierten Poltik zu wünschen übrig läßt (vgl. Kaufmann 2002b).

Ein wesentlicher Grund hierfür dürfte im Umstand zu suchen sein, daß die Bereitstellung sozialer Dienste zur zeitverläßlichen

mission Gesellschaft 2000 des Landes Baden-Württemberg (1999: 76ff.) vorgelegt.

Kinderbetreuung, welche die Vereinbarkeit von Familien- und Erwerbstätigkeit erleichtern, nicht Bundes-, sondern Ländersache, wenn nicht gar eine kommunale Angelegenheit ist. Ähnliches gilt für die Wohnungs- und Wohnumfeldpolitik. So bleibt dem Familienministerium im wesentlichen nur die monetäre Familienförderung überlassen, und selbst in dieser Hinsicht wurde es amputiert. Denn seit der letzten Reform des Familienlastenausgleichs ressortiert das Kindergeld beim Finanzminister, womit man den Bock zum Gärtner gemacht haben dürfte. Die *Zersplitterung der familienpolitischen Kompetenzen* ist ein weiterer, vielleicht der heute wichtigste Grund für die Schwäche der Familienpoltik in Deutschland.

Was den herkömmlicherweise als ›Familienpolitik‹ bezeichneten Bereich betrifft, so schwingt in der deutschen Diskussion ein traditionelles Familienverständnis im Sinne des bürgerlichen Familienideals der Ernährer-Hausfrauen-Ehe mit, worin der bereits erwähnte Paternalismus zum Ausdruck kommt. Lange Zeit blieben die familienpolitischen Vorstellungen der großen Parteien in frauenpolitischer Hinsicht kontrovers (vgl. Kuller 2004). Immerhin ist in jüngster Zeit – nicht zuletzt unter dem Eindruck der ins öffentliche Bewußtsein rückenden demographischen Problematik – eine Konvergenz der parteipolitischen Auffassungen und ein gewisser Relevanzgewinn des Politikfeldes zu verzeichnen.

Dadurch werden die in der Bevölkerung verbreiteten Ambivalenzen allerdings noch nicht aus der Welt geschafft. Die lassen sich knapp in sechs Punkten zusammenfassen:

– die Spannung zwischen dem herkömmlichen Leitbild der ›bürgerlichen Kernfamilie‹ und alternativen privaten Lebensformen;

– die Spannung zwischen den Anforderungen seitens der Partnerschaft und seitens der Elternschaft;

– die Spannung zwischen emanzipativen Fraueninteressen und herkömmlichen Erwartungen an Mutterschaft;

– die Spannung zwischen Anforderungen des Berufslebens und des Familienlebens;

– die Spannung zwischen der Auffassung, daß Familie ›Privatsache‹ sei, und den Erwartungen der Öffentlichkeit an die Leistungen von Familien;

– die Spannung zwischen familialer und außerfamilialer Wahrnehmung von Erziehungsverantwortung für die Kinder.

Diese auch öffentlich artikulierten Ambivalenzen werden in verschiedenen Milieus unterschiedlich akzentuiert und von jungen Menschen in unterschiedlichem Maße empfunden. Aber alles deutet darauf hin, daß diese Spannungen sich in den letzten Jahrzehnten zumindest in Deutschland verstärkt haben und zu einer Verunsicherung in den jüngeren Generationen hinsichtlich ihrer Entscheidung für oder gegen Kinder beitragen. Das führt nicht selten zum Aufschieben der Entscheidung und damit entweder zu »später Mutterschaft« oder zu bedauerndem Verzicht auf Kinder.

Es liegt auf der Hand, daß sich diese Ambivalenzen *direkt nicht* durch familienpolitische Maßnahmen aus der Welt schaffen lassen. Der Wert von Kindern wird ja von den jüngeren Generationen nicht in Frage gestellt, wohl aber seine Realisierbarkeit in Konkurrenz zu anderen Wertorientierungen. Will Politik die tatsächliche Übernahme von Elternverantwortung und damit auch die Zahl der Geburten fördern, so kann sie entweder versuchen, die Priorität des ›Wertes Kinder‹ zu unterstützen oder die Nachteile zu mindern, die mit der Übernahme von Elternverantwortung im Vergleich zu Kinderlosen in vergleichbaren sozialen Verhältnissen verbunden sind.

Die Wirksamkeit familienpolitischer Maßnahmen im Hinblick auf eine Erhöhung der Geburtenrate ist umstritten.[25] Der Hauptgrund, weshalb die Wirksamkeit in Frage gestellt werden kann, besteht in der methodischen Unmöglichkeit der Isolierung einzelner Effekte sowie in der Unschärfe des Begriffes der Wirksamkeit selbst.[26] Einerseits zeigt insbesondere das Beispiel Frankreichs, daß es grundsätzlich möglich ist, den Trend der Geburtenentwicklung zu ändern, solange ein nachhaltiger familienpolitischer Wille dahintersteht. Die Wirksamkeit einer expliziten Bevölkerungspolitik in anderen, vor allem sozialistischen Ländern blieb vorübergehend; und man darf hinzufügen, daß die Ge-

25 Vgl. zum folgenden Höhn u. Schubnell (1986); Schwarz (1987); Kaufmann (1990); Kaufmann/Strohmeier/Federkeil (1992); Gauthier u. Hatzius (1997); Strohmeier (2002); Hantrais (2004); Wingen (2004).
26 Aus festzustellenden Korrelationen zwischen Aufwendungen für die nachwachsenden Generationen und Geburtenraten läßt sich nicht auf eine eindeutige Kausalität schließen. Wissenschaftlich praktikabel ist jedoch die Entwicklung von Wirkungsmodellen oder Theorien für die Wirkungsweise familienpolitischer Maßnahmen.

burtenraten dort nach dem Ende des Ostblocks besonders drastisch zurückgegangen sind und sich bis heute nicht erholt haben. Die meisten Länder haben bisher eine konsequente »bevölkerungsbewußte Familienpolitik« (Wingen 2003) überhaupt noch nicht versucht. Und was vorhandene familienpolitische Maßnahmen betrifft, so wird man bis zum Beweis des Gegenteiles davon ausgehen dürfen, daß sie den Familien in der einen oder anderen Weise zugute gekommen sind. Möglicherweise wäre ohne diese Maßnahmen das Geburtenniveau noch tiefer; das legt zum mindesten die mittlerweile extrem niedrige Fertilität in Griechenland, Italien und Spanien nahe, wo es bisher an staatlichen Hilfen für Eltern und Kinder nahezu vollständig fehlt. Grundsätzlich ist die Annahme in Frage zu stellen, politische Maßnahmen könnten sozusagen deterministisch Geburten »bewirken«. Eine flächendeckende Wirksamkeit staatlicher Maßnahmen ist nur im Falle von mit Strafe bewehrten Verboten, nicht jedoch im Falle von Fördermaßnahmen plausibel. Jedes eingeräumte Recht und jede Geld- oder Sachleistung wird im Einzelfalle nur wirksam durch eine Mitwirkung der Adressaten. Die Entscheidung für ein (weiteres) Kind ist so einschneidend, daß es sehr naiv wäre, dies als typische Wirkung von staatlichen Maßnahmen zu erwarten. Eine direkte Wirkung ist nur dort plausibel, wo bestimmte Maßnahen den ›Engpaßfaktor‹ von grundsätzlich kinderwilligen Paaren treffen. Wenn dieser Engpaßfaktor z. B. in fehlenden Möglichkeiten der Betreuung von Kleinkindern besteht, was bei berufsorientierten Frauen häufig sein dürfte, kann der Ausbau von Betreuungseinrichtungen auch den Nebeneffekt einer bescheidenen Geburtensteigerung haben; aber die Hauptwirkung ist und bleibt die Förderung der Kinder (hoffentlich!) und die offensichtliche Zeitersparnis der Mütter. Für wenig berufsorientierte Frauen in materiell beengten Verhältnissen wäre dagegen eine bessere finanzielle Unterstützung hilfreicher; und vor allem in großstädtischen Verhältnissen dürfte der Engpaßfaktor nicht selten im Fehlen einer geeigneten Wohnung liegen – oder gar schon eines geeigneten Partners! *Angesichts der Vielfalt der Motivationen und Problemlagen im einzelnen wird Familienpoltik in demographischer Hinsicht um so eher erfolgreich sein, je mehr sie sich daran orientiert, die Wahlfreiheit von Eltern in verschiedenen Dimensionen zu vergrößern.*

Junge Menschen, die vor der Entscheidung stehen, ob sie sich auf das »Abenteuer Familie«[27] einlassen sollen, haben – entscheidungstheoretisch gesprochen – eine »Entscheidung unter Ungewißheit« zu treffen. Dennoch werden sie versuchen, sich ein Bild über die Folgen der Entscheidung zu machen, und hierfür bietet es sich an, Personen aus ihren ›Bezugsgruppen‹, also nahestehende Menschen und Paare in ähnlicher Situation, zu beobachten. Die soziale Wirkung familienpolitischer Maßnahmen resultiert nicht aus ihrer Veröffentlichung in Gesetzesblättern, sondern aus ihrer praktischen Diffusion in der Bevölkerung. Ihre Wirksamkeit wird deshalb auch nicht isoliert, sondern eingebettet in lebenspraktische Zusammenhänge wahrgenommen. Soll jungen Familien wirksam geholfen und der Verbreitung kinderloser Milieus (vgl. Abschnitt 5.6) entgegengewirkt werden, so bedarf es nicht bloßer Einzelmaßnahmen, sondern einer *langfristigen Strategie der Verbesserung familialer Lebenslagen.*

Allerdings: Die Möglichkeiten staatlicher Politik zur Hebung der Geburtenraten bleiben sehr begrenzt, vor allem, wenn es an gleichzeitiger gesellschaftlicher Unterstützung fehlt. Im Fernsehen kommen ›normale‹ Familien und fröhliche Kinder kaum vor, sondern – wenn überhaupt – Problemsituationen![28] Vielleicht könnte die regelmäßige Prämierung entsprechender Sendungen hier zu einem Bewußtseinswandel beitragen, wie ja auch die in jüngerer Zeit sich mehrenden Preise meist privater Stiftungen für gelungene Lösungen im Bereich von Familienförderung und lebensnaher Schulbildung bewußtseinsbildend wirken.

Staatliche Familienpolitik kann lediglich die Rahmenbedingungen beeinflussen, unter denen individuelle und paarweise Entscheidungen fallen. Und sie täte gut daran, die mutmaßlichen Auswirkungen ihrer Maßnahmen auch unter dem Gesichtspunkt zu prüfen, inwieweit sie geeignet sind, die einleitend genannten Ambivalenzen zu reduzieren. Zur Familienpolitik gibt es eine

27 Der französische Schriftsteller Charles Péguy bezeichnete schon vor einem Jahrhundert die Familienväter als »die großen Abenteurer des 20. Jahrhunderts«; nimmt man die Familienmütter hinzu, so trifft die Sentenz auch heute einen wichtigen Sachverhalt, nämlich Risiken und Freuden, die aus den langfristigen familiale Festlegungen resultieren.

28 Dies wird auch durch eine Langzeitstudie (Juli 2001 - März 2004) belegt: »Eine Konzentration der Medien auf straffällig gewordene Jugendliche prägt die öffentliche Wahrnehmung. Das Bild vom Kind als Täter dominiert, kein gutes Zeichen für die Zukunftsfähigkeit des Landes.« (Medien Tenor Newsticker 11. 5. 2004).

mittlerweile breite Diskussion und vielfältige Vorschläge, für die hier nicht im einzelnen eingetreten sei.[29] Wichtiger scheint es, im vorliegenden Zusammenhang einige systematische Unterscheidungen zu begründen, um die familienpolitischen Argumentationen treffsicherer zu machen.

Zunächst ist zwischen Maßnahmen zugunsten von *Eltern* und von *Kindern* zu unterscheiden, die Rede von ›Familienpolitik‹ verwischt hier die Bezüge. Die Lebenslage beider Gruppen ist von unterschiedlichen Maßnahmen abhängig, und es ist keineswegs zwingend, daß Maßnahmen, die den Eltern nützen, auch den Kindern zugute kommen – und umgekehrt.

Bei den Maßnahmen zugunsten von *Eltern* ist zu unterscheiden, ob sie die *direkten Kosten* (monetäre Aufwendungen) für Kinder reduzieren, oder ob sie in erster Linie die *Opportunitätskosten* des Kinderhabens reduzieren, also den Eltern die Vereinbarkeit familiärer und außerfamiliärer Zielsetzungen erleichtern.

Beide Arten von Maßnahmen dienen primär dem *Familienlastenausgleich*, d. h., sie wollen die Belastungen reduzieren, welche Eltern im Vergleich zu Kinderlosen auf sich nehmen. Hiervon zu unterscheiden ist der *Familienleistungsausgleich*; hier geht es darum, die positiven ›externen Effekte‹, also Leistungen der Eltern für andere Gesellschaftsbereiche, anzuerkennen. Zentral ist hier an die oben dargestellten investiven Leistungen der Humanvermögensbildung für die Volkswirtschaft zu erinnern.[30]

Was die staatlichen Leistungen *für Kinder* betrifft, so sind sie nicht zwangsläufig mit Familienpolitik verbunden.[31] Das Ver-

29 Gute Überblicke über die Familienpolitik in der Bundesrepublik geben Münch (1990); Wingen (1994, 1997); Gerlach (2004).
30 Die beiden Begriffe werden bisher meist alternativ und nicht trennscharf verwendet. Genaugenommen handelt es sich um unterschiedliche Begründungen für familienpolitische Maßnahmen. De facto ist bisher ein ›Familien*leistungs*ausgleich‹ im genannten Sinne in der deutschen Familienpolitik kaum existent. So auch Gerlach (2004: 211): »Ein Leistungsausgleich könnte sich aber erst ergeben, wenn es tatsächlich zum Ausgleich der externen Effekte käme, die durch Familienarbeit für die Gesellschaft zustande kommen.« Unsere Argumentation in Abschnitt 6.7 geht dahin, daß aus dem Fehlen dieses Ausgleichs die entscheidende Benachteiligung der Eltern gegenüber den Kinderlosen resultiert.
31 Zu einer »Sozialpolitik für das Kind« vgl. zuerst Lüscher (1977; 1979); ferner Kränzl-Nagl/Riepl/Wintersberger (1998); Kränzl-Nagl/Mierendorff/Olk (2003).

hältnis zwischen familienunterstützenden, familienergänzenden und familienersetzenden Maßnahmen zugunsten von Kindern blieb lange Zeit umstritten (vgl. Wissenschaftlicher Beirat für Familienfragen 1979: 145 ff.). Allein schon diese Systematik ist allerdings fragwürdig, weil sie die Familie und nicht das Kind ins Zentrum der Betrachtung stellt. *Aus der Sicht kindlicher Sozialisation kommt es gerade auf das Zusammenwirken von elterlicher Zuwendung und Unterstützung einerseits und außerfamilialer Förderung andererseits an* (vgl. Bronfenbrenner (1981); Wissenschaftlicher Beirat für Familienfragen (1998); Engelbert u. Kaufmann (2003)).

Bei der Skizzierung einer Politik für Eltern einerseits und Kinder andererseits können wir uns grundsätzlich der gleichen, bereits in Abschnitt 6.2 eingeführten Dimensionierung der Lebenslage bedienen. Beide Gruppen brauchen Rechte, Ressourcen, Gelegenheiten und Kompetenzen.

1. Die Ausgestaltung der *Rechte* von Eltern stellt eine wesentliche Form des Abbaus struktureller Rücksichtslosigkeiten gegenüber der Familie dar. Es geht darum, Eltern *als Eltern* Anerkennung auch in anderen gesellschaftlichen Teilsystemen als der Familie zu verschaffen.[32] Ein klares Beispiel stellt die Befreiung alleinerziehender Väter vom Wehrdienst dar. Aber auch gesetzlicher Elternschaftsurlaub oder Anrechte auf Reduktion der wöchentlichen Arbeitszeit weisen in diese Richtung.[33] Dagegen fehlt es noch weitgehend an einer Anerkennung der Erziehungsleistungen im Kontext der Renten- und Pflegeversicherungen. Daneben spielt natürlich auch die Ausgestaltung der Rechtsbeziehungen in der Partnerschaftsbeziehung eine Rolle, ein Thema, das allerdings weit größere öffentliche Beachtung findet als das erstgenannte.

32 In der Bundesrepublik ergeben sich entsprechende staatliche Verpflichtungen bereits aus Artikel 6 des Grundgesetzes. Allerdings: »Trotz hehrer Formelakrobatik ist es bislang … nicht gelungen, durchgängig die Umsetzung gesetzgeberischer Schutzpflichten sicherzustellen.« (Tettinger 2001: 156) Zur verfassungsrrechtlichen Lage umfassend Pechstein (1994).

33 Am Rande sei vermerkt, daß der Ausbau gesetzlicher Elternrechte im Wirtschaftsleben unter den gegebenen Umständen auch zu einer Benachteiligung führen kann, insbesondere hinsichtlich der Inanspruchnahme durch die besonders ›verdächtigen‹ Frauen! Gegenüber Betriebsleitern wirkungsvoller erscheinen ›sanfte‹ Überzeugungsstrategien hinsichtlich der Vorteilhaftigkeit der Beschäftigung von Müttern und dazu nützlicher betrieblicher Strategien, vgl. z. B. Hertie Stiftung (1999); Schmidt u. Mohn (2004).

Daß auch Kinder Träger eigenständiger Rechte sind, tritt erst allmählich ins öffentliche Bewußtsein, ausgelöst vor allem durch die Anerkennung von Kinderrechten seitens der Vereinten Nationen.[34] Die Durchsetzung der Rechte von Kindern ist allerdings aufgrund ihrer beschränkten Handlungsfähigkeit und Unterlegenheit gegenüber Erwachsenen ein dauerhaftes Problem, dem die Jugendhilfe meist nur in extremen Fällen Abhilfe schaffen kann. Das neuerdings in die Diskussion gebrachte Wahlrecht für Kinder, welches bis zur Wahlmündigkeit von ihren Eltern wahrgenommen werden soll, ist unter dem Gesichtspunkt der Bewußtseinsbildung zu begrüßen.

2. Bei der politischen Gewährleistung von *Ressourcen* geht es in erster Linie darum, die sehr erheblichen ›Kosten‹ der Übernahme von Elternverantwortung in Grenzen zu halten. Das klassische *ökonomische* Mittel der Familienpolitik ist seit seiner Einführung im Jahre 1955 das Kindergeld, wobei bis zum Jahre 1996 ein parteipolitisch kontroverses Verhältnis zu kindbedingten Steuerfreibeträgen bestand (vgl. Nellesen-Strauch 2004). Aber zum einen hinkte die Entwicklung des Kindergeldes stets hinter der allgemeinen Einkommensentwicklung hinterher; und zum anderen resultiert die ökonomische Benachteiligung der Familien auch aus der strukturellen Rücksichtslosigkeit unseres Abgabensystems: Während in den ersten Jahrzehnten der Bundesrepublik der Einkommensbesteuerung zentrale Bedeutung zukam, hat sich zwischenzeitlich das Schwergewicht der Besteuerung auf indirekte Abgaben wie Mehrwertsteuer und Sozialversicherungsbeiträge verschoben, wodurch eine mit dem Einkommen »regressive Belastungsstruktur des Abgabensystems« entstanden ist (vgl. Hessische Staatskanzlei (Hg.) 2003: 60ff.). Das heißt: Eltern müssen auch für die Einkommensbestandteile, die ausschließlich dem Aufbringen der Kinder zukommen, Sozialversicherungsbeiträge und Mehrwertsteuer zahlen.[35] Nicht belastet mit den mittlerweile

---

34 Vgl. als Überblick Wiesner (2003). – Es sei daran erinnert, daß der Deutsche Bundestag die Konvention über Kinderrechte der Vereinten Nationen (1989) erst nach sehr kontroverser Diskussion und unter ausdrücklichem Ausschluß einer unmittelbaren Verbindlichkeit für die deutsche Rechtsordnung angenommen hat.

35 Die Kommission für den 5. Familienbericht hat geschätzt, daß die Eltern etwa ein Drittel des ihnen zukommenden Familienlastenausgleichs durch ihre Abgaben selbst finanzieren (Bundesministerium für Familie und Senioren (1994: 294); brutto entlastet der Familienlastenausgleich die Fami-

über 20 Prozent erreichenden Arbeitnehmerbeiträgen zur Sozialversicherung werden einerseits Arbeitseinkünfte oberhalb der Beitragsbemessungsgrenze, andererseits andere Einkünfte, insbesondere Kapitalerträge. Nicht belastet mit der Mehrwertsteuer werden alle Arten von Ersparnissen. Beides ist Eltern im Vergleich zu Kinderlosen ähnlicher Soziallage nicht oder in weit geringerem Umfange zugänglich, und zwar sowohl wegen der höheren Konsumausgaben als auch wegen der geringeren Erwerbsbeteiligung. Insofern ist eine »Familienpolitische Strukturreform des Sozialstaats« (Borchert 2003) ein konstitutives Moment der Nachwuchssicherungspolitik. Hier geht es im wesentlichen darum, die staatlich vermittelten Umverteilungen so umzugestalten, daß die Familien effektiv (d. h. netto) bessergestellt werden.

Eine Konsequenz des Zusammenspiels von geringerer Erwerbsbeteiligung von Eltern und benachteiligender Abgabenstruktur ist nicht nur eine zunehmende Armut *an* Kindern in Deutschland, sondern auch eine zunehmende *Armut von Kindern*, genauer der Haushalte, in denen Kinder aufwachsen.[36] Die Armutsquoten von Kindern und Jugendlichen sind zwischen 1973 und 1998 deutlich stärker gestiegen als diejenigen der Gesamtbevölkerung und haben sich in diesem Zeitraum je nach Alter verdoppelt oder verdreifacht (vgl. Becker u. Hauser 2002: 34). Insgesamt ist eine deutliche Wohlstandsverschiebung zu Lasten der Jüngeren und zu Gunsten der Älteren festzustellen (vgl. Hauser 2005, Tab. 1). Betrachtet man nicht nationale Durchschnitte, sondern großstädtische Verhältnisse, so werden die Benachteiligungen nach Familienstand und Kinderzahl noch weit dramatischer: So hat Döring (2003: 224) für Frankfurt a. M. die Anteile derjenigen Haushalte errechnet, deren Haushaltäquivalenzein-

lien im Durchschnitt um etwa ein Viertel der direkten Aufbringungskosten ihrer Kinder, wobei die Effekte jedoch je nach Familienkonstellation sehr unterschiedlich sind: »Der Deckungsanteil des Familienlastenausgleichs stieg mit steigender Kinderzahl, jedoch nicht mit sinkendem Einkommen« (vgl. ebda., S. 290f.).

36 Einen Überblick über die vielfältigen Dimensionen von Kinderarmut und ihren Folgen geben Klocke u. Hurrelmann (1998) und neuerdings das Deutsche Kinderhilfswerk (2004); über Definitionen von Armut läßt sich trefflich streiten, und dementsprechend finden sich auch unterschiedliche Prozentsätze in der Literatur. Die politisch relevanten *Zusammenhänge* werden durch diese unterschiedlichen Auffassungen jedoch kaum tangiert.

kommen[37] weniger als die Hälfte des durchschnittlichen Haushaltsäquivalenzeinkommens der Frankfurter Bevölkerung beträgt: Es sind dies 9,9% bei kinderlosen Haushalten, 24,7% bei Einkinderhaushalten, 39,4% bei Zwei-Kinder-Haushalten, 73,3% bei Drei-Kinder-Haushalten und 76,9% bei Haushalten mit vier Kindern. Gemäß allen einschlägigen Untersuchungen sind neben den kinderreichen Haushalten die Haushalte Alleinerziehender in der Armutsbevölkerung überrepräsentiert.[38]

3. *Gelegenheiten*: Wie in Abschnitt 5.7 dargestellt, gehört Deutschland im internationalen Vergleich zu den Staaten, die die Familien zwar finanziell entlasten, aber hinsichtlich der Versorgung mit sozialen Diensten weit hinter Skandinavien und den meisten angelsächsischen Staaten zurückbleiben. So fehlt es in den alten Bundesländern nahezu vollständig an Angeboten zur frühkindlichen Betreuung. Im Vorschul- und Schulalter dominiert das Halbtagssystem, und vielfach ist nicht einmal hier eine zuverlässige Betreuung zu feststehenden werktäglichen Zeiten sichergestellt. Zudem sind, wie bereits in Abschnitt 6.5 erwähnt, die Schulen keineswegs darauf vorbereitet, Kindern aus benachteiligenden Familienverhältnissen kompensierende Hilfe zu geben. Diese Mängel treffen Eltern und Kinder gleichermaßen, aber auf verschiedene Weise. Auf der Seite der Eltern beeinträchtigen die eingeschränkten außerfamilialen Betreuungszeiten die Beteiligung am Erwerbsleben, vor allem der Mütter. Auf der Seite der Kinder werden die Bildungsmöglichkeiten eingeschränkt und ihnen kompensierende Erziehungsmöglichkeiten vorenthalten. Die Wirkungen unterschiedlicher Betreuungsarrangements sind allerdings noch wenig erforscht. Die Ergebnisse der PISA-Studien können immerhin einen gewissen ›Wirkungsverdacht‹ begründen.

4. *Kompetenzen*: Kompetenzentwicklung und Lernen sind aus der Sicht von uns Erwachsenen die wichtigsten Aufgaben von

---

37 Bei der Berechnung von Haushaltäquivalenzeinkommen wird die Summe der Haushaltseinkünfte durch einen von der Personenzahl und ihrer Stellung im Haushalt abhängigen Quotienten geteilt. Nach einer Definition der OECD »hat die erste Person im Haushalt das Bedarfsgewicht 1, jede weitere Person über 14 Jahren 0,7 und Kinder bis 14 Jahren eines von 0,5« (Döring 2003: 219).

38 Die Alleinerziehenden stellen jedoch eine sozial sehr heterogene Gruppe dar, vgl. Schneider u. a. (2001).

Kindheit und Jugend, und die Sozialisationsforschung lehrt uns, daß dies keineswegs nur durch formale Bildungsprozesse und absichtsvolle Erziehung geschieht. Insofern spielt hier die gesamte Sozialisationssituation der Kinder eine entwicklungsförderliche oder die Entwicklung beeinträchtigende Rolle. Neben den materiellen Umständen ist das Maß an persönlicher Zuwendung, in erster Linie seitens der Eltern, von ganz entscheidender Bedeutung für die Kompetenzentwicklung, ja sogar bereits für die Entwicklung des Gehirns! Ein weiterer wichtiger Gesichtspunkt ist der Anregungsgehalt der Erfahrungswelt. Bildschirme vermitteln Erfahrung nur mit Bildschirmen! Wie wir spätestens seit dem bekannten Bild einer Pfeife mit der Umschrift »Ceci n'est pas une pipe« des belgischen Surrealisten René Magritte auch reflexiv wissen können, sind Bilder nur die Wirklichkeit der Bilder, nicht der Dinge oder des Lebens. Auf die Erfahrung der Dinge und des Lebens kommt es aber bei Kindern an (vgl. z. B. von Hentig 2003).

Auch zur Entwicklung der Elternkompetenzen wird in der Bundesrepublik wenig getan. Sie erfolgt fast ausschließlich informell, nämlich durch persönliche Bezugspersonen aus Verwandtschaft und Bekanntschaft sowie durch einen florierenden Markt an Elternzeitschriften und schriftlichen Ratgebern. Das Eltern- und Erziehungsberatungswesen ist wenig ausgebaut. Die Beteiligung von Eltern am pädagogischen Geschehen des Kindergartens hängt weitgehend von örtlichen Initiativen ab. Die Beteiligung der Eltern am Schulwesen ist z. T. auf Länderebene gesetzlich geregelt, hat aber – soweit ersichtlich – wenig praktische Wirkungen.

Diese Skizze unterschiedlicher Dimensionen einer Politik der Nachwuchssicherung beansprucht keine Vollständigkeit. Sie soll lediglich die Komplexität der Aufgabe veranschaulichen und auf Defizite in der öffentlichen Erfüllung dieser Aufgabe in Deutschland hinweisen. Es ist nicht zu übersehen, daß die föderale Aufgabenteilung (oder das Kompetenzgerangel) zwischen Bund und Ländern einen wesentlichen Hinderungsgrund für eine größere Priorität der Nachwuchssicherung und für ein koordiniertes langfristiges Vorgehen darstellt.

6.7 Eltern und Kinderlose – Zukunftsvorsorge durch Kinder oder Sparen

Die bisherigen Überlegungen haben im wesentlichen die prekäre Position der Eltern im Verhältnis zu den Kinderlosen thematisiert. Diese Überlegungen sind wichtig, weil ohne eine wieder zunehmende Bereitschaft zur Übernahme von Elternverantwortung die Nachwuchsproblematik nicht gelöst werden kann und weil die Eltern auch für die Lebensperspektiven der Kinder von entscheidender Bedeutung bleiben.

Völlig aus dem Rahmen der bisherigen politischen Erörterungen fallen unsere abschließenden Überlegungen, denn sie betreffen den bisher tabuisierten Bereich der strukturellen Bevorzugung Kinderloser im deutschen Sozialsystem. Die hier zu beantwortende Frage wurde schon 1996 von Jürgen Krüger gestellt:

»...die heute verbreiteten politischen Formeln vom Abbau oder Umbau des Wohlfahrtsstaates sind ja qualitativ wie quantitativ unspezifiziert ... Für eine im Kern sozialpolitisch-hilfeorientierte Handlungsperspektive wäre dagegen erforderlich, einen gesellschaftlichen wie politischen Diskurs darüber zu führen, welche wohlfahrtspolitischen Standards sozioökonomischer Existenz unaufgebbar zu sichern oder herzustellen sind, – auch wenn dies in ökonomisch-fiskalischen und demographischen Drucksituationen nur zu Lasten überkommener – und dann auch: welcher? – Privilegien, also relativer Vorteile anderer gesellschaftlicher Gruppen realisierbar ist. Eine solche wohlfahrtspolitische Reformperspektive ist politisch risikovoll und gesellschaftlich konfliktreich.« (Krüger 1996: 652)

Wie gezeigt wurde, gibt es viele Bedingungen und Gründe, welche die Kinderarmut moderner Gesellschaften plausibel machen. Grundlegend sind Errungenschaften der Moderne, welche die Menschen, insbesondere die Frauen, von den Zwängen des naturhaften Gebärens und von männlicher Dominanz befreit haben und auch ein wesentlich längeres individuelles Leben und damit eine langsamere Erneuerung der Bevölkerung auf der Basis einer geringeren Geburtenzahl pro Frau ermöglichen. Wie auch viele andere Freiheiten ist die dadurch gewonnene Freiheit riskant (vgl. Beck u. Beck-Gernsheim 1994). Es bedarf nun spezifischer gesellschaftlicher Vorkehrungen, um Individualinteressen und Kollektivinteressen in einem Gleichgewicht zu halten.

Im Rahmen der skizzierten gesellschaftlichen Bedingungen

operieren politisch beeinflußbare Gründe, die wir als strukturelle Rücksichtslosigkeiten namhaft gemacht haben: institutionelle Vorgaben, welche das Kinder-Haben mehr oder weniger attraktiv bzw. mehr oder weniger belastend machen (vgl. Abschnitt 5.8). Ein wesentlicher Teil davon ist ökonomischer Natur: Die Entlohnungssysteme, die Bedingungen des beruflichen Aufstiegs und die bisherigen sozialstaatlichen Arrangements sind so ausgestaltet, daß es für junge Menschen ökonomisch vorteilhaft ist, keine Kinder zu haben. So erleben wir in Deutschland seit etwa drei Jahrzehnten eine zunehmende Polarisierung der nachwachsenden Generationen in einerseits Eltern, welche »in Kinder investieren« und in der Regel die Verantwortung für das Aufbringen von mehr als einem Kind übernehmen, und andererseits einen von Jahrgang zu Jahrgang zunehmenden Anteil lebenslang Kinderloser, deren private Lebensformen eine größere Pluralität aufweisen (vgl. Abschnitt 5.6). Wir finden hier eine große Zahl beruflich erfolgreicher Alleinstehender, lose Verbundener und fester Paare, denen ihre Karrierebedingungen mit der Übernahme von Elternverantwortung nicht vereinbar erscheinen; wir finden manche, denen ein Familienleben aus unterschiedlichen Gründen wenig bedeutet; wir finden Paare, die sich ihren intensivem Kinderwunsch nie zu erfüllen vermochten; und es gibt auch benachteiligte Menschen, denen persönliche Eigenarten oder ungünstige Lebensbedingungen das Eingehen einer festen Partnerschaft und die Gründung einer Familie trotz entsprechender Wünsche unmöglich gemacht haben.

Kann es trotz dieser Vielfalt gute Gründe geben, aus der Unterscheidung von Eltern und Kinderlosen einen politisch relevanten Sachverhalt zu machen? Während über die Notwendigkeit öffentlicher Hilfen »für Familien« heute weithin grundsätzliche Einigkeit besteht, gibt es erhebliche Vorbehalte gegen eine politische Thematisierung von Kinderlosigkeit. Selbst wenn anerkannt wird, daß die Kinderlosen in Deutschland privilegiert und die Eltern ungebührlich benachteiligt sind, so kümmert sich die Politik doch bestenfalls um eine Milderung der Benachteiligungen der Eltern und nicht um eine Beseitigung der Privilegien der Kinderlosen. Allerdings: *Wenn die Lebensentscheidung, Elternverantwortung zu übernehmen, zu Recht als Privatsache gilt, so müßte auch das Prinzip gelten, daß die Konsequenzen privater Entscheidungen privat und nicht öffentlich zu tragen sind.*

Es ist gar nicht einfach, diese Privilegien im Rahmen üblicher Verteilungsdiskurse aufzuzeigen. Zwar ist nicht zu bestreiten, daß kinderlose Paare im Durchschnitt über einen etwa doppelt so hohes Pro-Kopf-Nettoeinkommen verfügen wie ein Paar mit zwei unmündigen Kindern, auch wenn man die Kinder nur mit einer halben Vollperson rechnet. Und es ist auch nicht zu bestreiten, daß Doppelverdienerpaare wesentlich höhere Rentenanwartschaften aufzubauen vermögen als ein Einverdienerhaushalt, der drei Kinder aufzieht. Aber Kinderlose können zu Recht darauf verweisen, daß sie schon jetzt wesentlich höhere Einkommenssteuern zahlen (wobei sie allerdings die im vorangehenden skizzierte regressive Belastungsstruktur des gesamten Abgabensystems übersehen). Und man kann darüber streiten, inwieweit das Ehegattensplitting unabhängig von der Übernahme von Elternverantwortung noch gerechtfertigt ist.

Die wirtschaftliche Leistung von Eltern und deren strukturelle Benachteiligung werden im Rahmen einer synchronen Wirtschaftsbetrachtung, wie sie nahezu allen Verteilungsdiskursen und unseren geläufigen marktwirtschaftlichen Argumentationen zugrunde liegt, überhaupt nicht sichtbar (vgl. Krüsselberg 2002). Erst die diachronen Diskurse über Zukunftsverantwortung und Generationengerechtigkeit bringen den entscheidenden Unterschied in den Blick: *Menschen, die Elternverantwortung übernehmen, leisten unentgeltlich Investitionen in das zukünftige Humankapital oder Humanvermögen, Menschen ohne Elternverantwortung nicht.* Diese unentgeltlichen Investitionen – in Form unmittelbarer Kosten und von Zeitaufwand – belaufen sich, wie die Schätzungen Lamperts (1996: 30ff.) für das Jahr 1992 gezeigt haben, auf ca. 17 000 DM pro Kind und Jahr. Die infolge des Geburtenrückgangs »unterlassenen Investitionen« in das volkswirtschaftliche Humankapital zwischen 1972 und 2000 belaufen sich (unter Einschluß der »eingesparten« Bildungsinvestitionen der öffentlichen Hand), auf ca. 4800 Milliarden DM oder 2500 Milliarden Euro (vgl. Abschnitt 3.4).

Die zweite Form volkswirtschaftlicher Zukunftsvorsorge – und die einzige, welche die herrschende Nationalökonomie kennt – besteht in der Bildung von Sachkapital, und sie setzt nach herrschender Lehre die Bildung von Ersparnissen voraus. Die Spar- und Investitionsquote hat jedoch in den vergangenen drei Jahrzehnten nicht etwa zugenommen, sondern ist, bezogen auf die

Zeit von 1950 bis 1970, sogar deutlich gesunken. Man kann spekulieren, wohin der dem Aufbringen von Kindern entzogene Zeit- und Geldaufwand verschwunden ist: Wahrscheinlich wäre die Verkürzung der Arbeitszeiten geringer ausgefallen; wahrscheinlich hätte der Freizeitkonsum weniger expandiert, und es wäre mehr Geld in das Bildungswesen geflossen. Doch darauf kommt es nicht an. *Als Tatsache bleibt eine volkswirtschaftliche Investitionslücke, von der anzunehmen ist, daß sie sich beim Fortgang der wirtschaftlichen und sozialpolitischen Dinge wie bisher ständig vergrößern wird.* Die Konsequenz ist eine Stagnation des Wirtschaftswachstums und wachsende Schwierigkeiten bei der Erfüllung öffentlicher Aufgaben sowie sich fortsetzende Kürzungen der kulturellen, sozialen und vielleicht sogar rechtsstaatlichen Leistungen der öffentlichen Körperschaften, mit entsprechenden Frustrationen der Bevölkerung – ohne begründbare Hoffnung auf Besserung.

Eine wirkliche Veränderung der Verhältnisse setzt ein öffentliches Umdenken in diesem zentralen Punkt voraus: Diejenigen, *welche nicht in das Humankapital der nachwachsenden Generationen investieren, müssen in äquivalenter Weise zur kollektiven Zukunftsvorsorge beitragen, nämlich durch zusätzlichen Konsumverzicht und die Bildung von Ersparnissen.* Jeder und jede, die aus persönlichen und wirtschaftlichen Gründen dazu in der Lage sind, vorzusorgen, haben dies entweder in der Form von Kindererziehung oder in der Form der langfristigen Ersparnisbildung zu leisten. Für dieses Gleichgewicht zu sorgen ist die zentrale sozialpolitische Aufgabe des kommenden Jahrzehnts.

Die hier verlangte Umorientierung ist in erster Linie konzeptioneller Natur. Es geht zunächst um die Einsicht, daß wir auch in Deutschland volkswirtschaftlich über unsere Verhältnisse gelebt haben, was wir seinerzeit anderen EG-Ländern mit höheren Inflationsraten ja immer wieder vorgeworfen haben. Es geht sodann um die Einsicht in die zentrale Bedeutung der Humanvermögen für die Zukunft einer »Wissensgesellschaft« und die Anerkennung des investiven Charakters der Erziehung und Sozialisation von Kindern. Es geht schließlich darum, unserer kollektiven Zukunft im Rahmen unserer gegenwärtigen politischen Entscheidungen größeres Gewicht einzuräumen: Bisher stützen wir uns nur auf die noch vagen Konzepte von »Nachhaltigkeit« und »Generationengerechtigkeit«. Es geht *nicht* primär darum, Verteilungspolitik zu treiben, wenngleich die Verteilungswirkungen gravierend sein werden. Nur wer bereit ist, das übliche politische Treiben und die »politischen Unmöglichkeiten« für einen kreativen Moment zu vergessen, wird die Unumgänglichkeit des skizzierten Grundgedankens einsehen. Und nur insoweit sich dieser durchsetzt, können auch konkrete Sozialreformen in die »richtige« Richtung wirken. Hierzu sollen im folgenden Kapitel Anregungen gegeben werden (vgl. Abschnitt 7.6).

7. Kapitel

Generationenverhältnisse und Sozialstaat*

>>So wie Ihr heute an uns spart,
werden wir uns morgen um Euch kümmern!<<

(Protesttransparent Berliner Schüler 1996)

Abschließend soll der Zusammenhang von Bevölkerungsentwicklung und wohlfahrtsstaatlicher Entwicklung näher ins Auge
gefaßt werden. Hierbei sind vielfältige Wechselwirkungen am
Werk, die hier analytisch auf zwei kausaltheoretische Perspektiven reduziert werden müssen, nämlich (1) den Einfluß wohlfahrtsstaatlicher Entwicklungen auf die Determinanten der Bevölkerungsentwicklung und (2) die Rückwirkungen der Bevölkerungsentwicklung auf die entfalteten Institutionen des Sozial-
oder Wohlfahrtsstaates. Zwischen beiden Perspektiven vermittelt
das Konzept der *Generationenverhältnisse*, also der quantitativen
Relationen zwischen den Angehörigen verschiedener Altersgruppen bzw. Geburtskohorten.[1]

Was zunächst den Einfluß wohlfahrtsstaatlicher Entwicklungen auf die Determinanten der natürlichen Bevölkerungsentwicklung – Sterblichkeit und Fruchtbarkeit – betrifft, so muß eine
kurze Skizze genügen.[2] Der säkulare *Sterblichkeitsrückgang* beruht hauptsächlich auf der Verbesserung der Lebensverhältnisse
sowie auf Fortschritten der Krankenversorgung. Daß diese Fortschritte nicht allein den wohlhabenden Bevölkerungsgruppen zu-

---

* Eine Vorfassung von Teilen dieses Kapitels wurde bereits veröffentlicht in:
  Jahres- und Tagungsbericht der Görres-Gesellschaft 2003, Köln 2004, S. 63 -
  90.
1 Das Konzept der Generationenverhältnisse ist zu unterscheiden vom Konzept der *Generationenbeziehungen*, das sich auf die interpersonellen Beziehungen zwischen Angehörigen unterschiedlicher Generationen bezieht
  (hierzu weiterführend Lüscher 2005). Generationen*beziehungen* werden
  vorzugsweise in *mikro*soziologischer, Generationen*verhältnisse* in *makro*-
  soziologischer Perspektive relevant. Im Kontext von Bevölkerungsfragen
  steht hier die makrosoziologische Perspektive im Vordergrund, doch werden Relationen zur Mikroebene bei Gelegenheit mit angedeutet.
2 Dies wurde bereits in Kaufmann (1990/2002a) ausführlicher dargestellt.

kommen, sondern eine starke Breitenwirkung bis in die unteren Sozialschichten entfaltet haben, ist im wesentlichen den entstehenden Institutionen des Wohlfahrtsstaats zuzuschreiben: von der progressiven Einkommenssteuer bis zur sozialen Sicherung im Falle von Krankheit, Alter, Arbeitslosigkeit oder Erwerbsunfähigkeit.[3] Darüber hinaus haben staatlicher Arbeits- und Gesundheitsschutz die mit der Industrialisierung verbundenen Lebensrisiken unmittelbar reduziert.

Mit Bezug auf die säkulare Tendenz zur *Nachwuchsbeschränkung* hat die wohlfahrtsstaatliche Entwicklung vor allem die Anreizstrukturen für prospektive Eltern verändert. Verbote der Kinderarbeit expropriierten die Eltern der Arbeitskraft ihrer Kinder ohne Kompensation, und die fortgesetzte Verlängerung der Schulpflicht und der Ausbildungsphase haben den Eltern wachsende Unterhaltsverpflichtungen für ihre Kinder auferlegt. Zudem ist die selbständige Erwerbstätigkeit stark zurückgegangen, welche Kinder nicht nur als mithelfende Familienangehörige, sondern auch als potentielle Betriebserben wertvoll machte. Hatten früher eigene Kinder durchaus einen wirtschaftlichen Wert für ihre Eltern, so bedeuten sie in ökonomischer Hinsicht heute fast nur noch Belastungen. Ihr wirtschaftlicher Nutzen ist auch durch die Kollektivierung der Alterssicherung entscheidend reduziert worden. Deshalb werden heute Kinder kaum mehr aus wirtschaftlichen, sondern nur noch aus immateriellen Gründen gewünscht (vgl. Abschnitt 5.5). *Die wohlfahrtsstaatliche Entwicklung hat also eigene Kinder im Einzelfall entbehrlich, ja kostspielig gemacht.* Allerdings spielen im Bereich nichtmonetärer Unterstützungen familiale Leistungs- und Austauschverhältnisse nach wie vor eine erhebliche Rolle (vgl. Szydlik 2000).

Die als Folge von Sterblichkeits- und Geburtenrückgang absehbare demographische Entwicklung gehört zu den nachhaltigsten Herausforderungen der europäischen Wohlfahrtsstaaten (vgl. Abschnitt 2.1). Der deutsche Sozialstaat, genauer: das in seinem Rahmen institutionalisierte System sozialer Sicherung, ist aufgrund seiner vielgliedrigen Struktur und mangels vorsorglicher Rückstellungen, aber auch infolge der besonders niedrigen

---

3 Es darf als Symptom dieser sozialstaatlichen Wirksamkeit gelten, daß die renommierte »Berliner Altersstudie« im Hinblick auf Morbidität und Behandlungsbedürftigkeit kaum Unterschiede nach der Sozialschicht gefunden hat; vgl. Schirrmacher (2004: 216).

Geburtenrate in besonderer Weise gegenüber den zu erwartenden demographischen Veränderungen anfällig. Vor allem abhängig von den Generationenverhältnissen, also den Veränderungen in den Generationsstärken, sind die beiden finanziell gewichtigsten Umverteilungssysteme, nämlich die Gesetzliche Rentenversicherung und die Gesetzliche Kranken- und Pflegeversicherung sowie die mit ihnen funktional verbundene Beamtenversorgung. Bei der Sicherung gegen Krankheit und Pflegebedürftigkeit ist der Zusammenhang vermittelter als bei der Alterssicherung, aber nicht weniger wirksam.[4] Besonders deutlich wird die Problematik jedoch am Beispiel der Alterssicherung.

Grundsätzlich hängt die Bilanz der Sozialversicherungsträger vom Verhältnis der Einnahmen (Beiträge) zu den Ausgaben (Leistungen) ab. Der demographische Faktor beeinflußt dabei das Verhältnis von Beitragszahlern und Leistungsempfängern.[5] Die zunehmende Eliminierung der jungen und der alten Generation aus dem Erwerbsleben führt insbesondere bei der Alterssicherung zu einer direkten Abhängigkeit der staatlich verantworteten Systeme von der demographischen Entwicklung (vgl. Leisering 1992). Ohne auf Feinheiten des in Deutschland nach Berufsgruppen gegliederten Alterssicherungssystems einzugehen, lassen sich die wesentlichen Zusammenhänge bereits anhand der sogenannten Jugend- und Altenquotienten, also dem zahlenmäßigen Verhältnis der noch nicht und der nicht mehr erwerbstätigen Altersgruppen zur Altersgruppe der Erwerbstätigen verdeutlichen.

---

4 Vgl. Leienbach (1984); Naegele (1999). – Die Leistungen im Falle von Krankheit und Pflege bestehen im wesentlichen aus Dienstleistungen, nicht aus monetären Transfers. Die hierfür aufzuwendenden Kosten sind von mehreren Faktoren, wie Gesundheitszustand der Bevölkerung, Behandlungsformen und Inanspruchnahme, und nicht zuletzt von medizinisch-technischen Fortschritten und staatlichen Regulierungen des Gesundheitswesens abhängig. Dabei spielt das Altern der Bevölkerung eine nicht unerhebliche Rolle, insbesondere hinsichtlich der Zunahme der Hochbetagten. Davon geht ein diffuser Kostendruck aus, der sich jedoch nur schwer isolieren läßt.

5 Insoweit als die Leistungen durch Steuern finanziert werden, sind die Zusammenhänge mit der demographischen Entwicklung indirekter, aber im Ergebnis nicht wesentlich anders. Einen weiterführenden Überblick über die Problematik gibt Borgmann (2005).

Es kommt selten vor, daß die Äußerung eines 23-Jährigen so hohe
Wellen wirft wie der Vorschlag des Vorsitzenden der Jungen
Union im Sommerloch 2003, man möge bestimmte medizinische
Versorgungsleistungen, beispielsweise den Ersatz eines Hüft-
gelenkes, Menschen über 85 Jahren nicht mehr aus öffentlichen
Mitteln bezahlen. Unsere Bielefelder Lokalzeitung brachte unter
dem Titel »Geschwafel eines pubertären Selbstdarstellers« eine
ganze Seite ausschließlich kritischer bis empörter Leserzuschrif-
ten zu dieser Äußerung.[6] Da wurde offensichtlich ein Nerv der
Bevölkerung getroffen – aber welcher Nerv?

Auf den ersten Blick handelt es sich bei dieser Provokation um
das Problem der Rationierung medizinischer Leistungen. Darüber wird in Deutschland ungern gesprochen, während es im
britischen Nationalen Gesundheitsdienst offizielle Politik ist,
manche Leistungen nur bis zu einem bestimmten Lebensalter zu
gewähren. Es ist unwahrscheinlich, daß dieser heute allenthalben
virulente Konflikt zwischen Medizinethik und Medizinökono-
nomie das Motiv der öffentlichen Erregung war. Nicht die Botschaft, der Bote ist das eigentliche Problem: der junge Mann gehört der ersten Generation an, welche lebenslang an den Folgen
der in Kapitel 2 skizzierten demographischen Verwerfungen zu
tragen haben wird. Er hat die in unseren sozialstaatlichen Regulierungen angelegte Spannung zwischen den Interessen unterschiedlicher Generationen öffentlich gemacht. *War in der Entste-
hungsphase des Sozialstaats und bis weit ins 20. Jahrhundert
hinein die Eingrenzung des Klassenkonflikts das Hintergrund-
thema aller sozialpolitischen Auseinandersetzungen, so scheint
dies im 21. Jahrhundert die Eingrenzung des Generationenkon-
flikts zu werden.*

Das bis vor kurzem unscheinbare Wort ›Generation‹ verweist
zunächst auf die Einbindung des Menschen in die Kette der Fortpflanzung, auf einen biologischen Sachverhalt also, der allerdings
stets kulturell überformt ist. Biologische Kategorien erscheinen
in unseren gesellschaftspolitischen Auseinandersetzungen seit
geraumer Zeit an Gewicht zu gewinnen (Lipp 1988), auch der Ge-
nerationendiskurs gehört dazu.

6 Neue Westfälische, 16./17. 8. 2003, S. 4; vgl. auch FAZ, 8. 8. 2003.

Generation ist von alters her ein familialer Tatbestand. Und so finden wir im herkömmlichen, an Grund und Boden oder zum mindesten an ein bestimmtes Gewerbe geknüpften Familienverband auch Generationenverträge: das sogenannte Ausgedinge oder Altenteil. Wenn demgegenüber heute vom ›Generationenvertrag‹ die Rede ist, welcher in Gefahr sei oder von der einen oder anderen Generation nicht eingehalten werde, so ist ein völlig anderer Sachverhalt gemeint. ›Generationenvertrag‹ ist hier eine politische Metapher, die sich unterschiedlich weit auslegen läßt. Offensichtlich geht es hier nicht mehr um Verwandtschaftsbeziehungen, sondern *um soziale Lagerungen im Horizont von Zeit.*[7]

Auf der gesellschaftlichen Ebene sind ein synchrones und ein diachrones Konzept von Generation zu unterscheiden.[8] Bei der *synchronen Betrachtungsweise* spricht man meist von drei Generationen: (1) Kinder und Jugendliche, (2) Erwachsene und (3) Alte, wobei davon ausgegangen wird, daß die erste Generation noch nicht und die dritte Generation nicht mehr erwerbstätig sei, während von der mittleren zweiten Generation die Erwerbstätigkeit erwartet wird. Aus sozialpolitischer Perspektive empfiehlt sich eine feinere Differenzierung, etwa die Unterscheidung zwischen Kindern, Jugendlichen, jungen und älteren Erwachsenen, jungen Alten und Hochbetagten, da diesen Gruppen unterschiedliche Eigenschaften und Bedürftigkeiten zugeschrieben werden. Dieses synchrone Konzept von Generation orientiert sich an der *lebenslaufbezogenen Statusordnung einer Gesellschaft.* Individuen wechseln ihm zufolge die Generationszugehörigkeit, indem sie mit zunehmendem Alter ihren sozialen Status verändern, also beispielsweise von der Schule ins Erwerbsleben übergehen. Festzuhalten ist für diese synchrone Betrachtungsweise, *daß Generationsgrenzen häufig durch Rechtsnormen definiert werden, welche an ein bestimmtes kalendarisches Alter anknüpfen,* so z. B. Normen der Schulpflicht, der Mündigkeit oder des Ruhestands. Auf diese Weise werden bestimmte kalendarische Altersgruppen mit bestimmten sozialen Merkmalen verknüpft. So lassen sich

7 Zur »Verzeitlichung der geschichtlichen Welt« (Reinhart Koselleck) und ihrem Zusammenhang mit der Entstehung von Generationsbewußtsein vgl. Bude (2003: 290 f.).
8 Die Unterscheidung von synchronen und diachronen Generationen scheint mir zutreffender als die von Tremmel (2003) vorgeschlagene zwischen temporalen und intertemporalen Generationen.

synchrone Generationsdefinitionen mit bestimmten bevölkerungsstatistischen Altersklassen verbinden.

Hiervon zu unterscheiden ist der *diachrone Generationsbegriff*, wie er seinerzeit vor allem von dem Soziologen Karl Mannheim (1964/1928) entwickelt worden ist. Diachrone Generationen beziehen sich auf Personen benachbarter Geburtskohorten, die im Laufe ihres Lebens mit jeweils ähnlichen Umständen in bestimmten Lebensaltern konfrontiert wurden und denen deshalb unterstellt wird, daß sie auch durch ähnliche Erfahrungen geprägt worden und durch ähnliche Einstellungen zu charakterisieren seien.[9] Die ›Generation von Langemarck‹, die ›Nachkriegsgeneration‹, die ›skeptische Generation‹, die ›Achtundsechziger‹, und neuerdings die ›Generation Golf‹, man braucht bloß die Namen zu nennen, um auf die literarische Fantasie hinzuweisen, welche solchen Charakterisierungen oft zugrunde liegt. Dennoch ist der Grundgedanke plausibel: Menschen ähnlichen Alters teilen Gemeinsamkeiten des Erlebens öffentlicher Ereignisse oder alltäglicher Umstände und werden von veröffentlichten Meinungen vor allem im Zeitalter der Massenmedien unterschiedlich angesprochen, je nachdem, in welcher Lebensphase sie sich gerade befinden. Daraus kann auch ein emphatisches Generationsbewußtsein entstehen, also in Abwandlung eines Marx'schen Diktums bezüglich der Arbeiterklasse: der Übergang von einer Generation an sich zu einer Generation für sich. Dies geschieht in der Regel in der Form einer bewußten Abgrenzung, sei es gegenüber den Älteren oder den Jüngeren. Wenn auf diese Weise die öffentliche Definition einer Generationszugehörigkeit Grundlage einer sozialen Bewegung wird, wie das ja für die Achtundsechziger durchaus zutraf, so entsteht eine Konstellation, in der *kollektive Generationenkonflikte* nicht mehr unwahrscheinlich sind.

Bisher ist weitgehend ungeklärt, unter welchen Bedingungen solch ein kollektives Generationsbewußtsein zu erwarten ist. Wo es fehlt, bleibt ›Generation‹ im wesentlichen eine Kategorie der wissenschaftlichen Beobachter, vor allem von Historikern, Soziologen und Psychoanalytikern. In unserem Zusammenhang kommt der diachronen Perspektive insofern besondere Bedeutung zu, als die quantitativ unterschiedlich starken verschiedenen Geburtskohorten, insbesondere jedoch die geburtenstarken Jahr-

9 So unterscheiden beispielsweise Schönhoven u. Braun (2004) »Generationen in der Arbeiterbewegung«.

gänge zwischen 1955 und 1970, im Laufe ihres Lebens die erwähnten unterschiedlichen Lebensphasen durchlaufen und infolge ihrer zahlenmäßigen Stärke besondere Herausforderungen für die unterschiedlichen Teilsysteme des Sozialsektors darstellen, während zugleich aber auch die ihnen Angehörigen ein spezifisches Kohortenschicksal erfahren.

7.2 Gibt es einen Generationenvertrag?

Das Wort ›Generationen*vertrag*‹ hat unter der gegenwärtigen rotgrünen Koalition einen prominenten rhetorischen Platz gewonnen. In einem Strategiepapier »Perspektiven für Deutschland« ist zu lesen:

»Das Leitbild der nachhaltigen Entwicklung verknüpft die Bedürfnisse der heutigen Generationen mit den Lebenschancen zukünftiger Generationen, um in einer Art Generationenvertrag die langfristige Entwicklung so zu gestalten, daß sie beiden gerecht wird. Die Bundesregierung hat Nachhaltigkeit als Querschnittsaufgabe erkannt und macht sie zu einem Grundprinzip ihrer Politik.« Dieser Ansatz wird sodann unter dem Titel »Generationengerechtigkeit« wie folgt spezifiziert: »Die Antwort auf diese Kernfrage einer nachhaltigen Entwicklung ist ein neuer Generationenvertrag. Der damit angesprochene Interessenausgleich zwischen den Generationen steht im Mittelpunkt der Diskussion um die Staatsverschuldung, die Rentenreform, den Erhalt der natürlichen Lebensgrundlagen oder auch um die Kosten des Gesundheitswesens.«[10]

Mit dem Hinweis auf den Erhalt der natürlichen Lebensgrundlagen, die Staatsverschuldung und die zwei zentralen Systeme sozialstaatlicher Umverteilung – Rentenversicherung und Krankenversicherung – spricht die Bundesregierung zentrale Dimensionen einer *diachronen Generationengerechtigkeit* an, wobei allerdings eine wichtige Dimension ausgeklammert bleibt, nämlich die *Nachwuchssicherung*.

Welcher Generationenbegriff ist hier impliziert? Die Bundesregierung suggeriert einen diachronen Generationenbegriff: Die Interessen heutiger und zukünftiger Generationen sollen zu einem Ausgleich gebracht werden. Aber der Schein trügt. Denn die

10 Die Bundesregierung: Perspektiven für Deutschland. Unsere Strategie für eine nachhaltige Entwicklung. Beschlossen am 17. April 2002. www.dialog nachhaltigkeit.de/html/infos.htm, S. 1 u. 6.

Interessen heutiger Generationen sind nicht identisch. Die Interessen der heute nachwachsenden Generationen treffen sich in vielem mit denjenigen zukünftiger Generationen. Was unter einem Generationenvertrag zwischen heutigen und zukünftigen Generationen zu verstehen ist, bleibt nebulös wie die Zukunft selbst. Jeder sinnvolle Begriff von Vertrag setzt ein Verhältnis der Reziprozität voraus. Solche Reziprozität kann es nur unter Lebenden geben. Die Protagonisten der Rechte zukünftiger Generationen sprechen deshalb richtiger von »Generationengerechtigkeit« statt von »Generationenvertrag« (Stiftung für die Rechte zukünftiger Generationen 2003). Der herkömmliche Sprachgebrauch von ›Generationenvertrag‹ bezieht sich auf ein Verhältnis unter jeweils lebenden Generationen. Es handelt sich um ein grundsätzlich synchrones Verhältnis, allerdings mit einer charakteristischen diachronen Dimension.

Wie läßt sich nun der keineswegs selbstverständliche *Zusammenhang zwischen Generationen und Sozialpolitik* genauer fassen? Als in den 1880er Jahren die mit dem Namen Bismarcks verbundenen Sozialgesetze die Grundlagen für das deutsche Sozialversicherungssystem legten, war von einem dadurch geschaffenen Generationenzusammenhang zu Recht noch nicht die Rede. Um 1895 waren erst 23 % der Bevölkerung in der gesetzlichen Rentenversicherung und 14 % in der gesetzlichen Krankenversicherung versichert, und auch das Finanzierungssystem enthielt stärkere Momente der Kapitalbildung. Heute sind (einschließlich der Rentenempfänger) rund 80 % in der Gesetzlichen Rentenversicherung und über 90 % in der Gesetzlichen Krankenversicherung versichert, wenn man die mitversicherten Familienangehörigen hier einschließt. Die Finanzierung erfolgt nach dem sogenannten *Umlageverfahren*, d. h., es werden keinerlei Kapitalreserven gebildet, sondern die Leistungen werden aus den Beiträgen desselben Jahres finanziert. Da auch die Beamten im Alter und bei Krankheit aus öffentlichen Mitteln alimentiert werden, kann man ohne Übertreibung sagen, daß heute die Bevölkerung in Deutschland im wesentlichen durch staatlich geregelte Umverteilung gegen die sogenannten Standardrisiken von Krankheit, Unfall, Invalidität, Alter und Witwen- bzw. Waisenschaft gesichert ist.

Durch das Verbot der Kinderarbeit und die Einführung formaler Verrentungsgrenzen hat die staatliche Sozialpolitik schon im 19. Jahrhundert die Lebensphase der Erwerbstätigkeit durch Altersgrenzen definiert. Und im 20. Jahrhundert wurde durch Hinaufsetzung des Jugendschutzalters und den Ausbau des Bildungswesens einerseits sowie durch Herabsetzung des Verrentungsalters und die Ermöglichung eines vorzeitigen Ruhestandes andererseits die Erwerbsphase weiter eingeengt, so daß heute die Erwerbstätigen im wesentlichen der Altersgruppe der 20- bis 60-Jährigen angehören. *Weil die meisten sozialpolitischen Maßnahmen durch einkommensproportionale Beiträge vom Arbeitsentgelt finanziert werden, Erwerbsarbeit selbst aber in einem immer enger werdenden Altersrahmen sich konzentriert, hat sich der Sozialstaat immer unmittelbarer von der demographischen Entwicklung abhängig gemacht* (Kaufmann 1990/2002a).

Die genannten Sachverhalte wurden *als Generationenproblem* erstmals 1955 in einer gerade heute wieder lesenswerten Denkschrift zur »Neuordnung der sozialen Leistungen« thematisiert, welche Bundeskanzler Adenauer von den Professoren Hans Achinger, Joseph Hoeffner, Hans Muthesius und Ludwig Neundörfer erbeten hatte. Hier lesen wir unter der Randglosse »Ausgleich zwischen den Generationen«:

»Da das Sozialprodukt infolge der dynamischen Entwicklung der modernen Wirtschaft sich ständig ändert, wird den Altersrentnern ein dem jeweiligen Stand der wirtschaftlichen Entwicklung entsprechender Lebensstandard nur gewährt werden können, wenn in der gesetzlichen Altersversicherung ein Ausgleich zwischen den Generationen erfolgt. Die Solidarität zwischen den Schaffenden und den Altersrentnern muß durch die Solidarität zwischen den Generationen ergänzt werden. In diesem Sinne könnte gesetzlich bestimmt werden, daß die heute Schaffenden, weil sie einen bestimmten Prozentsatz ihres Einkommens der Alterssicherung der heutigen Rentner zur Verfügung stellen, in gleicher Weise in ihrem Alter von den dann Schaffenden bedacht werden. Auf diese Weise würde die Alterssicherung dem jeweiligen Lebensstandard angeglichen, wobei die in den nächsten Jahren und Jahrzehnten zu erwartende Zunahme der alten Leute mitberücksichtigt werden müßte.«[11]

Dieser Vorschlag ging bereits auf die Überlegungen von *Wilfrid Schreiber* zurück, dessen später von Bundeskanzler Adenauer in die Diskussion gebrachten Vorschläge zur Rentenreform der

---

11 Achinger u. a. (1955: 108). Zum Entstehungskontext siehe Hockerts (1980: 279-299).

Kommission im Manuskript vorlagen. Von Schreiber stammt also die Idee, »die gesetzliche Rentenversicherung nicht mehr als Sparvertrag nach dem Muster der privaten Lebensversicherung sondern (als) ›Solidar-Vertrag zwischen jeweils zwei Generationen‹« aufzufassen (Schreiber 1955: 28). Schreibers Grundgedanke war jedoch breiter:

»In der industriellen Gesellschaft stellt sich daher erstmalig das Problem der Verteilung des Lebenseinkommens auf die drei Lebensphasen: Kindheit und Jugend, Arbeitsalter und Lebensabend.« (Schreiber 1955: 7)

Demzufolge forderte er nicht nur einen staatlich vermittelten Solidarvertrag zwischen der erwerbstätigen und der alten Generation, sondern einen *zweiten Solidarvertrag zwischen der erwerbstätigen und der nachwachsenden Generation*, wobei die vorgesehene Kinder- und Jugendrente von ihm als eine Art Darlehen an den Nachwuchs verstanden wurde, das von diesem ab dem 35. Lebensjahr zu einem von der eigenen Kinderzahl abhängigen Erstattungssatz in Form von Beiträgen zurückzuzahlen wäre.[12] *Der Beitrag der nachwachsenden Generationen zu diesem zweiten Generationenvertrag sollte also entweder durch das Aufziehen eigner Kinder oder durch Geldleistungen erfolgen.*[13]

Dieser Gedanke eines *zweifachen Generationenvertrages* paßte besonders gut zu den Vorschlägen des erwähnten ›Vierprofessorengutachtens‹, weil dieses im Horizont der von Adenauer in seiner Regierungserklärung von 1953 angekündigten »umfassenden Sozialreform« Grundgedanken des britischen Beveridge-Plans aufnahm und »für einen Tatbestand grundsätzlich nur eine Leistung durch einen verantwortlichen Träger vorsah«. (Achinger u. a. 1955: 135) Die zentrale Relevanz der Generationenver-

12 Es fällt auf, daß die Ausführungen Schreibers zum »Lebensanspruch der Kinder und Jugendlichen« (Schreiber 1955: 31-35) in späteren Nachdrucken des »Schreiber-Plans« weggelassen wurden!
13 Noch deutlicher werden die Implikationen in einem Diskussionsbeitrag von Joachim Wiesner ausgedrückt (in Nell-Breuning/Fetsch 1981: 66): »Rentenpolitisch folgt daraus, daß analog zu den anrechnungsfähigen Zeiten im Rentenanspruchskatalog, wie z. B. Berufsbildung, Wehrdienst, Arbeitslosigkeit usw. auch ein Faktor ›Honorierung von menschlichen Investitionen‹ eingefügt werden muß, und zwar nicht etwa nur in der Almosen-Form von einigen wenigen zusätzlichen Baby-Jahren, Erziehungszeiten usw., sondern als gleichberechtigte Komponente neben monetären Beitragsleistungen, als geldmäßiger Anspruch an die umzuverteilende (sic) Rentenkasse.«

hältnisse für den sozialstaatlichen Umverteilungsprozeß wird um so deutlicher, je vollständiger die Bevölkerung in einem einheitlichen Sicherungssystem erfaßt wird. Das nach Berufsgruppen gegliederte öffentliche Alterssicherungssystem in der Bundesrepublik ist ein wesentlicher Hemmschuh für eine politische Reform, da nicht alle Sicherungssysteme gleichermaßen von den demographischen Risiken betroffen sind.

Wilfrid Schreiber war durchaus klar, daß das von ihm entworfene System nur unter der Voraussetzung einer annähernden Konstanz der demographischen Proportionen zwischen den Generationen langfristig funktionieren könne; auch deshalb schlug er einen zweifachen Generationenvertrag vor. Richtiger wäre es aber wohl, von einem *Drei-Generationen-Vertrag* zu sprechen, der in je einem Umverteilungssystem zwischen Erwachsenen und Alten und zwischen Erwachsenen und Nachwachsenden zu institutionalisieren ist (vgl. Kaufmann u. Leisering 1984). Denn die Metapher des Vertrags darf hier nicht im marktwirtschaftlichen Sinne mißverstanden werden. Es werden keine Verpflichtungen zwischen Individuen begründet. Es handelt sich vielmehr um eine nur staatlich zu gewährleistende, *die gesamte Lebensspanne übergreifende Solidarität der Generationen.* Von einem ›Vertrag‹ kann hier höchstens im Sinne einer kontraktualistischen Verfassungstheorie gesprochen werden. Es geht um eine politisch herzustellende Sozialverfassung, welche angesichts einer Wirtschaftsverfassung, welche die Erwerbsmöglichkeiten zunehmend auf die wirtschaftlich produktivsten Lebensjahre konzentriert, den Unterhalt derjenigen sicherstellt, die entweder noch nicht oder nicht mehr erwerbstätig sein können. Es geht um die Ergänzung der Marktökonomie durch eine »moralische Ökonomie« (vgl. Kohli 1989).

Es bleibe dahingestellt, ob die vielfach kolportierte Bemerkung Konrad Adenauers, »Kinder haben die Leute immer«, zur Begründung des Verzichtes auf die Schreibersche ›Kindheits- und Jugendrente‹ tatsächlich so gefallen ist, *se non è vero, è ben trovato.*[14] Es dauerte auf jeden Fall kein Jahrzehnt, bis diese Vor-

14 Adenauer hat bereits in seiner Regierungserklärung zu Beginn der 2. Legislaturperiode (1953) deutlich auf die absehbare Überalterung und die Notwendigkeit von Kinderzulagen hingewiesen. Die Schaffung des Familienministeriums und die erste Kindergeldgesetzgebung erfolgten 1953 vor der Rentenreform. Es ist somit wahrscheinlicher, daß er diese Maßnahmen als politisch ausreichend ansah.

stellung durch einen rasanten Geburtenrückgang widerlegt wurde. Die mittlere Kinderzahl pro Frau sank von 2,1 Kindern auf ca. 1,4 Kinder, ein Mittelwert der Geburtenentwicklung in den letzten drei Jahrzehnten, der nunmehr auch den meisten demographischen Szenarien für das 21. Jahrhundert zugrunde gelegt wird.

In der Metapher des Generationenvertrags formuliert, bedeutet dieser Geburtenrückgang, daß die seit etwa 1950 geborenen Generationen die implizite Verpflichtung eines Drei-Generationen-Vertrags nicht mehr einhalten, indem sie per saldo weit weniger Kinder aufziehen, als zum Erhalt einer Generationenbalance notwendig wäre. Mit dieser Formulierung wird aber auch die heuristische Grenze einer Rede vom Generationenvertrag sichtbar. Denn nicht Generationen, sondern Individuen entscheiden sich für oder gegen eine Familiengründung. Wie gezeigt wurde (Abschnitt 5.2), geht das niedrige Fertilitätsniveau in Deutschland im wesentlichen auf eine starke Zunahme von Kinderlosigkeit, weniger auf eine zu geringe Kinderzahl pro Ehepaar bzw. Mutter zurück. In den jüngeren Generationen polarisieren sich die Lebensformen in solche mit und ohne Kinder, und Wirtschafts- wie Sozialverfassung privilegieren die kinderlosen Lebensformen (vgl. Abschnitte 5.8 und 6.5).

7.3 Das Kippen der Generationenbalance

Den Geburtenrückgang und seine demographischen Konsequenzen haben wir bereits in Kapitel 2 beschrieben. An dieser Stelle sei nur der spezifische Aspekt einer quantitativen Verschiebung der Generationenverhältnisse nachgetragen. Hierzu bedienen wir uns des Verhältnisses der 0-20-Jährigen zu den 20-60-Jährigen (Jugendquotient) bzw. der 60-und-mehr-Jährigen zu den 20-60-Jährigen (Altenquotient), also einem Näherungswert zu den Anteilswerten der noch nicht und der nicht mehr erwerbstätigen Bevölkerungsgruppen.

Wie Abbildung 7.1 zeigt, steigt der *Jugendquotient* bis 1970 auf 0,64 an, eine Folge des Geburtenbooms der 1960er Jahre (vgl. hierzu nochmals Abbildung 2.4). Seither ist ein zunächst rascher, dann abgemilderter Rückgang bis 2020 auf 0,33 zu beobachten, was in etwa bereits dem stabilen Wert einer Bevölkerung mit

Abb. 7.1: Deutschland: Entwicklung der Jugend- und Altenquotienten
1950-2050

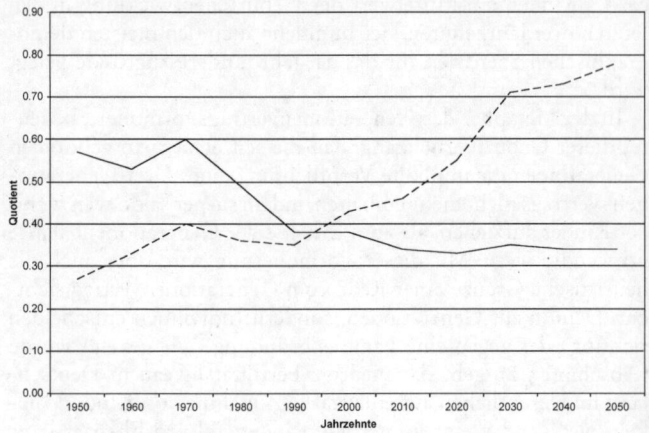

—— Jugendquotient : 0-20/20-60
- - - Altenquotient: 60+/20-60

Quelle: Statistisches Bundesamt, Statistisches Jahrbuch 2002. Ergebnisse der
10. koordinierten Bevölkerungsvorausberechnung, Variante 5.

durchschnittlich 1,4 Kindern pro Frau entspricht. Zum Vergleich:
Bei einer sich vollständig ersetzenden Bevölkerung würde der
stabile Jugendquotient ca. 0,52 betragen.[15]

Der *Altenquotient*, also das Verhältnis von Altengeneration
zur mittleren Generation, steigt zwischen 1970 und 2000 nur unwesentlich und nimmt dann insbesondere zwischen 2010 und
2030 geradezu dramatisch zu. Denn mit dem Hineinwachsen der
geburtenstarken, um 1960 geborenen Jahrgänge ins Rentenalter
geht gleichzeitig der Anteil der erwerbstätigen Bevölkerung erheblich zurück: *Ohne jede Zuwanderung* müßte bei konstantem
Erwerbsverhalten und der gegenwärtigen niedrigen Fertilität von
2000 bis 2040 mit einem Rückgang der erwerbstätigen Bevölkerung um 35 % gerechnet werden, während gleichzeitig die Zahl

---

15 Diese Aussage beruht auf Berechnungen anhand der Sterbetafel 1991/93
des Statistischen Bundesamtes; bei einem weiteren Sterblichkeitsrückgang
sinkt dieser Wert, allerdings nur unwesentlich.

Abb. 7.2: Demographische Gesamtversorgungslast 1950-2090

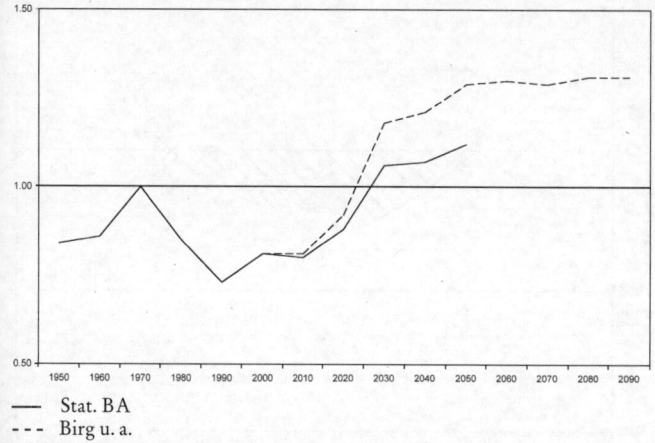

—— Stat. BA
- - - Birg u. a.

Quelle: —— 1950-2000: Statistisches Jahrbuch; 2010-2050:
10. Koordinierte Bevölkerungsvorausberechnung
- - - 1950-2090: Birg u. a. 1998, Variante 5.

der 60-und-mehr-Jährigen um 47% steigt.[16] Realistischer ist dagegen die Annahme fortdauernder Zuwanderung in einer Größenordnung von 150 000 bis 200 000 Personen jährlich, wie sie den Abbildungen 7.1 und 7.2 zugrunde liegt: Auf der Basis der »wahrscheinlichsten« Variante der 10. koordinierten Bevölkerungsvorausberechnung des Statistischen Bundesamtes nimmt der Altenquotient von 1950 bis 2050 um fast das Dreifache zu und steigt auch noch mit Bezug auf den Wert des Jahres 2000 um 81%. Nach 2050 würde er bei gleichbleibenden Annahmen in etwa auf der erreichten Höhe verharren.

Schaubild 7.2 zeigt sodann die Entwicklung der *Summe von Jugend- und Altenquotienten*, was als Annäherungswert an die von der jeweiligen erwachsenen Generation zu tragenden *Versorgungslasten* gelten darf. Hier werden zwei Projektionen mitgeteilt, welche den Raum der wahrscheinlichsten Entwicklung

16 Berechnet nach H. Birg. u. a.: Simulationsrechnungen zur Bevölkerungsentwicklung in den alten und neuen Bundesländern im 21 Jahrhundert. IBS-Materialien Band 45. Institut für Bevölkerungsforschung und Sozialpolitik der Universität Bielefeld (1998), Variante 2, S. A 6.

Abb. 7.3: Entwicklung der Gesamtversorgungslasten 1950-2050

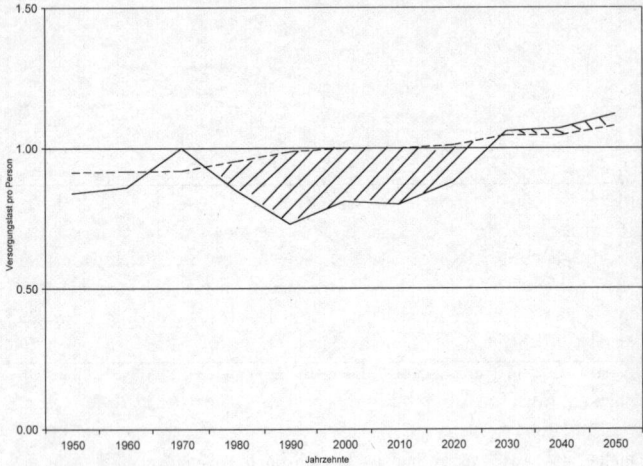

—— aktuelle Werte

- - - langfristig-minimale Werte

Quelle: Statistisches Bundesamt, Statistische Jahrbücher und Ergebnisse der 9. koordinierten Bevölkerungsvorausberechnung, Variante 2a.

verdeutlichen.[17] Infolge eines plötzlichen Geburtenrückgangs zwischen 1965 und 1975 sanken die Aufwendungen für das Aufbringen der Kinder. Gleichzeitig nahm der Anteil der Bevölkerung im erwerbstätigen Alter zunächst zu, da die Altenquote noch nicht ansteigt. Diese vorteilhafte Phase nähert sich für Deutschland derzeit ihrem Ende.[18] In dem Maße, wie dann die Zunahme der Altenquote den Rückgang der Jugendquote übertrifft, wirkt sich die demographische Veränderung im Sinne ei-

---

17 Das Statistische Bundesamt geht in der hier verwendeten Variante von einer jährlichen Zuwanderung von 200 000 Personen aus, die Variante 5 der Projektionen von Birg u. a. von nur 150 000 Personen. Ferner gehen Birg u. a. von einem stärkeren Rückgang der Sterblichkeit aus, was bis 2050 zu einer mittleren Lebenserwartung bei der Geburt von 84 Jahren für Männer (statt 81,1 Jahre) und 90 Jahre für Frauen (statt 86,6 Jahre) führt.

18 Vorteilhaft ist dieser Zustand allerdings nur insoweit, als es gelingt, den steigenden Anteil der Bevölkerung im erwerbsfähigen Alter auch tatsächlich zu beschäftigen. Das ist im deutschen Fall bekanntlich nur unzureichend gelungen.

ner Reduktion der durchschnittlichen Pro-Kopf-Einkommen aus.

Allerdings gilt das so nur in volkswirtschaftlicher Perspektive. De facto sind in der Bundesrepublik die Unterhaltskosten der älteren Generation weitgehend kollektiviert, während das Aufbringen der nachwachsenden Generation zu etwa drei Vierteln von deren Eltern getragen wird. *Insofern wirkt sich die Steigerung der Altenquote auf die sozialpolitische Umverteilungsmasse stärker aus als das Sinken der Jugendquote.* Allerdings läßt sich diese demographische Tendenz durch Modifikationen der Erwerbsbeteiligung erheblich beeinflussen. Wir haben die mittlere Altersgruppe durch die Grenzwerte von 20 und 60 Jahren definiert, weil dies in etwa dem gegenwärtigen Durchschnitt des Beginns bzw. der Beendigung der Erwerbstätigkeit entspricht.[19] Dabei wird deutlich, daß die deutsche Bevölkerung durch den Geburtenrückgang zunächst per saldo Versorgungsaufwendungen sich erspart, und zwar in solchem Maß, daß erst um 2030 der Wert von 1970 wieder erreicht wird. *Aus demographischer Sicht befindet sich Deutschland derzeit immer noch in einem besonders günstigen Bereich, was den Unterhalt der nachwachsenden wie der alten Generation angeht.* Deshalb sind die derzeitigen Finanzierungsschwierigkeiten der Rentenversicherung noch nicht demographisch bedingt. Allerdings ist diese günstige Konstellation nicht mehr von langer Dauer.

Dies verdeutlicht zusammenfassend Abbildung 7.3, welche auf den Werten des Statistischen Bundesamtes in Abbildung 7.2 aufbaut, jedoch zusätzlich die Entwicklung der langfristig minimalen Versorgungslast unter vergleichbaren Annahmen mitteilt.[20] Die schraffierten Flächen zeigen zwischen 1985 und 2030 die »Ersparnis«, welche sich aus der »Geburtenlücke« nach 1972 ergibt (vgl. nochmals Abbildung 3.2). Nach 2030 liegen die effektiven Versorgungslasten über den langfristig minimalen Werten; dem-

---

19 Allerdings sind auch nicht alle 20-60-Jährigen erwerbstätig. Schaubild 4.2 veranschaulicht also lediglich die Veränderung der Proportionen, nicht aber die Veränderung der realen Versorgungsverhältnisse.

20 Wie aus Abbildung 7.4 hervorgeht, liegt die langfristig minimale Versorgungslast bei einer Nettoreproduktionsziffer von 1,0, die auch den Annahmen der Sterbetafelbevölkerung zugrunde liegt. Die Summe der Jugend- und Altenquotienten der für bestimmte Zeitpunkte repräsentativen Sterbetafeln kann daher als Annäherungswert für die langfristig minimale Versorgungslast genommen werden.

entsprechend wird hier »die Rechnung präsentiert« für die suboptimale Fertilität.

Unsere Befunde und Überlegungen verdeutlichen, wie sehr die demographisch bedingten Generationslagen sich zwischen 1950 und 2050 verändern. Die *synchronen Generationsverhältnisse* – ausgedrückt durch die Jugend- und Altenquotienten – verändern sich in der Zeit, so entstehen unterschiedliche *diachrone Generationslagen*.[21] Die heute (und erst recht die in den letzten Jahrzehnten) im Rentenalter Stehenden können angesichts des erheblichen Wirtschaftswachstums seit der Rentenreform von 1957 mit Rentenzahlungen rechnen, die auch unter Ausschaltung der Geldentwertung einer überdurchschnittlich hohen Realverzinsung ihrer seinerzeit geleisteten Beiträge entsprechen. Wie auch immer die Belastungen durch die ungünstiger werdende demographische Lage zwischen Beitragszahlern und Rentnern verteilt werden, das Verhältnis von Beiträgen und Renten wird sich dauerhaft verschlechtern.[22]

Diese diachronen Unterschiede stellen die unmittelbare Herausforderung sozialstaatlicher Politik dar, weil bereits heute absehbar ist, daß das gegenwärtige öffentliche Versorgungsniveau der Rentner auf Dauer nur mit exorbitanten Abgaben der Erwerbstätigen zu finanzieren wäre. Sie beliefe sich bei der bis 2003 gültigen Gesetzeslage und unter Einschluß der Arbeitgeberbeiträge und der steuerfinanzierten Staatszuschüsse nach einer Schätzung des ifo-Instituts auf dem Höhepunkt der demographischen Krise im Jahre 2035 auf 62,5 % der Arbeitseinkommen (vgl. Sinn 2003: 66). Es ist also ein unvermeidbarer Interessengegensatz zwischen Beitragszahlern und Rentnern entstanden, wer in welchem Umfange die Konsequenzen der primär demographisch bedingten Finanzierungskrise tragen soll. Die jüngste Renten-›reform‹ hat den Konflikt im wesentlichen zu Lasten der zukünftigen Rentner entschärft. Wie Abbildung 7.2 zu entnehmen ist, wird sich die Schiefe der Generationslagen nach 2035 nicht etwa

21 Hierzu ausführlicher Leisering (2000).
22 Dieser Sachverhalt wird neuerdings durch sogenannte Generationenbilanzen zu plausibilisieren gesucht (vgl. z. B. Raffelhüschen u. Walliser 1997). Die z. T. dramatischen Ergebnisse sind allerdings nicht unumstritten (vgl. Schmähl 2001, 2005; Hauser 2005). Insbesondere ist die Schlußfolgerung irrig, Deutschland könne durch einen zunehmenden Übergang vom Umlageverfahren zum Kapitaldeckungsverfahren der »demographischen Zwickmühle« (M. Miegel) entkommen (vgl. Abschnitt 7.6).

zurückbilden. *Beim Anhalten der gegenwärtigen Fertilität wird vielmehr in der zweiten Hälfte des 21. Jahrhunderts der Altersquotient auf dem erreichten hohen Niveau verharren, bei gleichzeitiger Beschleunigung des Bevölkerungsrückgangs.* Die Einführung des euphemistisch sogenannten »Nachhaltigkeitsfaktors« in die Rentenformel im Zuge der jüngsten Reform der Gesetzlichen Rentenversicherung, aber auch die nahezu gleichzeitige starke Reduktion der prognostizierten Renditen privater Lebensversicherungen sind erste Reaktionen auf die absehbare Verdüsterung der Perspektiven der Alterssicherung, aber gewiß nicht die letzten.

7.4 Gibt es ein theoretisches Optimum der Versorgungslasten?

Unsere bisherigen Überlegungen betrafen ausschließlich demographisch bedingte Proportionen. Wirtschaftlich und sozialpolitisch erscheinen jedoch andere Faktoren wie die Beschäftigungslage, die Produktivitätsentwicklung oder die Art und Höhe der Sozialleistungen von weit größerer Bedeutung, die hier nicht im Detail behandelt werden können. Um die Relevanz des demographischen Faktors zu verdeutlichen, schalte ich hier eine Zwischenfrage ein: Welches Niveau der Fertilität ermöglicht bei gegebenen Erwerbsstrukturen, Produktivitätsverhältnissen und Verteilungsregeln eine Maximierung der Pro-Kopf-Einkommen in einer geschlossenen Volkswirtschaft? Lassen sich Aussagen über ein optimales langfristiges Verhältnis der Jugend- und Altenquote und die entsprechende Fertilität (»versorgungsoptimale Fertilität«) machen? Ich bediene mich hierzu des bereits erwähnten Analyseinstruments stabiler Bevölkerungen.[23]

Wie Abbildung 7.4 zeigt, liegt unter Zugrundelegung gegenwärtiger Sterblichkeitsverhältnisse[24] das langfristige Minimum der Versorgungslasten bei einem Wert der Nettoreproduktionsziffer von ziemlich genau 1,0; am Minimum hat jeder Erwerbs-

23 Zum Begriff der stabiler Bevölkerung vgl. Fußnote 8, S. 44; zu den mathematischen Grundlagen von Abbildung 7.4 vgl. den Anhang am Ende dieses Kapitels.
24 Der Berechnung von Abbildung 4.4 wurde die Sterbetafel 1997/99 für Frauen in Gesamtdeutschland zugrunde gelegt, welche eine mittlere Lebenserwartung bei der Geburt von 80,6 Jahren ausweist.

Abb. 7.4: Die Gesamtversorgungslast in Abhängigkeit von der Fertilität im Modellfall stabiler Bevölkerungen

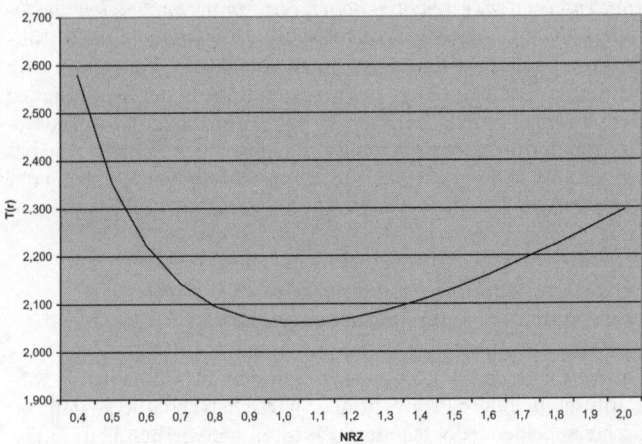

tätige für sich sowie für 1,07 Nichterwerbstätige (Junge oder
Alte) zu sorgen (T(r) = 2,07). Im Bereich einer Nettoreproduktionsrate von ca. 0,9 bis 1,2 tritt jedoch keine wesentliche Erhöhung
der Versorgungslasten ein. Allerdings zeigt die Darstellung einen
scharfen Anstieg der Kurve auf der Seite niedriger Fertilität: Sinkt
die Reproduktion der Bevölkerung unter ca. 80%, so ist mit zunehmenden Wohlfahrtsverlusten zu rechnen. Dies ist aktuell in
Deutschland mit einer Nettoreproduktionsziffer (NRZ) um 0,65
offensichtlich der Fall. Deutlich wird zudem, daß Deutschland
sich bereits im ›roten Bereich‹ befindet: ein weiteres Absinken der
Fertilität würde die Schwierigkeiten für die kollektive Finanzierung des Unterhalts der Nichterwerbstätigen exponentiell an-
wachsen lassen.

Das Verhältnis von Alten- zur Jugendquote ist von den durch
die Sterbetafel repräsentierten Sterblichkeitsverhältnissen abhängig. Wenn, wie zu erwarten ist, die Sterblichkeit insbesondere in
höheren Lebensaltern weiter sinkt, so würde sich die gesamte
Kurve weiter nach rechts und nach oben verschieben, d. h., es bedürfte einer höheren Fertilität, um im Bereich des demographischen Optimums zu landen, und die minimalen Versorgungslasten steigen bei gleichbleibender Fertilität an. Umgekehrt wären

bei einer niedrigeren Lebenserwartung die demographisch bedingten Versorgungslasten geringer.

Soweit also die ausschließlich demographischen Zusammenhänge, die u. a. auf der mutmaßlich unrealistischen Annahme beruhen, daß die Versorgungsaufwendungen für einen jugendlichen und einen alten Menschen gleich denjenigen für einen Erwerbstätigen sind.[25] Allerdings spielt das Verhältnis zum Versorgungsniveau der Erwerbstätigen mathematisch keine Rolle, sondern nur das Verhältnis zwischen den Aufwendungen für die noch nicht und die nicht mehr Erwerbstätigen.[26] Je höher das postulierte Versorgungsniveau der Alten im Verhältnis zu den Jungen, desto mehr verschiebt sich die gesamte Kurve nach rechts. Geht man von der verbreiteten Annahme aus, daß die Durchschnittsaufwendungen für einen Jugendlichen etwa $^2/_3$ derjenigen eines alten Menschen betragen,[27] so würde sich die optimale Reproduktionsrate von 1,0 nach 1,3 verschieben und dementsprechend natürlich auch die gegenwärtige deutsche Reproduktionsrate von 0,65 in einem noch ungünstigeren Licht erscheinen.

Bis hierher haben wir lediglich die volkswirtschaftlichen Zusammenhänge vorgestellt. Sie lassen sich zur These zusammenfassen, daß eine niedrige Fertilität um so unschädlicher ist, je geringer die Pro-Kopf-Aufwendungen für die alte Generation im Verhältnis zu denjenigen der nachwachsenden Generation sind. Oder politikbezogen formuliert: Je geringer der Nachwuchs, desto schwieriger der Unterhalt der alten Generation, was eigentlich auch dem gesunden Menschenverstand einleuchten müßte. Doch

25 Eine realistische Abschätzung der Versorgungsaufwendungen für unterschiedliche Altersgruppen stößt auf nahezu unüberwindbare methodische Schwierigkeiten. Bereits die Erfassung und Abgrenzung öffentlicher Aufwendungen ist schwierig, aber durch Arbeiten von Linder (1982) und Leisering (1992) der Größenordnung nach geleistet worden. Grundsätzlich müßten hier die Aufwendungen in allen vier in Abschnitt 6.2 unterschiedenen Dimensionen der Wohlfahrtsproduktion berücksichtigt werden.

26 So auch Birg (1995: 72 u. 2001: 161). Die von ihm postulierte Normativität einer stationären Bevölkerungsentwicklung hängt allerdings von der Annahme durchschnittlich gleicher Versorgungsbedarfe junger und alter Menschen ab.

27 Hebt man auf die *öffentlichen* Aufwendungen allein ab, so werden die Aufwendungen für einen alten Menschen im Durchschnitt sogar auf das Dreifache derjenigen eines Jugendlichen geschätzt, vgl. Peter Linder (1982). Es gibt keinerlei Anhaltspunkte, daß sich die Relationen seither wesentlich verändert haben.

die sozialpolitischen Auseinandersetzungen orientieren sich an anderen Maximen, die durch strukturierte Interessen vorgegeben werden. Berücksichtigt man die existierenden Versorgungsstrukturen, so ist die von der demographischen Perspektive ausgehende Botschaft allerdings noch dramatischer: Da die Aufwendungen für die alte Generation ganz überwiegend durch politisch festgelegte Umverteilungen zu Lasten der Erwerbstätigen finanziert werden, die Aufwendungen für die nachwachsende Generation jedoch nach Schätzungen des Wissenschaftlichen Beirats für Familienfragen (1979) zu rund drei Vierteln von den Eltern selbst getragen werden, ist die Belastung der öffentlichen Haushalte durch das Kippen der Generationsbalance noch weit schwerwiegender. *Die »Ersparnisse« durch den Geburtenrückgang kommen ganz überwiegend denjenigen Individuen zu, die auf die Erziehung von Kindern verzichten, während die zunehmenden Belastungen für die Alterssicherung auf die öffentlichen Haushalte zukommen.*

Vor allem zeigen diese Überlegungen erneut, *daß unter Versorgungsgesichtspunkten der Rückgang der Fertilität unter das Reproduktionsniveau die eigentlich problematische Entwicklung darstellt, und nicht die Verlängerung der Lebenserwartung.* Die demographischen Versorgungslasten lassen sich unter der Voraussetzung einer quasistationären oder selbst einer mäßig wachsenden Bevölkerung wesentlich leichter tragen als unter den Bedingungen eines Bevölkerungsrückgangs. Je geringer die Fertilität, desto dramatischer wachsen die Versorgungslasten der älteren Generation und die damit vorprogrammierten Verteilungskonflikte.

Anhang zu Abschnitt 7.4 [28]

Der Jugend(J)- bzw. Altenquotient (A) einer stabilen Bevölkerung läßt sich bezogen auf eine bestimmte (t) Sterbetafelbevölkerung (P_o) und eine bestimmte Nettoreproduktionsrate (R) wie folgt bestimmen:

28 Zur theoretischen und mathematischen Begründung der nachfolgenden, auf Grundgedanken von Bourgeois-Pichat (1950) aufbauenden Argumentation vgl. Kaufmann (1960: 309ff.) sowie präzisierend: Demographische Bedingungen einer Optimierung der wirtschaftlichen Gesamtbelastungsquote der aktiv erwerbstätigen Generation. In: Kaufmann u. Leisering (1984: 1-30).

$$(1) \quad P_r^t = J_0 R + E + \frac{A_0}{R} = I$$

Dabei bedeutet E die Erwachsenenquote, welche als Restgröße bestimmt wird, während r die Wachstumsrate der stabilen Bevölkerung bezeichnet. Diese steht zur Nettoreproduktionsrate in folgender Beziehung, wobei G den Generationenabstand, also das mittlere Gebäralter einer Müttergeneration bezeichnet:

$$(2) \quad r = \sqrt[G]{R} - I$$

Nehmen wir vereinfachend an, daß alle 20-60-Jährigen erwerbstätig und alle Jüngeren und Älteren nicht erwerbstätig sind, und postulieren, daß die durch Transfers befriedigten durchschnittlichen Pro-Kopf-Bedürfnisse der Jungen und der Alten gleich sind. Hat jeder Erwerbstätige zunächst für sich selbst und sodann anteilsmäßig für die vorhandenen Kinder und Alten zu sorgen, so bestimmt sich die Pro-Kopf-Versorgungslast (T(r)) wie folgt:

$$(3) \quad T(r) = I + \frac{J_0 \cdot R}{E_0} + \frac{A_0}{E_0 \cdot R},$$

wobei der variable Teil der Gleichung sich auch als Summe von Jugend- und Altenquotient der stabilen Bevölkerung schreiben läßt

$$(3a) \quad T(r) = I + J_r + A_r$$

Wie Abbildung 7.4 gezeigt hat, ergibt sich durch Variation von R eine hyperbolische Kurve mit einem eindeutigen Minimum, das sich als Quadratwurzel des Quotienten von Alten- und Jugendquote der zugehörigen Sterbetafel bestimmen läßt:

$$(4) \quad R_{min}^t = \sqrt{\frac{A_0}{J_0}} \quad [29]$$

7.5 Generationengerechtigkeit – Geschlechtergerechtigkeit – Elterngerechtigkeit

Wo Verteilungskonflikte anstehen, liegen Gerechtigkeitsargumentationen nahe. Die herkömmlichen Diskurse über Verteilungsgerechtigkeit orientieren sich an der Verteilung von Macht, Gütern und Rechten unter den gleichzeitig lebenden Menschen. Hierarchisch geordnete Gesellschaften kannten noch eine vierte Hauptdimension sozialer Ungleichheit, nämlich die an einen be-

[29] Zum formal gleichen Ergebnis kommt Birg (1995: 72).

stimmten Status gebundene Ehre. Sie ist mittlerweile von der Zuschreibung allgemeiner Menschenwürde und fundamentaler Gleichheit aller Menschen abgelöst worden. Alle modernen Diskurse über Verteilungsgerechtigkeit setzen einen grundsätzlich gleichen Fundamentalstatus aller Menschen voraus. In einem nach Staaten gegliederten Weltsystem, wie es sich seit dem Zweiten Weltkrieg entwickelt hat, wird dieser menschenrechtliche Grundstatus allerdings durch den an ein bestimmtes Gemeinwesen gebundenen Bürgerstatus vermittelt.[30]

In dem Maße, wie durch die Einräumung ziviler Rechte im Rahmen des Rechtsstaats und die Einräumung politischer Rechte im Rahmen der Demokratie Rechts- und Machtungleichheiten kontrolliert werden, rückt die sozialstaatliche Problematik der Chancen- und Ressourcenungleichheit ins Zentrum der Gerechtigkeitsdiskurse. Diese haben sich in der Vergangenheit vor allem an der Stellung der Menschen mit Bezug auf den gesellschaftlichen *Produktionsprozeß* und die daraus folgenden Ungleichheiten orientiert. Dabei wurden von Land zu Land unterschiedliche Folgen von Industrialisierung und Modernisierung thematisiert (vgl. Kaufmann 2003). Die unterschiedliche Stellung der Menschen mit Bezug auf den gesellschaftlichen *Reproduktionsprozeß* wurde dagegen nicht in der Perspektive sozialer Ungleichheit thematisiert. Erst die Frauenbewegung hat diese Dimension menschlicher Daseinsvollzüge in den Horizont der Gerechtigkeitsdebatten gebracht (vgl. Gottschall 2000; McDaniel 2004). Aber die Geschlechtergerechtigkeit deckt nur einen Teilaspekt der Reproduktionsproblematik ab, und zwar denjenigen, der sich am leichtesten in den Kontext einer *synchronen Gerechtigkeitsdebatte* einbringen läßt. Die problematischen demographischen Entwicklungen – und nicht nur sie – erfordern jedoch den Einbezug einer *diachronen* Dimension in die Gerechtigkeitsdiskurse. Dies geschieht neuerdings unter dem Titel der Generationengerechtigkeit.

Das Konzept der Generationengerechtigkeit ist noch eher ein politischer Kampfruf denn ein ausgearbeitetes philosophisches Konstrukt, doch liegen einige Vorarbeiten vor.[31] Im Zentrum der

---

30 Der menschenrechtliche Status beeinflußt allerdings direkt den zivilen Status von Ausländern, der im Falle ihrer dauerhaften Niederlassung meist dem Bürgerstatus angenähert wird.

31 Wegweisend Birnbacher (1988); als Literaturüberblick sei verwiesen auf Krebs (2002); vgl. ferner Stiftung für die Rechte zukünftiger Generationen

Diskussion standen die Umweltproblematik und die Erhaltung der natürlichen Ressourcen der Menschheit. Im Vergleich zu diesem universalen Problem mutet die primär auf nationale Rahmen bezogene Problematik der Staatsverschuldung und der Zukunft der sozialen Sicherung eher bescheiden an, was jedoch ihrer politischen Dringlichkeit keinen Abbruch tut. Insbesondere die steigende Staatsverschuldung wird zunehmend als Belastung zukünftiger Generationen thematisiert.[32] In jüngster Zeit hat sich die Diskussion jedoch stark hin zur demographischen Problematik und zum Problem der Generationensolidarität verschoben (vgl. Grieswelle 2002; Kohli 2002; Nullmeier 2004).

Bezogen auf die staatlich vermittelte Alterssicherung und die hier absehbaren Interessenkonflikte zwischen Beitragszahlern und Rentnern[33] werden relativ einfache Vorschläge gemacht:

»Keine Generation darf bevorzugt oder benachteiligt werden. Auftretende Belastungen der Rentenversicherung ... müssen solidarisch auf die Generationen verteilt werden. Das heißt, daß sie nur dann erhöht werden dürfen, wenn die Rentensteigerung im gleichen Maße reduziert wird. So bekommen die Älteren etwas weniger, die Jüngeren zahlen etwas mehr, aber keine Generation wird übervorteilt. Die Lasten zwischen den Generationen werden geteilt, und wir können endlich wieder von einer intergenerationellen Gerechtigkeit sprechen.«[34]

Ein anderer Vorschlag lautet:

»Die entstehende Rentenlücke kann die Babyboomgeneration durch mehr Eigenleistung und eine längere Lebensarbeitszeit finanzieren, jedenfalls

(Hg.) (2003). Folgt man den Schätzungen von Hauser (2005), so ist »auf absehbare Zeit eine Verletzung der Generationengerechtigkeit in der Längsschnittperspektive nicht zu erwarten. Dies gilt allerdings nur dann, wenn weiterhin eine ausreichend hohe Ersparnis und hohe Bildungsausgaben aufgebracht werden« (Ms. S. 22f.).

32 Das Thema Staatsverschuldung bedarf mit Bezug auf die Generationengerechtigkeit einer differenzierten Betrachtung. Sofern aktueller Verschuldung entsprechende Zukunftsinvestitionen gegenüberstehen, ist sie zu rechtfertigen; allerdings fehlt es staatlicherseits an einer in der Privatwirtschaft selbstverständlichen Amortisierung; vgl. Beermann (2002).

33 Zu dieser Problematik liegt ein breites theoretisches und empirisches Schrifttum vor, vor allem von seiten der Ökonomie; zum aktuellen Stand der Diskussion vgl. Schmähl u. Ulrich (2001) sowie grundsätzlich Borgmann (2005).

34 Vorschlag der »Stiftung für die Rechte zukünftiger Generationen«, zitiert nach *Generationengerechtigkeit* 1/2000: 15.

wer zu den oberen vier Fünfteln der Einkommensverteilung gehört. Dem unteren Einkommensfünftel muß geholfen werden.«[35]

Vorausgesetzt wird in beiden Vorschlägen, daß die Zugehörigen zu bestimmten Geburtsjahrgängen oder Altersstufen eine Art gesonderter Haftungsgemeinschaft innerhalb der gesetzlichen Rentenversicherung bilden, die deshalb gleich behandelt werden müssen. *Dem Generationenkonzept wird hier also eine gesellschaftsstrukturierende Bedeutung zugemessen, der aber keine soziale Realität außerhalb der Rentenversicherung entspricht.*

Nach dieser Auffassung haben die dauerhaften Finanzierungsprobleme des Sozialversicherungssystems ihren Kern in dem Umstand, daß die seit etwa 1950 geborenen Generationen zahlenmäßig so geringen Nachwuchs hervorgebracht haben, daß die nachwachsenden Generationen bei gleichbleibenden Leistungen wesentlich höhere Versorgungslasten werden tragen müssen. Sie werden dadurch nachhaltig in ihrer Handlungsfreiheit eingeschränkt und mit den ihnen von den vorangehenden Generationen hinterlassenen Verpflichtungen tendenziell überfordert. Auch die Organisation staatlicher Alterssicherung nach dem Umlageverfahren läßt sich als staatlich organisierte Verschuldung an die nachwachsenden Generationen interpretieren, wobei hier die konsumtiven Zwecke eindeutig dominieren. Was früher für den Familienverband galt, daß nämlich Kinderlosigkeit nicht nur ein persönliches, sondern auch ein ökonomisches Unglück darstellt, gilt unter den vorhandenen sozialstaatlichen Bedingungen in der Bundesrepublik zwar nicht mehr in jedem Einzelfall, wohl aber weiterhin mit Bezug auf das Kollektiv der Generationen.

Allerdings: Generationen sind keine Kollektivsubjekte, und sie sind deshalb auch, wie gesagt, nicht als solche fähig, Verträge abzuschließen, wie dies die Metapher des Generationenvertrages suggeriert. Auch eine *Moralisierung*, als ob bestimmte Generationen als solche »schuld« wären an der ›Geburtenmisere‹ und deshalb mit dem Schwinden ihrer Sicherung im Alter zu Recht »bestraft« würden, geht am Problem vorbei.

Die Ursachen der diachronen »Gerechtigkeitslücke« als Folge der demographischen Entwicklung sind in Ungleichheiten zu finden, die sich bereits aus einer synchronen Betrachtungsweise

35 Axel Börsch-Supan: Aus der Not eine Tugend – Die Zukunft der alternden Gesellschaft. FAZ, 14. 8. 2004.

namhaft machen lassen, nämlich in der Polarisierung der erwachsenen Bevölkerung in Personen mit und ohne Elternverantwortung.[36] Blieben von den in den 1930er Jahren geborenen Frauen etwa jede zehnte kinderlos, so wird von den nach 1965 geborenen Frauen voraussichtlich etwa jede Dritte kinderlos bleiben; und bei den Männern ist die Verantwortungsübernahme für Kinder noch weniger verbreitet. Dagegen hat die mittlere Kinderzahl *der Mütter*, also der Frauen mit Kindern, bei den nach 1950 geborenen Frauen von 2,03 auf 2,25 Kinder zugenommen (vgl. Tabelle 5.2 B). Diese Polarisierungstendenz zwischen Mehrkinderhaushalten und Kinderlosen ist im internationalen Vergleich in Deutschland besonders ausgeprägt. Wie die Untersuchungen von Becker und Hauser (2003) gezeigt haben, läßt sich

»im Hinblick auf die gleichzeitig lebenden Mitglieder verschiedener Generationen (*d. h. in der Querschnittsperspektive F. X. K.*) in Westdeutschland konstatieren, daß sich die Verhältnisse immer mehr zu Ungunsten der jungen Generation verschoben haben. Allerdings ist darauf hinzuweisen, daß es bei der mittleren Generation einen deutlichen Unterschied zwischen Haushalten mit Kindern und Haushalten ohne Kinder gibt. Paare mit Kindern und Alleinerziehende lagen bereits 1973 unter dem Durchschnitt und ihre relative Position hat sich bis 1998 nochmals stark verschlechtert.« (Hauser 2005: Ms. S. 12)

Die immer deutlicher sich profilierende Differenz zwischen Eltern und Kinderlosen stellt eine neue Form sozialer Ungleichheit dar, welche ethische und politische Beachtung verdient.[37]

Auch hier muß zunächst vor Moralisierungen gewarnt werden. Man kann niemandem vorwerfen, daß er nicht heiratet oder keine Kinder hat, und bekanntlich gibt es nicht wenige Menschen und Paare, für die Kinderlosigkeit eine persönliche Tragödie darstellt. *Das Problem sind die institutionellen Regelungen, also die Folgen unserer Gesetzgebung, welche den Kinderlosen Vorteile und den Eltern Nachteile bringen.*

»Die Leistungserbringung der Kinderaufzucht, die den vergesellschafteten Alterssicherungssystemen erst das ›Deckungskapital‹ – entweder als künftige Beitrags- oder als künftige Steuerzahler – liefert, bleibt dementsprechend in der deutschen Rechtsordnung erstens weitgehend privatisiert und wird zweitens in den Altersversorgungssystemen gerade nicht gleichbe-

---

36 Vgl. Abschnitt 5.6; grundsätzlich ähnlich bereits Schmähl (2001: 199).
37 Hierauf hat als einer der ersten Heiner Geißler (1976) hingewiesen.

rechtigt mit den monetären Beiträgen als anspruchbegründende Leistung anerkannt.« (Pechstein 1994: 35f.).

Es ist also vordergründig, allein von einem Verteilungskonflikt zwischen unterschiedlichen Generationen zu sprechen; dahinter verbergen sich mindestens zwei weitere Verteilungskonflikte, nämlich derjenige zwischen den Geschlechtern und derjenige zwischen Eltern und Kinderlosen. Alle drei beziehen sich auf eine Sphäre, die dem herkömmlichen Nachdenken über den Sozialstaat fremd geblieben ist, nämlich die Sphäre der Reproduktion.

7.6 Lösungsvorschläge

Die Einführung des Umlageverfahrens in der Gesetzlichen Rentenversicherung war nach den Vermögensverlusten in und nach den beiden Weltkriegen als Übergangsmaßnahme ethisch wie politisch zu rechtfertigen. Seine exklusive Beibehaltung hat jedoch – insbesondere in Verbindung mit der dadurch mit bedingten Geburtenzurückhaltung – zu eindeutig unethischen Konsequenzen geführt. *Die Finanzierung der Alterssicherung im Umlageverfahren bedeutet keine Zukunftsvorsorge, sondern nur die Abtragung alter Schulden.* Wenn der Staat den Beitragszahlern für ihre Beiträge eine spätere Rente in Aussicht stellt, so ist das ein der Staatsverschuldung ähnlicher Sachverhalt. Jegliche Zukunftsvorsorge setzt Investitionen voraus, Investitionen in Sachkapital und in Humankapital. Eltern bilden durch ihre Erziehung und Pflege Humankapital oder – richtiger gesagt – Humanvermögen, genauso wie Lehrer und Ausbildner, welche allerdings nur die einmal geborenen oder allenfalls zugewanderten Kinder qualifizieren können. Wer keine Kinder aufzieht, investiert nicht ins Humanvermögen der Zukunft und damit in seine eigene Altersvorsorge. Deshalb sollte er verpflichtet werden, durch Ersparnisse für sein Alter vorzusorgen und die Bildung von Sachvermögen zu fördern (vgl. Abschnitt 6.7).[38]

Versicherungsökonomisch gesprochen, geht es darum, das beitragsfinanzierte Umlagesystem vom ›Moral-Hazard‹-Verhalten der Kinderlosen zu entlasten. Es ist in einem marktwirtschaft-

38 So auch Fabig (2001: 171) unter zustimmender Zitierung von O. Mayer: Generationengerechtigkeit – was ist das? In: Wirtschaftsdienst 2000, Nr. 10.

lichen System ökonomisch vorteilhaft, keine Elternverantwortung zu übernehmen, und diese Vorteilhaftigkeit wird durch das Äquivalenzprinzip von monetären Beiträgen und Rentenleistungen sozusagen sozialstaatlich verdoppelt. Aber selbst das ist erst die halbe Wahrheit, denn die Beiträge dienen ja nicht dem Aufbau von Zukunftskapital, sondern nur zur Finanzierung des *Unterhalts der älteren Generation*. Hierfür erscheint es durchaus gerechtfertigt, von allen Erwerbstätigen beitragsproportionale Beiträge zu fordern, ja, man kann sich fragen, warum diese durch eine Beitragsbemessungsgrenze nach oben beschränkt werden, und warum die Beamten und die freien Berufe davon ausgenommen sind. Die gelegentlich von Familienpolitikern erhobene Forderung, den Eltern geringere Beiträge als den Kinderlosen abzufordern, würde die ökonomischen Zusammenhänge zusätzlich vernebeln. Für den distributiven Familien*lasten*ausgleich, also die Kompensation der Aufbringungskosten von Kindern, kann sinnvollerweise kein kollektives Alterssicherungssystem zuständig gemacht werden.

Anders steht es mit dem allokativen Familien*leistungs*ausgleich. Es ist geradezu absurd, daß diejenigen, die das *Humanvermögen der Zukunft* aufziehen, also die wichtigste Basis für die Finanzierung der zukünftigen Renten gewährleisten, im Rahmen der Rentenanwartschaften nicht oder nur minimal anerkannt werden.[39] Die einzige plausible Begründung für die Äquivalenz von Beiträgen und Leistungen in der Gesetzlichen Rentenversicherung besteht in der Analogie zur privaten Lebensversicherung. Diese Analogie ist jedoch sehr vordergründig, wie sowohl die unterschiedliche Finanzierung als auch die unterschiedliche Risikostruktur der beiden Sicherungssysteme zeigt. Zwar ist es plausibel, denjenigen, die für den Unterhalt der alten Generation Beiträge geleistet haben, eine beitragsäquivalente Alterssicherung in Aussicht zu stellen, aber der Unterhalt der alten Generation beinhaltet lediglich die eine Hälfte des sogenannten Generationenvertrages; die andere Hälfte bezieht sich auf die kollektive Zukunftsvorsorge. Und diese hat nicht mit der Beitragsleistung, sondern mit der Bildung von Zukunftsvermögen zu tun, sei es als Investition in das Sachvermögen oder in das Humanvermögen.

Mit Bezug auf die Verknüpfung von Generationen- und El-

---

39 Eine Anrechnung von Erziehungszeiten (derzeit drei Jahre pro Kind) erfolgt nur für die nach 1992 geborenen Kinder.

terngerechtigkeit hatte der »Vater der Dynamischen Rente« von 1957, Wilfried Schreiber, bereits eine im Grundsatz überzeugende Lösung vorgeschlagen: Die Kinder- und Jugendrente wurde als »Investitionskredit« gedeutet, der von den erwachsen Gewordenen entweder in der Form der Erziehung eigener Kinder oder in bar zu erstatten sei, wobei der einkommensbezogene Erstattungssatz um so geringer anzusetzen wäre, je mehr Kinder in einem Haushalt erzogen werden (vgl. Schreiber 1955/2004: 32ff.). Hier also erscheint die Abgabe der Kinderarmen oder Kinderlosen nicht als ›Strafsteuer‹, sondern *als Äquivalent für die normalerweise zu erwartende Erziehungsleistung*, ohne die eine Gesellschaft ebensowenig eine Zukunft hat wie eine Familie. Dieses Konzept eines staatlich vermittelten doppelten Generationenvertrags ist in sich schlüssig und kann auch heute noch zur Schärfung des Problemverständnisses dienen.[40] Der wissenschaftliche Beirat für Familienfragen beim Bundesministerium für Familie hat kürzlich eine ähnliche Perspektive entwickelt, in der »alle Elemente von Familienpolitik als Teil eines Austauschprozesses (betrachtet werden), der lebenslang innerhalb und zwischen den Generationen stattfindet« und für den »ein drei Generationen einschließendes System von Zahlungsströmen« gefordert wird.[41]

Hans Werner Sinn, der gegenwärtige Direktor des ifo-Instituts (München), verficht ein dem Gedanken Schreibers verwandtes, in der gegenwärtigen wirtschaftlichen Situation aber wohl praktikableres Konzept. Er kritisiert, daß der Ausbau des Familienlastenausgleichs zur Kompensation der Nachteile des Kinderhabens in der Alterssicherung »auf eine doppelte Intervention des Staates« hinausläuft, und plädiert daher dafür, allein im Rentenrecht anzusetzen und die bis 2035 unumgänglichen Kürzungen der gesetzlichen Renten nur denjenigen aufzuerlegen, die weniger als zwei Kinder erziehen, und für ebendiese eine Vorsorge im Sinne der kapitalgedeckten Riester-Renten vorzuschreiben. Er begründet dies wie folgt:

»Im Generationenzusammenhang (gehört es) zu den normalen Pflichten einer jeden Generation ..., zwei Leistungen zu erbringen: In der leistungsfähigen Lebensphase muss man seine Eltern und seine Kinder ernähren. Die erste dieser beiden Leistungen wird in Form der Rentenbeiträge er-

40 Hierzu immer noch lesenswert: Nell-Breuning u. Fetsch (1981).
41 Wissenschaftlicher Beirat für Familienfragen (2001: 247 u. 257).

bracht, die ja in vollem Umfang an die heutigen Rentner fließen. Doch die zweite Leistung wird von vielen Menschen nicht erbracht, weil sie sich gegen Kinder entscheiden. So gesehen ist es sehr wohl gerecht, nun auch diesen Menschen eine zweite Leistung in Form des Riester-Sparens abzuverlangen. Dadurch sichern sie sich die Renten, deren Vollfinanzierung man den wenigen zukünftigen Beitragszahlern nicht mehr zumuten kann, und es wird möglich, den Eltern einen größeren Teil der von ihren eigenen Kindern gezahlten Rentenbeiträge zu belassen. Menschen, die mehrere Kinder großziehen, an der Riesterrente zu beteiligen, hieße indes, ihnen eine dreifache Last aufzuerlegen. Als Beitragszahler ernähren sie die jetzt Alten, als Eltern finanzieren sie über die Kosten der Kindererziehung die Renten aller zukünftigen Rentenbezieher, und als Riester-Sparer müßten sie zusätzlich ihre eigenen Renten finanzieren.«[42]

Sinns Vorschlag läuft auf eine allgemeine Kürzung der Renten hinaus, bei gleichzeitiger Aufwertung der Ansprüche aus Erziehungsleistungen. Entsprechende durchgerechnete Vorschläge wurden von Gallon, Bank u. Kreikebohm bereits 1994 vorgelegt (vgl. auch Gallon 1996). Sie haben jedoch niemals eine ernsthafte politische Diskussion ausgelöst. Immerhin scheint neuerdings der öffentliche Druck auf eine stärkere Anerkennung der Familienleistungen zuzunehmen, was bei den ›Mandarinen des Systems‹ entsprechende Abwehrreaktionen auslöst (vgl. Rürup u. Gruescu 2003; Ruland 2004).

Allgemeine Kürzungen haben durch die Rentengesetzgebungen von 1992, 1999 und 2003 bereits stattgefunden. Diese Rentenkürzungen betreffen jedoch alle Anspruchsberechtigten im Grundsatz gleichermaßen, unabhängig davon, ob sie Kinder großgezogen haben oder nicht. Unter Einschluß der Gesetzgebung über die sogenannten Riester-Renten kommt Schmähl (2003: 361) sogar zum Schluß: »Durch die beitragsäquivalente Ausgestaltung der Privatvorsorge bei gleichzeitiger Reduktion des Leistungsniveaus der gesetzlichen RV werden Umverteilungselemente zugunsten von Frauen und Familien *abgebaut*.«[43] Zwar wurde die Anrechnung von Erziehungszeiten etwas verbessert, aber damit kommen keine wirkliche Entlastung der Eltern und keine spezifische Belastung der Kinderlosen zustande.[44]

42 Sinn (2003: 87); vgl. auch Sinn (2003a: 389ff.).
43 Hervorhebung von mir.
44 Vgl. die Kritik in Hessische Staatskanzlei (2003: 79ff.). – Zumindest müßte die Kindererziehung so erheblich aufgewertet werden, daß Mütter, die

Es kommt vielmehr darauf an, den Generationenvertrag zwischen der Erwachsenen- und der Altengeneration so zu modifizieren, *daß die volkswirtschaftliche Leistung der Kindererziehung äquivalent zu einer höheren Sparrate der Kinderlosen gilt.* Unter dieser Voraussetzung könnte auf den von Wilfried Schreiber vorgesehenen »zweiten Generationenvertrag« grundsätzlich verzichtet werden. Damit wäre das Problem der »Transferausbeutung«, d. h. der Familien*leistungs*ausgleich, prinzipiell gelöst. Das macht allerdings den Familien*lasten*ausgleich nicht entbehrlich, wie Sinn meint (vgl. Abschnitt 6.6).

Die hier vorgestellte Perspektive wirft auf jeden Fall ein neues Licht auf die alte Kontroverse bezüglich einer Finanzierung der Alterssicherung (Rentenversicherung und Pflegeversicherung) durch das Umlageverfahren oder durch das Kapitaldeckungsverfahren.[45] Seine politische Legitimation bezog die explizite Einführung des Umlageverfahrens mit der Rentenreform von 1957 bereits durch das Hinschwinden aller Kapitalrückstellungen – seien sie öffentlicher oder privater Natur – in den beiden Währungsreformen von 1922 und 1948. Politisch gab es damals gar keine Alternative, wollte man die vom Krieg ohnehin gebeutelten Alten am Wirtschaftsaufschwung teilhaben lassen. Die volkswirtschaftliche Legitimation des Umlageverfahrens resultierte aus der sogenannten Mackenrothschen Regel, der zufolge »aller Sozialaufwand immer aus dem Volkseinkommen der laufenden Periode gedeckt werden muß« (Mackenroth 1952: 41). Heute müßte diese Regel wie folgt modifiziert werden: *Aller zukünftige Sozialaufwand muß aus den Erträgen des Human- und Sachvermögens der betreffenden Periode gedeckt werden.* Nur was vorher investiert worden ist, wirft zu gegebener Zeit Erträge ab.

Aber das Umlageverfahren ist nicht ohne Tücken. Denn wenn sich das Verhältnis zwischen Beitragszahlern und Leistungsempfängern nachhaltig ändert – und ebendies ist aufgrund des demographischen Wandels in den kommenden Jahrzehnten zu erwarten –, so gerät das System der sozialen Sicherung zwangsläufig aus dem Gleichgewicht.[46] Die aufgrund früherer Zahlungen akkumu-

mehr als zwei Kinder erziehen, unter Anrechnung vorfamilialer Berufstätigkeit eine eigenständige durchschnittliche Rente erreichen können.
45 Als Überblick vgl. Breyer (2000).
46 Es bleibt zu berücksichtigen, daß in Deutschland nicht die gesamte Bevölkerung in einem einheitlichen System gesichert ist. Das verschleiert zwar

lieren Leistungsansprüche der geburtenstarken Jahrgänge (»Babyboomer«) wirken wie eine zusätzliche Staatsverschuldung, deren Honorierung den jüngeren Generationen auferlegt wird. Ökonomen fordern daher für die »Babyboomer« eine stärkere Eigenvorsorge in Form kapitalwirksamer Ersparnis und weisen darauf hin, daß diese Ersparnisse auch im Ausland angelegt werden könnten, wo die Renditen voraussichtlich höher und die Wirkungen des »Entsparens« zum Zeitpunkt wachsender Rentnerpopulationen weniger kraß zu Buche schlagen als in einer geschlossenen Volkswirtschaft. In der Tat beruht die »Mackenrothsche Regel« ja auf der Keynesianischen Vorstellung einer Volkswirtschaft mit grundsätzlich geschlossenem Kreislauf. Vor allem von privaten Kapitalsammelstellen (Lebensversicherungen, Pensionsfonds u. ä.) wird erwartet, daß sie in der Lage seien, die Ersparnisse der Bürger auch dann noch in renditeträchtiger Form zu verwalten, wenn die reale Rendite der Sozialversicherungsbeiträge infolge des Kippens der Generationsbalance verschwinden oder gar negativ werden sollte. Auch wenn diese Hoffnungen berechtigt sein sollten,[47] würden sie allerdings nicht dazu beitragen, das Problem der »Transferausbeutung von Familien« zu beseitigen. Denn die Sparpotentiale sind um so größer, je geringer die mit der Kinderzahl zwangsläufig steigenden Konsumbedürfnisse werden. Deshalb sollte das Prinzip der Kapitaldeckung nur für den Teil der obligatorischen Altersvorsorge der *Kinderlosen* eingeführt werden, der den durch Erziehungs- und Pflegeleistungen

---

manche Probleme, mildert sie aber nicht. Für die Versorgung der Beamten haben die meisten Gebietskörperschaften keine Vorsorge getroffen. Am ehesten dürften die Sicherungssysteme der freien Berufe von einer jüngeren Altersstruktur profitieren und auch eine gewisse Anziehungskraft ausüben. Das geht dann zu Lasten der Beitragszahler in den Gesetzlichen Sozialversicherungen. Ein ›Risikostrukturausgleich‹ in der Altersversorgung wäre aber wohl nur bei einer grundlegenden Reform der Alterssicherung praktikabel, wie sie heute unter dem Schlagwort ›Bürgerversicherung‹ angedacht wird. Die Diskussion dieser Fragen liegt jenseits unserer Fragestellung.

47 Daß man in dieser Hinsicht keinen allzu großen Optimismus hegen sollte, zeigen die radikalen Kürzungen der erwirtschafteten Überschußbeteiligung in der privaten Lebensversicherung und die erfolgreichen Bemühungen der Lebensversicherungsgesellschaften in Deutschland, selbst die gesetzlich vorgeschriebene Garantieverzinsung weiter zu senken. Auch die Privatassekuranz ist von der zunehmenden Langlebigkeit sowie sinkenden Realzinsen betroffen. Hierzu auch Schmähl (2003).

erworbenen Zusatzleistungen der Eltern in der Gesetzlichen Rentenversicherung entspricht.

Was die gegenwärtig diskutierte Umstellung der Pflegeversicherung auf Kapitalfinanzierung betrifft, so ist nicht zu bestreiten, daß infolge der Verlängerung der Lebenserwartung die Altenpopulation anschwillt, was – mit einer gewissen Verzögerung dank einer längeren Lebensphase bei guter Gesundheit – schließlich zu einer überproportionalen Nachfrage nach Pflegeleistungen führen wird. Gegen dieses Risiko könnte heute noch in praktikabler Weise durch Kapitalbildung vorgesorgt werden. Allerdings wäre hier zu berücksichtigen, daß Eltern nicht nur reale Vorleistungen in der Form von Kindererziehung erbracht haben, sondern daß darüber hinaus ihr Risiko, in die besonders kostenträchtige Heimpflege zu kommen, durch die Pflegepotentiale in der Familie reduziert wird. Würden hier gleiche Beitragssätze kalkuliert, so würden die hochindividualisierten prosttraditionalen Lebensformen erneut von den Leistungen der Familien profitieren, denn deren Heimeinweisung dürfte infolge ihrer häufigeren Vereinsamung und angesichts knapper Plätze stets dringlicher erscheinen als diejenige von bereits in Familienpflege befindlichen Personen. Wie in einem sozialversicherungsrechtlichen Verhältnis eine degressive Beitragsgestaltung gerechtfertigt wäre, so müßten im Falle einer privatrechtlichen Versicherungslösung entsprechend getrennte Tarife für Eltern und für Kinderlose vorgeschrieben werden.

Im Anschluß an eine vergleichende Untersuchung unterschiedlicher Entlastungsformen von Familien im Rahmen der gesetzlichen Pflegeversicherung haben Schmähl und Rothgang (2004) jüngst ein umfassendes Konzept des Familienlasten- und Familienleistungsausgleichs vorgelegt. Sie machen zu Recht darauf aufmerksam, daß die bisherige Politik der Entlastung von Familien stückwerkartig und intransparent ist und daß insbesondere steuerlich finanzierte Leistungen in erheblichem Maße von den Familien mitfinanziert werden. Demzufolge schlagen sie vor, die vom Bundesverfassungsgericht geforderte Entlastung der Familien in der Pflegeversicherung nicht durch eine erneute punktuelle Maßnahme, sondern im Zuge einer umfassenden Reorganisation der Transferströme zugunsten von Familien vorzunehmen. Schmähl und Rothgang schlagen vor, den ohnehin steuerfinanzierten Familienlastenausgleich durch ebenfalls steuerfinanzierte

Zuschüsse zu den Beitragszahlungen an Renten- und Pflegeversicherung von Personen mit Erziehungsverantwortung zu ergänzen. Das eigentlich Neue an ihrem Vorschlag bezieht sich jedoch auf die Finanzierungsseite: Um die bisherige intransparente Beteiligung auch einkommensschwacher Eltern an der Finanzierung der Familienleistungen zu beseitigen, sollte die Finanzierung des Familienlasten- und Familienleistungsausgleichs als Zuschlag zur Einkommensteuer ausgestaltet werden (»Kinder-Soli«). Dieser Vorschlag verspricht in der Tat eine sehr effektive und das gesamte Transfersystem erheblich vereinfachende Lösung, die dem ursprünglichen Gedanken Wilfried Schreibers, die Transferströme zugunsten der nachwachsenden Generation in einer ›Kinderkasse‹ zu bündeln, nahe kommt (vgl. Schreiber 1955/2004: 32ff.).

Immer bleibt es eine politische Entscheidung, in welchem Ausmaße die Bevölkerung zur kollektiven Altersvorsorge angehalten werden soll, und nur in diesem Zusammenhang kann realistischerweise von einem Familienleistungsausgleich die Rede sein. In diesem Rahmen allerdings erscheint mir die Anerkennung der Haushaltsproduktion neben der marktwirtschaftlichen Produktion und damit die Anerkennung der Humanvermögensbildung als Investition neben der Sachvermögensbildung eine wissenschaftliche und politische Voraussetzung, um Deutschland eine humanere und ökonomisch nachhaltigere Zukunftsperspektive zu geben. Um dies zu begreifen, muß man sich allerdings vom Schleier einer bloß monetären Betrachtungsweise lösen und die realen Zusammenhänge der Wohlfahrtsproduktion in den Blick nehmen.

8. *Statt eines Schlußworts*
Anmerkungen zu zwei Bestsellern

Das Ziel dieser Schrift war es, für langfristige demographische Entwicklungen und ihre Wirkungen zu sensibilisieren. Sie hat kurzfristiger wirksame und politisch aktuellere Zusammenhänge wie beispielsweise die Arbeitslosigkeit nur am Rande berührt. Sie enthält kein politisches Aktionsprogramm. Sie versucht jedoch Richtungen anzuzeigen, in die eine längerfristig angelegte Reformpolitik zu gehen hätte. Auch deren Reichweite bleibt allerdings zwangsläufig beschränkt: durch beschränktes Wissen, durch beschränkte Ressourcen und vor allem durch die Beschränkungen gesellschaftlicher Unterstützung. Das gilt insbesondere für den so tief ins Alltagsleben und die Gefühle der Menschen eingreifenden Problemzusammenhang der Nachwuchssicherung. Wir haben es hier mit einem wahrhaft ›historischen‹ Problem zu tun, mit jener Art von Geschichte, die den politischen Handlungsraum und die in ihm wirksamen Absichten übergreift, wo sich das langfristige Geschick kollektiver Identitäten entfaltet. ›Geschick‹ ist dabei im doppelten Sinne des Wortes gemeint: als Schicksal und als Fähigkeit, mit ihm umzugehen.

Der Ort, wo derartige Fragen mit Langfristwirkung verhandelt werden, ist nicht die Politik, sondern die *Öffentlichkeit*, an der Wissenschaft nur in bescheidenem Umfange teilhat. Was die Öffentlichkeit bewegt, wird nicht zuletzt an Sachbüchern sichtbar, die zu Bestsellern werden. Zwei Bestseller aus dem Jahre 2004, also aus der Zeit, in der diese Schrift im wesentlichen geschrieben wurde, beschäftigen sich auch mit Fragen, die die Bevölkerungsentwicklung aufwirft. Durch eine kritische Auseinandersetzung mit einigen ihrer Anschauungen will ich abschließend verdeutlichen, wo diese Schrift andere Akzente setzt.

8.1 *Albrecht Müller:* Die Reformlüge

Die Reformlüge (Müller 2004) ist die Einrede eines gestandenen, zornigen Sozialdemokraten, dem »die ganze Linie nicht passt«, und als solche verdient das Buch seinen aktuellen Platz. Es beinhaltet einen Rundumschlag gegen »40 Denkfehler, Mythen und Legenden, mit denen Politik und Wirtschaft Deutschland ruinieren« (Untertitel). Es ist ein Buch voller meist nur wenig begründeter politischer Meinungen, darunter manche, denen ich durchaus zustimmen kann. Es stellt die in der öffentlichen Meinung dominierenden neoliberalen ›Gesundungsrezepte‹ für die Wirtschaft konsequent in Frage, aber es kolportiert auch sehr vordergründige Situationseinschätzungen, die der Komplexität der faktisch wirksamen Zusammenhänge nicht gerecht werden. Das kann hier nur an den »Drei Mythen, die demographische Frage betreffend«, dargelegt werden (103-140), zumal die übrigen »Mythen« die Thematik unseres Buches bestenfalls indirekt betreffen.

Mit Bezug auf die demographischen Entwicklungen beruft sich Müller im wesentlichen auf einen Aufsatz in den »Gewerkschaftlichen Monatsheften« von Gerd Bosbach (2004), dessen Argumentation öffentlich weit verbreitet wurde. Insofern wird mit dieser Auseinandersetzung auch eine gewisse antikritische Absicherung der hier vorgetragenen Überlegungen möglich.

Albrecht Müller hat sich bereits während seiner Tätigkeit im Bundeskanzleramt unter Helmut Schmidt bemüht, das diesen irritierende Thema der Bevölkerungsentwicklung ›unter der Decke zu halten‹. In der zweiten Hälfte der siebziger Jahre versuchte nämlich die CDU, durch parlamentarische Anfragen im Bundestag und in Länderparlamenten das Thema auf die politische Tagesordnung zu bringen und die niedrige Fertilität der ungenügenden Familienpolitik der sozialliberalen Koalition anzulasten. Ich gehörte damals zu jenen, die nach Müller zu Recht »als unaufgeklärt und völkisch denkend diskreditiert« wurden, weil sie »Begriffe wie ›Nettoreproduktionsrate‹ und ›Alterslast‹ gebrauchten« (105), also schon damals die demographische Entwicklung und ihre Folgen thematisiert haben. Die »Diskreditierung« erfolgte vorzugsweise durch Müller selbst.[1]

Den ersten Mythos oder »Denkfehler« bringt Müller auf die Kurzformel: »Wir werden immer weniger!« und führt aus:

---

1 Vgl. z.B. das Streitgespräch zwischen Albrecht Müller und Theodor Schmidt-Kaler in GEO, Dezember 1980, S. 160-164. Die Argumentation von Schmidt-Kaler stand allerdings derjenigen von Müller an Grobschlächtigkeit nicht nach!

»Im ›dramatischen‹ Jahr 2050 liegt die Bevölkerungszahl nach der mittleren Prognose mit 75 Millionen Menschen demnach weit höher als 1950 mit
knapp 69 Millionen. Warum sollte uns das aufregen? Damals, 1950, war es
nicht leer in Deutschland. Und 1939, als die Bevölkerungszahl im Gebiet
der späteren Bundesrepublik (West) mit 43 Millionen noch niedriger war
als 1960 mit 50,8 Millionen, sprachen Hitler und seine Helfer vom ›Volk
ohne Raum‹ und überzogen Europa mit einem furchtbaren Krieg. Heute
spricht der Spiegel im Hinblick auf die kommenden Jahre vom ›Raum ohne
Volk‹ – dieselbe Übertreibung, bloß andersherum. Diese wenigen Ziffern
zeigen schon, wie bodenlos verrückt die Debatte verläuft. ›Raum ohne
Volk‹ und ›Der letzte Deutsche‹, diese Parolen grenzen an Volksverdum-
mung.« (106)

Diesem letzten Urteil kann ich nur zustimmen. Allerdings ist die
vorangehende Argumentation nicht weniger irreführend: Es
kommt nämlich wirtschafts- und sozialpolitisch nicht auf die Bevölkerungsgröße und noch weniger auf die Bevölkerungsdichte
an, sondern auf Struktur und Wachstumstendenz der Bevölkerung. Im Jahre 1950 waren 31% der Bevölkerung unter 20 Jahre
alt, im Jahre 2050 werden es nach der von Müller zitierten Modellrechnung des Statistischen Bundesamtes noch 16% sein (vgl.
oben Tabelle 2.2). Dementsprechend lag die Fertilität damals
leicht über dem Reproduktionsniveau; bei der Modellrechnung
reproduziert sich die Bevölkerung dagegen nur noch zu zwei
Dritteln. Der Bevölkerungsrückgang ist bis 2050 nicht stärker,
weil mit einem Zuwanderungssaldo von 200 000 Personen jährlich gerechnet wird, was nach bisherigen Erfahrungen eine drei-
bis viermal so hohe Bruttozuwanderung erfordert (vgl. Abschnitt 3.5). Außerdem bleibt der für 2050 vorausgeschätzte Bevölkerungsstand ja nicht stabil, sondern es ist nach 2050 mit einem weiteren beschleunigten Rückgang der Bevölkerung zu
rechnen. Ohne einen Wiederanstieg der Fertilität wird sich die
Altersstruktur auch nach dem Auslaufen der ›Babyboom-Welle‹
nicht mehr verjüngen, und der Bevölkerungsrückgang wird weiter anhalten. Es gibt m. W. keinen Experten außer dem selbster-
nannten Experten Bosbach, der diese Konstellation als dauerhaft
tragfähig ansieht.[2]

2 Der Präsident des Statistischen Bundesamtes, Johann Hahlen, hat zu den
Ausführungen von Bosbach, welche in der *Frankfurter Rundschau* vom
23. Februar 2004 unter dem Titel »Die modernen Kaffeesatzleser« verbreitet
worden waren, kritisch Stellung genommen in: Mitteilungen der Deutschen
Gesellschaft für Demographie e. V. – Berlin 2004, Nr. 6, S. 25 f.

Offen ist die Frage, ob dieses Szenario eintritt. Es handelt sich bei einer so weitreichenden Extrapolation nicht um eine Prognose, wie Bosbach und Müller unterstellen. Weil sich demographische Veränderungen sehr langsam vollziehen, sind sie vergleichsweise gut vorauszuberechnen; ihre ›Volatilität‹ ist wesentlich geringer als bei ökonomischen Indikatoren; deshalb sind so langfristige Extrapolationen sinnvoll. Aber das schließt eine Trendwende und damit die prognostische Irrigkeit der Extrapolation natürlich nicht aus. Allerdings haben unsere Überlegungen keine Faktoren erkennen lassen, die ohne nachhaltige politische Anstrengungen zu einer Trendumkehr führen könnten. Nur ein weitreichender kultureller Wandel hinsichtlich des Wertes von Kindern und Familie ließe – in Verbindung mit einer stärkeren politischen und wirtschaftlichen Anerkennung von Familientätigkeiten – eine Trendwende wahrscheinlich werden. Solange Kinderlosigkeit ökonomisch und sozial so attraktiv bleibt wie bisher, erscheint es dagegen wahrscheinlicher, daß sich Kinderlosigkeit in wachsenden Milieus weiter verfestigt. Es könnte demographisch also auch durchaus ›schlimmer kommen‹, als die vom Statistischen Bundesamt vorgestellte mittlere Variante, mit der sich Müller auseinandersetzt.

Den zweiten Mythos oder Denkfehler stellt Müller unter den Titel »Wir werden immer älter. Der Generationenvertrag trägt nicht mehr« (115-125). Und führt aus:

»Wir haben auch in der Vergangenheit Alterungsprozesse erlebt, ohne dass das Land darunter zu leiden hatte: … Im Jahr 1900 kamen auf einen alten Menschen 12,4 Personen mittleren Alters. Im Jahr 1960 waren es weniger als die Hälfte: nur noch 5,8. Eine dramatische Entwicklung. Hat sich damals jemand aufgeregt? Und ist die neuste Entwicklung angesichts dieser Geschichte wirklich so einschneidend?« (116)

Was die demographischen Zusammenhänge angeht, so ist der entscheidende Unterschied zwischen damals und heute, daß die Fertilität nun bereits seit einer Generation um rund ein Drittel unterhalb des Reproduktionsniveaus liegt, während der ›erste Geburtenrückgang‹ eine zweckmäßige Anpassung der Bevölkerung an die gesunkene Kinder- und Jugendsterblichkeit darstellte (vgl. Abschnitte 5.1 und 5.2). Eine Nachwuchsentwicklung in der Größenordnung des Reproduktionsniveaus bietet aus demographischer Sicht die geringsten Probleme (vgl. Abschnitt 7.4).

Nicht die Zunahme des Anteils der alten Menschen ist das Problem; sie ist angesichts der zunehmenden Langlebigkeit bei besserer Gesundheit weder zu bedauern noch zu vermeiden. Das Problem besteht im zu geringen Nachwuchs, der unter den gegebenen Bedingungen nicht nur mit Bezug auf die ›Babyboomer‹, sondern dauerhaft mit dem Unterhalt der alten Generation überfordert ist. Eine Bevölkerung, in der es etwa gleich viele unter 20-Jährige und über 80-Jährige gibt, kann nicht nachhaltig sein.

Von einer kontinuierlichen Zuwanderung, die auch Müller empfiehlt, sollte man sich nicht zuviel versprechen. Sie vermag zwar vorübergehend die Bevölkerungsbilanz zu verbessern,[3] aber ob sie wirtschaftlich und sozial auf Dauer von Vorteil ist, bleibt nach bisherigen Erfahrungen angesichts der hohen Rückwanderungsquote zweifelhaft. Nur eine konsequente Integrationspolitik könnte hier hilfreich sein. Da die demographische Entwicklung in ganz Europa und insbesondere in Osteuropa mehr oder weniger prekär ist, wird man zunehmend auf außereuropäische Zuwanderer angewiesen sein, deren Integration bedeutend schwieriger ist.

Die Rede vom ›Generationenvertrag‹ bezieht sich auf eine politische Metapher, die sich unterschiedlich auslegen läßt. Und je nach Auslegung wird man sagen können, der Generationenvertrag trage oder er trage in Zukunft nicht mehr. Eine politische Änderung der Strukturen unserer kollektiven Alterssicherung, die zu einer massenhaften Verelendung der hiervon abhängigen Bevölkerung führen würde, steht jedenfalls so lange nicht zu befürchten, wie das Bundesverfassungsgericht über die Wahrung des Sozialstaatsgebotes befinden kann. Daß die ›demographische Keule‹ derzeit von Politikern und Publizisten oft auch geschwungen wird, um Verteilungsstrukturen aus ganz anderen Gründen zu ändern, kann man Müller durchaus abnehmen. Recht hat er auch, wenn er eine Verbesserung der wirtschafts- und sozialpolitischen Situation nur von einer Beschleunigung des Wirtschaftswachstums und nicht von der Einschränkung der Sozialleistungen erwartet. Insofern scheinen Deregulierungen am Arbeitsmarkt weit wichtiger, wovon er allerdings auch nichts wissen will. Das gilt insbesondere für Entlohnung und Kündigungsmöglichkeiten älterer Arbeitnehmer. Denn wenn es bis 2030 nicht gelingt,

3 Vorübergehend, denn auch die Zuwanderer kommen ins Rentenalter!

das faktische Verrentungsalter, welches heute im Durchschnitt um 60 Jahre liegt, deutlich, d. h. um mindestens drei Jahre, nach hinten zu verschieben, ist es mit den bisherigen, bereits einschneidenden Kürzungen der Altersrenten für die mittleren und jüngeren Generationen nicht getan.

Gerne trete ich schließlich im Grundsatz der Kritik Müllers am dritten seiner auf Demographie bezogenen ›Denkfehler‹ bei: »Jetzt hilft nur noch private Vorsorge« (126-140), allerdings nur im Grundsatz. Selbst ein Vorkämpfer kapitalgedeckter Altersvorsorge wie Axel Börsch-Supan plädiert nur für eine Ergänzung der umlagefinanzierten kollektiven Alterssicherung durch kapitalbildende Altersvorsorge und nicht für einen grundsätzlichen Systemwechsel. Im übrigen geht die Periode, in der der Aufbau eines derartigen Kapitalstocks aus demographischen Gründen relativ leicht gewesen wäre (1980-2010, vgl. Abbildung 7.2), bereits zu Ende.[4] Damit ist allerdings die Problematik ausreichender Vorsorge und Kapitalbildung nicht gelöst, sie wird nur schwerer lösbar. Die entscheidende Frage ist nun: Wem ist diese Vorsorge zuzumuten? Solange man beim Freiwilligkeitsprinzip gemäß der Riester-Rente bleibt, beantwortet sie sich von selbst: Jeder mutet sich zu, was er kann, und hat die Konsequenzen im Alter zu tragen. Das ist allerdings kein überzeugender sozialstaatlicher Ansatz, sondern ein öffentliches Täuschungsmanöver, da ist Müller zuzustimmen. Aber wie es ohne eine Leistungskürzung in der GRV ein Gleichgewicht zwischen Beiträgen und Leistungen bei sich verschlechternden Relationen zwischen beiden geben soll, dafür hat Müller keine plausiblen Vorschläge. Kapitalisierende Vorsorge ist grundsätzlich sinnvoll und für den Erhalt des Lebensstandards im Alter nach der jüngsten Gesetzeslage unum-

4 In diesem Zeitraum scheint es aus demographischen Gründen relativ leicht, neben den für den Unterhalt der alten Generation erforderlichen Beitragsleistungen zusätzliche Ersparnisse zu bilden und einen Kapitalstock aufzubauen, der dann nach 2030 zur Entlastung der Umlagefinanzierung herangezogen werden könnte. Würde das Geld diversifiziert im Ausland angelegt, so wäre die Auflösung des Kapitalstocks auch ohne gravierende binnenwirtschaftliche Nebenwirkungen grundsätzlich möglich. Auch die ökonomische Theorie der Alterssicherung bestätigt die Eignung des Kapitaldeckungsverfahrens, um intergenerationale Lastverschiebungen zu bewerkstelligen, konkret also: diejenigen Generationen, welche durch ihre Zurückhaltung beim Aufziehen von Kindern gespart haben, zu einer stärkeren Vorsorge für ihr eigenes Alter zu veranlassen und damit die zukünftigen, zahlenmäßig schwächeren Generationen zu entlasten (vgl. Breyer 2000).

gänglich. Aber wer kann die hierfür notwendigen Ersparnisse erübrigen?

Hier setzt der Vorschlag ein, die Kürzungen in der GRV schwerpunktmäßig denjenigen zuzumuten, die keine Kinder aufziehen und deshalb unter gleichen Einkommensbedingungen auch größere Sparpotentiale haben. »Eine Rentenversicherung nach dem bisher praktizierten Umlageverfahren ist eine Zwangsmaßnahme, die sicherstellen soll, daß Kinder ihre Eltern im Alter finanzieren, und sie ist zugleich eine Versicherung gegen Kinderlosigkeit, weil sie diejenigen, die selbst keine Kinder haben können, in die Lage versetzt, sich von den Kindern anderer Leute ernähren zu lassen.« (Sinn 2003: 473) Das muß sich ändern. Einfach gesagt: Wer keine Kinder großzieht, kann nicht erwarten, von ihnen im Alter unterstützt zu werden, und muß daher selbst vorsorgen. Dieser Grundsatz ist uns selbstverständlich unter staatsfreien Bedingungen der Lebensführung, er sollte aber auch in die Prinzipien staatlich organisierter kollektiver Altersvorsorge Eingang finden, unbeschadet des Anspruchs auf ein sozialstaatlich verbürgtes Existenzminimum, das allen Bürgern zusteht (vgl. Abschnitte 6.7 und 7.6).

Von solchen Ideen hält Albert Müller nichts:

»Die Vorstellung aber, Kinder würden geboren, um die Renten der Alten zu zahlen, ist ziemlich abwegig. (*In der Tat! F.-X. K.*) Deshalb (?) ist nicht einzusehen, weshalb das Kinderhaben mit einer besonderen Entlastung beim Rentenbeitrag oder mit einem Zusatzbetrag der Kinderlosen – was ja eine Entlastung der Kinderreichen bedeutet – belohnt werden sollte. Nach der Logik des Generationenvertrags würden die Kinder, deren Existenz auf diese Weise subventioniert werden soll, mit ihrer Arbeit dann aber nur für ihre eigene Rente sorgen. Sie würden nichts für die gerade in Rente befindlichen Personen leisten, sondern im Vorgriff auf ihre Rente nur für sich arbeiten.« (124 f.)

Das ist falsch gedacht, denn es geht um drei und nicht nur um zwei Generationen. Unabhängig von »Subventionierung« oder nicht, dienen nämlich beim Umlageverfahren Beiträge unmittelbar dazu, den Unterhalt der »in Rente befindlichen Personen« zu finanzieren, und *zugleich* werden Ansprüche auf die spätere eigene Rente erworben. Diese sind allerdings realwirtschaftlich nur insoweit gewährleistet, als eine Generation *zusätzlich* Human- und Sachkapital bildet, dessen Erträge nach ihrem Eintritt ins Rentenalter zu Verfügung stehen. Deshalb ist es irreführend, wenn die Beitragsleistungen zum Unterhalt der heute alten Generation *allein* als rentenbegründend gelten. Wer jedoch die Erziehung von Kindern als Grundlage einer zukünftigen Leistungsfähigkeit des Umlagesystems als zusätzliche oder ersatzweise Rentenansprüche begründend anerkennen will, kommt nicht umhin, denjenigen mehr abzuverlangen, die diese Leistung nicht erbringen – sei es durch höhere Beiträge oder durch zwangsweise kapitalbildende Altersvorsorge. Diese zweite Methode scheint mir schlüssiger und auch weniger in private Rechte eingreifend, wie oben begründet wurde.

8.2 *Frank Schirrmacher:* Das Methusalem-Komplott

Frank Schirrmachers irritierender Dauer-Bestseller (Schirrmacher 2004) bringt interessante Befunde, Einsichten und Meinungen, und er enthält eine deutliche Botschaft. Aber zwischen beidem vermitteln keine guten Gründe.

Die Botschaft ist die Forderung nach einem Komplott: »Es geht um eine Verschwörung gegen die besondere Form menschlichen Selbsthasses, die in der Diffamierung des Alters liegt.« (63) Schirrmacher ist der Prophet dieser Verschwörung. »Unsere Mission ist es, alt zu werden. Wir haben keine andere. Es ist die Aufgabe unseres Lebens.« (155) Dies wird gefordert vor dem Hintergrund der säkularen Verlängerung menschlichen Lebens, welche in den letzten Jahrzehnten eine neue Qualität gewonnen hat.

War es bis zur Mitte des 20. Jahrhunderts vor allem der Rückgang der Sterblichkeit in den frühen und mittleren Lebensjahren, welcher die Verlängerung der mittleren Lebenserwartung bewirkte, so sind es nunmehr Lebensgewinne im höheren Lebensalter, die zu Buche schlagen: Zwischen 1972 und 1999 hat in Deutschland die mittlere Lebenserwartung bei der Geburt um 10 %, für die 65-Jährigen um 26 % und für die 80-Jährigen um 33 % zugenommen, und ein Ende dieses Trends ist nicht abzusehen. Das biologisch, sozial und kulturell neue Phänomen ist die massenhafte Verbreitung einer Lebensspanne des »jungen Alters« zwischen dem Ausscheiden aus dem Erwerbsleben und der prämortalen Phase zunehmender Hinfälligkeit, als die gemeinhin das Alter thematisiert worden ist. Es ist vor allem diese Lebensphase des unmerklichen Alterns bei weitgehender Gesundheit, welche sich in absehbarer Zukunft weiter verlängern wird. Hierfür fehlt es in Deutschland und anderswo an kulturellen Leitbildern und spezifischen Aufgaben.

Schirrmacher orientiert sich an dieser Leerstelle und interpretiert sie in spezifischer Weise. Er diagnostiziert einen »Krieg der Generationen« (54 ff.) und »rassistische Altersstereotypen« (91), die treffend als »Entwürdigung des Menschen durch Dämonisierung seines Alters« (93) charakterisiert werden. Ausführlich belegt er unterschiedliche Formen der Diskriminierung aufgrund von Lebensalter oder zugeschriebener altersspezifischer Fehlleistungen; hierin besteht ein Großteil der informativen Substanz des Buches. Alte Menschen, oder genauer: die heute an der Schwelle des Alters stehenden Generationen, sollten es sich zur Aufgabe machen, gegen diese Diskriminierungen anzugehen: gegen ein »Zwangssystem von Jugend, Schönheit und Sexualität« in Werbung und Massenmedien (77); gegen das »schmutzige Wort« des »Disengagements«, des ›altersgemäßen‹ Rückzugs aus der Gesellschaft (97 ff.); und schließlich gegen alle moralischen Zumutungen, die Spanne des eigenen Lebens selbst zu begrenzen (155).

Schirrmacher, Jahrgang 1959, gehört selbst zur Generation der »Babyboomer«, der er in Anlehnung an amerikanische Diagnosen historische Bedeutung zumessen will: »Die Babyboomer haben alles verändert, was je unter dem Begriff Kindheit und Jugend verstanden wurde. Sie haben die Welt durch ihre pure Masse verwandelt; denn ihre Masse schuf eine Kaufkraft, wie sie noch niemals zuvor in den Händen einer Jugend lag ... Die alternden und auch die sterbenden Boomer Amerikas werden eine neue Kultur hervorbringen, die uns prägen wird.« (69, 71) Schirrmacher reflektiert also das Schicksal und die Erfolge seiner eigenen Generation, welche »keine Weltkriege anzettelte und unter den Bedingungen einer apokalyptischen Moderne überlebte« (33). Es ist – und das bildet den Kern meiner Kritik – ein Buch für *eine* Generation, seine eigene, welches durch Ignorierung der anderen Generationen eben die Geister ruft, die es beschwört – den Krieg der Generationen.

Doch beginnen wir mit weniger Grundsätzlichem: Irritierend wirkt zunächst die fortgesetzte Überblendung US-amerikanischer und deutscher Verhältnisse. Die Abwertung des Alters und der »Jugendwahn« sind in Amerika weit ausgeprägter als hierzulande; die deutschen Praktiken der Eliminierung älterer Arbeitskräfte folgen ganz anderen, nicht zuletzt sozialpolitisch vorgeformten Bedingungen. Die von Schirrmacher selbst zitierte Berliner Altenstudie zeugt von hoher Zufriedenheit der Älteren, welche auffallend mit dem von ihm diagnostizierten »Altersrassismus« kontrastiert. Handelt es sich hierbei vielleicht um Befürchtungen der von Schirrmacher repräsentierten deutschen »Babyboomer« angesichts des hierzulande im Gegensatz zu den USA abzusehenden Kippens der demographischen Alterspyramide?

Die Babyboomer in Amerika rekrutieren sich aus den Generationen zwischen 1945 und 1965, der deutsche Baby-Boom war kürzer und setzte zehn Jahre später ein. Schirrmacher war acht Jahre alt, als Benno Ohnesorg in Berlin von der Polizei erschossen wurde. Er gehört nicht mehr zur Generation der Achtundsechziger, welche in Deutschland die markanten kulturellen Veränderungen induziert hat. Die deutschen Babyboomer wurden von den Achtundsechzigern geprägt und sind die erste Generation, für die die Trennung von Sexualität und Fortpflanzung bereits selbstverständlich war. Permanente Kinderlosigkeit – nicht als beklagenswertes Schicksal, sondern als frei gewählte Option – hat durch sie den Charakter eines sozialen Leitbilds erhalten: Von den nach 1965 geborenen Frauen dürfte jede dritte lebenslang kinderlos bleiben. Dies wird von Schirrmacher nicht erwähnt, aber es gehört zu seinen eigenen Selbstverständlichkeiten: Herwig Birgs »Fortpflanzungsethik« (vgl. Birg 1990) wird von ihm unter Zitierung Gottfried Benns als »zur Weltanschauung erhobene Kinderzeugung unter Staatsdruck und à tout prix« apostrophiert (217).

Die Zunahme des Anteils der statistisch als »alt« geltenden Menschen ist unvermeidlich, wo immer man die Grenze legen mag. Aber diese »Senioren« sind gesünder und zumeist auch aufgeschlossener als ihre gleichaltrigen Vorfahren. Sie wissen dies, wie auch Schirrmachers Befunde verdeutlichen, und brauchen keine moralische Aufrüstung und kein Komplott, sondern allenfalls Gelegenheiten und Anerkennung für die Ausübung ihrer Fähigkeiten. Das zentrale Problem ist vielmehr der Mangel an Nachwuchs, weshalb die »Versorgungslasten« der Rentner und Pensionäre auf zuwenig Schultern verteilt werden müssen. Wenn eine Bevölkerung sich dauerhaft nur noch zu zwei Dritteln reproduziert, so hilft keine Zuwanderung mehr, um ein Gleichgewicht zwischen Beiträgen und Leistungen auf dem bisherigen Niveau zu ermöglichen. Die Befürchtung der Babyboomer, daß sie im Alter zu viele sein werden, ist berechtigt. Aber nur, weil sie zuwenig Nachkommen aufgezogen haben.

Davon will unser Autor nichts wissen. Er wendet sich vielmehr gegen das »Schuldgefühl gegenüber dem Leben – oder dem, was wir ›Natur‹ nennen« und bezeichnet es als »die Erbsünde unserer Generation« (171). Er insistiert auf der naturhaften Nutzlosigkeit des Alters und fordert ebendeshalb eine kulturelle Neudefinition des Alters. Was er hierzu selbst beiträgt, bleibt allerdings bescheiden. Daß jeder so alt oder jung ist, wie er sich fühlt, ist keine sehr originelle Botschaft. Den meisten Platz verwendet er auf Erörterungen, welche eine nahezu grenzenlose Verlängerbarkeit unserer Lebenserwartung suggerieren sollen (132-151). Damit wird jedoch die grundlegende Unschärfe geläufiger Diskurse über das Alter erneut reproduziert. Wann immer Gebrechlichkeit und Hilfebedürftigkeit überhandnehmen, beginnt eine neue Lebensphase, auf die unsere traditionellen Altersbilder ausgerichtet sind. Deren Deutung bedarf in postmetaphysischen Zeiten einer Kultur des Sterbens, welche diese letzte Lebensaufgabe deutlich vom Tode als einem Zustand jenseits unserer möglichen Erfahrung trennt. Von diesem »vierten Lebensalter« klar zu unterscheiden ist jene in der Tat von der Natur nicht vorgesehene Lebensphase des »dritten Lebensalters«. Davon und seiner mangelnden kulturellen und sozialen Anerkennung handelt zentral das Buch Schirrmachers, und hierzu weiß er in gewohnter Brillanz viel Bedenkenswertes zu sagen.

Wenig überzeugend wirkt jedoch die Verknüpfung dieses Diskurses über das Lebensalter mit dem Diskurs über die Generation der Babyboomer. Dieser Diskurs erscheint geradezu autistisch, denn andere Generationen werden nicht in Betracht gezogen. »Wir müssen das Problem unseres eigenen Alters lösen, um das Problem der Welt zu lösen.« Dieser Werbeslogan auf dem Cover verrät unfreiwillig ein Problem: Wer die Welt aus der Perspektive seines eigenen Standortes erlösen will, verliert sich schnell im Ungefähren. »Wir müssen lange leben und dabei ein starkes, uneingeschüchtertes Selbstbewusstsein haben.« Gründe, die über Nietzsches »Willen zur Macht« hinausweisen, werden hierfür nicht genannt. Das liest sich als Kampfansage, vor allem unter dem Titel »Der Krieg der Kulturen« (49).

»Babyboomer« ist ein diachrones Generationenkonzept in der Tradition Karl Mannheims (vgl. Abschnitt 4.2), das bei Schirrmacher leider nur durch die schiere Masse der Jahrgangsgleichen definiert wird. In der Tat wirken diese geburtenstarken Jahrgänge – in Deutschland durch Zuwanderung noch verstärkt – als Störfaktor im Rahmen demographischer und sozialversicherungspolitischer Überlegungen. Aber Bevölkerungsprojektionen machen deutlich, daß beim Andauern der gegenwärtigen niedrigen Fertilität der Seniorenanteil auch nach 2050 nicht zurückgehen wird. Dann werden die Babyboomer verschwinden, aber die Probleme bleiben: nicht nur dasjenige einer gesellschaftliche Ortsbestimmung des dritten Lebensalters, sondern auch die noch gewichtigeren Folgen unserer Nachwuchsschwäche. Der Bevölkerungsrückgang wird bald auch unsere Nachbarländer ergreifen und gleichzeitig einen Sog auf die noch »jungen« und weit ärmeren Bevölkerungen anderer Weltteile ausüben. Was dann zu erwarten steht, läßt sich durchaus mit den Wirkungen der Völkerwanderung vergleichen.

Literaturverzeichnis

Achinger, Hans, Joseph Höffner, Hans Muthesius u. Ludwig Neundörfer (1955): Neuordnung der sozialen Leistungen. Denkschrift auf Anregung des Herrn Bundeskanzlers. Köln.

Alesina, Alberto u. Enrico Spolaore (2003): The Size of Nations. Cambridge/Mass.

Alex, Laszlo u. Gernot Weißhuhn (1980): Ökonomie der Bildung und des Arbeitsmarktes. Schriften zur Berufsbildungsforschung. Bd. 59, Hannover.

Allmendinger, Jutta (1999): Bildungsarmut: Zur Verschränkung von Bildungs- und Sozialpolitik, in: Soziale Welt 50: 35-50.

Allmendinger, Jutta u. Stephan Leibfried (2002): Bildungsarmut im Sozialstaat, in: Günter Burkart u. Jürgen Wolf (Hg.): Lebenszeiten. Erkundungen zur Soziologie der Generationen. Martin Kohli zum 60. Geburtstag. Opladen, 286-315.

Andreß, Hans-Jürgen, Thorsten Heien u. Dirk Hofäcker (2001): Wozu brauchen wir noch den Sozialstaat? Der deutsche Sozialstaat im Urteil seiner Bürger. Wiesbaden.

Armengaud, André (1993): La démographie, signe et facteur: une population quasi stationnaire, 1880-1914, in: Fernand Braudel u. Ernest Labrousse (Hg.): Histoire économique et sociale de la France. Bd. IV.1, Paris, 93-116.

Arrow, Kenneth J. (1962): The Economic Implications of Learning by Doing. Review of Economic Studies XXXIX/8: 155-173.

Backes, Gertrud (1997): Alter(n) als ›gesellschaftliches Problem‹? Zur Vergesellschaftung des Alter(n)s im Kontext der Modernisierung. Opladen.

Barro, Robert J. u. Xavier Sala-i-Martin (1999): Economic Growth. Cambridge/Mass. u. London.

Baumert, Jürgen. u. Gundel Schümer (2001): Familiäre Lebensverhältnisse, Bildungsbeteiligung und Kompetenzerwerb, in: Deutsches PISA-Konsortium (Hg.): PISA 2000, Basiskompetenzen von Schülerinnen und Schülern im internationalen Vergleich. Opladen, 323-407.

Beck-Gernsheim, Elisabeth (1992): Arbeitsteilung, Selbstbild und Lebensentwurf: Neue Konfliktlagen in der Familie. Kölner Zeitschrift für Soziologie und Sozialpsychologie 44: 273-291.

Beck, Ulrich u. Elisabeth Beck-Gernsheim (Hg.) (1994): Riskante Freiheiten. Individualisierung in modernen Gesellschaften. Frankfurt a. M.

Becker, Gary S. (1975): Human Capital. A theoretical and empirical analysis with special reference to education. 2nd ed., New York u. London.

Becker, Gary S. (1981): A treatise on the Family. Cambridge/Mass. u. London.

Becker, Gary S. (2003): Die Bedeutung der Humanvermögensbildung in der Familie für die Zukunft von Wirtschaft und Gesellschaft, in: Christian Leipert (Hg.): Demographie und Wohlstand. Neuer Stellenwert für Familie in Wirtschaft und Gesellschaft. Opladen, 89-102.

Becker, Irene u. Richard Hauser (2002): Zur Entwicklung von Armut und Wohlstand in der Bundesrepublik Deutschland – eine Bestandsaufnahme, in: Christoph Butterwegge u. Michael Klundt (Hg.): Kinderarmut und Generationengerechtigkeit. Familien- und Sozialpolitik im demographischen Wandel. Opladen, 25-41.

Beermann, Wilhelm (2001): Staatsverschuldung als Instrument intergenerationell gerechten Ausgleichs, in: Birnbacher u. Brudermüller (Hg.) (2001), 253-263.

Bellmann, Lutz u. a. (2003): Herausforderungen des demografischen Wandels für den Arbeitsmarkt und die Betriebe. Mitteilungen aus der Arbeitsmarkt- und Berufsforschung 36/2: 133-149.

Berlin-Institut für Weltbevölkerung und globale Entwicklung (2004): Deutschland 2020 – die demographische Zukunft der Nation. (Kurzfassung als Beilage zur Zeitschrift GEO Nr. 5/2004).

Billari, Francesco C. u. Hans-Peter Kohler (2004): Patterns of low and lowest-low fertility in Europe. Population Studies 58/2: 161-176.

Birg, Herwig (1990): Unterwegs zu einer philosophischen Demographie. Zeitschrift für Bevölkerungswissenschaft 16: 327-340.

Birg, Herwig (1995): World Population Projections for the 21st Century. Frankfurt a. M. u. New York.

Birg, Herwig (2001): Die demographische Zeitenwende – Der Bevölkerungsrückgang in Deutschland und Europa. München.

Birg, Herwig (2003): Dynamik der demographischen Alterung, Bevölkerungsschrumpfung und Zuwanderung in Deutschland. Aus Politik und Zeitgeschichte B 20/2003: 6-16.

Birg, Herwig u. Helmut Koch (1988): Der Bevölkerungsrückgang in der Bundesrepublik Deutschland. Frankfurt a. M. u. New York.

Birg, Herwig, Detlef Filip u. Ernst-Jürgen Flöthmann (1990): Paritätsspezifische Kohortenanalyse des generativen Verhaltens in der Bundesrepublik Deutschland nach dem 2. Weltkrieg. Materialien des Instituts für Bevölkerungsforschung und Sozialpolitik (IBS) der Universität Bielefeld, Bd. 30.

Birg, Herwig, Ernst-Jürgen Flöthmann u. Iris Reiter (1991): Biographische Theorie der demographischen Reproduktion. Frankfurt a. M. u. New York.

Birg, Herwig u. Ernst-Jürgen Flöthmann (1996): Entwicklung der Familienstrukturen und ihre Auswirkungen auf die Belastungs- bzw. Transferquotienten zwischen den Generationen. Materialien des Instituts für Bevölkerungsforschung und Sozialpolitik (IBS) der Universität Bielefeld, Bd. 38.

Birg, Herwig, Ernst-Jürgen Flöthmann, Thomas Frein u. Kerstin Ströker (1998): Simulationsrechnungen zur Bevölkerungsentwicklung in den alten und neuen Bundesländern im 21. Jahrhundert. Materialien des Instituts für Bevölkerungsforschung und Sozialpolitik (IBS) der Universität Bielefeld, Bd. 45.

Birnbacher, Dieter (1988): Verantwortung für zukünftige Generationen. Stuttgart.

Birnbacher, Dieter u. Gerd Brudermüller (Hg.) (2001): Zukunftsverantwortung und Generationensolidarität. Würzburg.

Blanke, Karen, Manfred Ehling u. Norbert Schwarz (1996): Zeit im Blickfeld. Ergebnisse einer repräsentativen Zeitbudgeterhebung. Stuttgart.

Bodenhöfer, Hans-Joachim u. Monika Riedel (1998): Bildung und Wirtschaftswachstum – Alte und neue Ansätze, in: Robert K. von Weizsäcker (Hg.): Bildung und Wirtschaftswachstum. Berlin.

Börsch-Supan, Axel (1998): Zur deutschen Diskussion eines Übergangs vom Umlage- zum Kapitaldeckungsverfahren in der gesetzlichen Rentenversicherung. Finanzarchiv N. F. 55: 400-428.

Bombach, Gottfried (1964): Von der Neoklassik zur modernen Wachstums- und Verteilungstheorie. Schweizerische Zeitschrift für Volkswirtschaft und Statistik 100: 399-427.

Bombach, Gottfried (1965): Wirtschaftswachstum, in: Handwörterbuch der Sozialwissenschaften, Stuttgart etc., Bd. 12, 763-801.

Bombach, Gottfried (1965a): Auswirkungen des Bevölkerungswachstums in einer entwickelten Volkswirtschaft, in: Hochschule St. Gallen für Wirtschafts- und Sozialwissenschaften: Das Wachstum der Weltbevölkerung. Zürich u. St. Gallen, 47-72.

Borchert, Jens u. Stephan Lessenich (2004): »Spätkapitalismus« revisited: Claus Offes Theorie und die adaptive Selbsttransformation der Wohlfahrtsstaatsanalyse. Zeitschrift für Sozialreform 50/6: 563-583.

Borchert, Jürgen (1989): Innenweltzerstörung – Sozialreform in die Katastrophe. Frankfurt a. M.

Borchert, Jürgen (1993): Renten vor dem Absturz. Ist der Sozialstaat am Ende? Frankfurt a. M.

Borchert, Jürgen (2003): Der »Wiesbadener Entwurf« einer familienpolitischen Strukturreform des Sozialstaats, in: Bernhard Emunds, Heiner Ludwig, Heribert Zingel (Hg.): Die Zwei-Verdiener-Familie. Von der Familienförderung zur Kinderförderung? Münster, 159-175.

Borgmann, Christoph (2005): Social Security, Demographics, and Risk. Berlin u. Heidelberg.

Bös, Matthias (1997): Migration als Problem offener Gesellschaften. Opladen.

Bosbach, Gerd (2004): Demographische Entwicklung – kein Anlaß zur Dramatik. Gewerkschaftliche Monatshefte 02/2004: 96-103.

Bourgeois-Pichat, Jean (1950): Charges de la population active. Journal de la Société de Statistique de Paris 91: 94-114.

Bouthoul, Gaston (1958): La surpopulation dans le monde. Paris.

Breyer, Friedrich (2000): Kapitaldeckungs- versus Umlageverfahren. Perspektiven der Wirtschaftspolitik 1/4: 383-406.

Brocke, Bernhard vom (1998): Bevölkerungswissenschaft – Quo vadis? Möglichkeiten und Probleme einer Geschichte der Bevölkerungswissenschaft in Deutschland. Opladen.

Bronfenbrenner, Urie (1981): Die Ökologie der menschlichen Entwicklung. Natürliche und geplante Experimente. Stuttgart.

Buber, Martin (1991): Einsichten – Aus den Schriften gesammelt. 7. Aufl., Frankfurt a. M.

Bude, Heinz (2003): Generation: Elemente einer Erfahrungsgeschichte des Wohlfahrtsstaates, in: Stephan Lessenich (Hg.): Wohlfahrtsstaatliche Grundbegriffe – Historische und aktuelle Diskurse. Frankfurt a. M., 287-300.

Bundesinstitut für Bevölkerungsforschung (2004): Bevölkerung: Fakten – Trends – Ursachen – Erwartungen. Die wichtigsten Fragen. 2. Aufl., Wiesbaden.

Bundesministerium für Familie und Senioren (Hg.) (1994): Familien und Familienpolitik im geeinten Deutschland – Zukunft des Humanvermögens. Fünfter Familienbericht. Bonn.

Bundesministerium für Familie, Senioren, Frauen und Jugend (Hg.) (2000): Familien ausländischer Herkunft in Deutschland: Leistungen – Belastungen – Herausforderungen. Sechster Familienbericht. Berlin.

Bundesministerium für Familie, Senioren, Frauen und Jugend (Hg.) (2003): Die Familie im Spiegel der amtlichen Statistik. Berlin.

Bundesministerium für Gesundheit und Soziale Sicherung (Hg.) o. J.: Nachhaltigkeit in der Finanzierung der sozialen Sicherungssysteme. Bericht der Kommission (August 2003).

Bundesministerium für Jugend, Familie und Gesundheit (Hg.) (1979): Die Lage der Familien in der Bundesrepublik Deutschland. Dritter Familienbericht. Bonn.

Bundesministerium für Wirtschaft (Hg.) (1980): Wirtschaftspolitische Implikationen eines Bevölkerungsrückgangs. Gutachten des Wissenschaftlichen Beirats beim Bundesministerium für Wirtschaft (Studien-Reihe 28). Bonn.

Burgdörfer, Friedrich (1934): Sterben die weißen Völker? München.

Burmeister, Kai und Björn Böhning (Hg.) (2004): Generationen und Gerechtigkeit. Hamburg.

Butterwegge, Christoph (2004): Sozialreform, demographischer Wandel und Generationengerechtigkeit. Neue Sammlung 44/3: 259-282.

Buttler, Friedrich u. Manfred Tessaring (1993): Humankapital als Standortfaktor. Mitteilungen aus der Arbeitsmarkt- und Berufsforschung 28: 467-477.

Caldwell, John Charles (1982): Theory of Fertility Decline. London.

Carlson, Allan (1990): The Swedish Experiment in Family Politics. The Myrdals and the Interwar Population Crisis. New Brunswick.

Carneiro, Robert L. (1968): Spencer, Herbert, in: International Encyclopedia of the Social Sciences, Bd. 15, 121-128.

Chaloupek, Günther, Joachim Lamel u. Josef Richter (Hg.) (1988): Bevölkerungsrückgang und Wirtschaft. Szenarien bis 2051 für Österreich. Heidelberg.

Chombart de Lauwe, Jean (1946): Bretagne et pays de la Garonne. Paris.

Cigno, Alessandro (1984): Further Implications of Learning by Doing: The Effect of Population on Per-Capita-Income. Bulletin of Economic Research 36/2: 97-108.

Cigno, Alessandro (1984a): Consumption vs. Procreation in Economic Growth, in: Gunther Steinmann (Hg.): Economic Consequences of Population Change in Industrialized Countries. Heidelberg, 2-28.

Clar, Günter u. Julia Doré (1997a): Die Bedeutung von Humankapital. In: dies. u. Hans Mohr (Hg.) (1997), 159-174.

Clar, Günter u. Julia Doré (1997b): Humanressourcenentwicklung, wirtschaftliches Wachstum und nachhaltige Entwicklung. In: dies u. Hans Mohr (Hg.) (1997), 279-294.

Clar, Günter, Julia Doré u. Hans Mohr (Hg.) (1997): Humankapital und Wissen: Grundlagen einer nachhaltigen Entwicklung. Berlin u. Heidelberg.

Clemens, Wolfgang (2001): Ältere Arbeitnehmer im sozialen Wandel. Von der verschmähten zur gefragten Humanressource? Opladen.

Clemens, Wolfgang u. Gertrud M. Backes (Hg.) (1998): Altern und Gesellschaft. Gesellschaftliche Modernisierung durch Altersstrukturwandel. Opladen.

Colomb, Eugen u. Helmut Geller (1992): Adoption zwischen gesellschaftlicher Regelung und individueller Erfahrung. Essen.

Council of Europe (1978): Population Decline in Europe. Implications of a Declining or Stationary Population. London.

Dettling, Warnfried (Hg.) (1978): Schrumpfende Bevölkerung – Wachsende Probleme? Ursachen – Folgen – Strategien. München u. Wien.

Deutsche Bank Research (2003): Deutsches Wachstumspotenzial: Vor demographischer Herausforderung. Aktuelle Themen Nr. 277, 14. Juli 2003.

Deutscher Bundestag (1994): Enquête-Kommission Demographischer Wandel: (Erster) Zwischenbericht (Bundestagsdrucksache 12/78 776). Bonn.

Deutscher Bundestag (1998): Enquête-Kommission Demographischer Wandel: Zweiter Zwischenbericht (Bundestagsdrucksache 13/11 460). Bonn.

Deutscher Bundestag (2002): Referat Öffentlichkeitsarbeit (Hg.): Enquête-Kommission Demographischer Wandel. Herausforderungen unserer älter werdenden Gesellschaft an den Einzelnen und die Politik. Bonn.

Deutsches Kinderhilfswerk e. V. (Hg.) (2004): Kinderreport Deutschland 2004. München.

Dickmann, Nicola u. Susanne Seyda (2004): Gründe für den Geburtenrückgang, in: Institut der deutschen Wirtschaft (Hg.) (2004), 35-66.

Dinkel, Reimer (1984): Die Auswirkungen eines Geburten- und Bevölkerungsrückgangs auf Entwicklung und Ausgestaltung von gesetzlicher Alterssicherung und Familienlastenausgleich (Sozialpolitische Schriften H. 49). Berlin.

Döring, Diether (2003): Niedrigeinkommen von Kindern und Kindererziehenden in Frankfurt a. M., in: Hessische Staatskanzlei (Hg.) (2003), 218-226.

Dorbritz, Jürgen (2000): Europäische Fertilitätsmuster. Zeitschrift für Bevölkerungswissenschaft 25: 235-266.

Dorbritz, Jürgen (2004): »Nur Tempoeffekte, aber kein Babyboom«. BiB-Mitteilungen 25/2: 10-14.

Dorbritz, Jürgen (2004a): Keine Kinder mehr gewünscht? BiB-Mitteilungen 25/3: 10-17.

Dupréel, Eugène (1928): Deux essais sur le progrès. Bruxelles.

Engelbert, Angelika u. Franz-Xaver Kaufmann (2003): Der Wohlfahrtsstaat und seine Kinder. Bedingungen der Produktion von Humanvermögen, in: Renate Kränzl-Nagl, Johanna Mierendorff u. Thomas Olk (Hg.) (2003), 59-94.

Ermisch, John (1982): Demographic changes and housing and infrastructure investment, in: David Eversley and Wolfgang Köllmann (eds.): Population Change and Social Planning. Social and economic implications of the recent decline in fertility in the United Kingdom and the Federal Republic of Germany. London, 270-323.

Ewerhart, Georg (2001): Humankapital in Deutschland: Bildungsinvestitionen, Bildungsvermögen und Abschreibungen auf Bildung. Beiträge zur Arbeitsmarkt- und Berufsforschung 247. Nürnberg.

Ewerhart, Georg (2002): Bildungsinvestitionen, brutto und netto – Eine makroökonomische Perspektive, in: Susanne Hartard u. Carsten Stahmer (Hg.): Magische Dreiecke. Berichte für eine nachhaltige Gesellschaft. Band. 3: Sozio-ökonomische Berichtsysteme. Marburg, 217-246.

Exner, Gudrun (2004): Rudolf Goldscheid (1870-1931) and the Economy of Human Beings. The Vienna Yearbook of Population Research 2004, 283-301.

Fabig, Holger (2001): Messbare Orientierungen für das sozial- und finanzpolitische Ziel der Generationengerechtigkeit, in: Irene Becker, Notburga Ott u. Gabriele Rolf (Hg.): Soziale Sicherung in einer dynamischen Gesellschaft. Festschrift für Richard Hauser zum 65. Geburtstag. Frankfurt a. M. u. New York.

Felderer, Bernhard (1983): Wirtschaftliche Entwicklung bei schrumpfender Bevölkerung. Berlin.

Felderer, Bernhard u. Michael Sauga (1988): Bevölkerung und Wirtschafts-entwicklung. Frankfurt a. M. u. New York.

Flöthmann, Ernst-Jürgen (2002): Die demographische Entwicklung – so-ziale Folgen. Ansatzpunkte für zukünftiges Handeln in Kirche und Ge-sellschaft. Sozialpfarramt Herford.

Fuchs, Johann u. Manfred Thon (1999): Potentialprojektion bis 2040: Nach 2010 sinkt das Angebot an Arbeitskräften. IAB Kurzbericht Nr. 4/1999.

Fürnkranz-Prskawetz, Alexia (2001): Population Dynamics: Mathematic Models of Population, Development, and Natural Resources, in: Inter-national Encyclopedia of the Social & Behavioral Sciences. Amsterdam, Vol. 17, 11762-11766.

Fujii, Yasuyuki (2004): Schrumpfung in Japan, in: Philipp Oswalt (Hg.) (2004), 96-100.

Fux, Beat (2002): Which Models of the Family are encouraged or discou-raged by Different Family Policies? in: Kaufmann u. a. (Hg.) (2002), 363-418.

Gabriel, Karl, Alois Herlth u. Klaus Peter Strohmeier (Hg.) (1997): Moder-nität und Solidarität. Konsequenzen gesellschaftlicher Modernisierung. Für Franz-Xaver Kaufmann. Freiburg i. Br.

Gallon, Thomas P. (1996): »Alterslohn für Lebensleistung«. Analyse und Vorschlag zum Wandel des Rentensystems, in: Werner Schönig u. Ra-phael L'Hoest (Hg.): Sozialstaat wohin? Darmstadt, 36-55.

Gauthier, Anne Hélène u. Jan Hatzius (1997): Family benefits and Fertility. An Econometric Analysis. Population Studies 51/3: 295-306.

Geißler, Heiner (1976) Die neue soziale Frage. Freiburg i. Br.

Gerlach, Irene (2004): Familienpolitik. Wiesbaden.

Giddens, Anthony (1995): Konsequenzen der Moderne (engl. 1990). 2. Aufl., Frankfurt a. M.

Goldenberg, A. (1946): Savings in a State with a Stationary Population. The Quarterly Journal of Economics LXI, No. 1.

Goldscheid, Rudolf (1908) Entwicklungswerttheorie, Entwicklungsöko-nomie, Menschenökonomie. Eine Programmschrift. Leipzig.

Gottschall, Karin (2000): Soziale Ungleichheit und Geschlecht. Opladen.

Gottschall, Karin u. Karen Hagemann (2002): Die Halbtagsschule in Deutschland: Ein Sonderfall in Europa? Aus Politik und Zeitgeschichte B41/2002: 12-22.

Grieswelle, Detlef (2002): Gerechtigkeit zwischen den Generationen (Ab-handlungen zur Sozialethik 47). Paderborn.

Grünheid, Evelyn (1999): Die Entwicklung der Erwerbstätigkeit in Deutschland aus demographischer Sicht – historische Betrachtung der letzten Jahrzehnte. Zeitschrift für Bevölkerungswissenschaft 24: 133-163.

Häußermann, Hartmut u. Walter Siebel (1988): Die schrumpfende Stadt und die Stadtsoziologie, in: Jürgen Friedrichs (Hg.): Soziologische Stadtforschung. Sonderheft 29 der Kölner Zeitschrift für Soziologie und Sozialpsychologie. Opladen, 78-94.

Hager, Frithjof u. Werner Schenkel (Hg.) (2003): Schrumpfungen. Wachsen durch Wandel. Ein Diskurs der Natur- und Sozialwissenschaften. 2. Aufl., München.

Hank, Rainer (2004): Eine ökonomische Theorie des Staates. Merkur Nr. 662, Bd. 58: 519-525.

Hansen, Alvin H. (1939): Economic Progress and Declining Population Growth. The American Economic Review XXIX: 1-15.

Hansen, Alwin H. (1941): Full Recovery or Stagnation? New York.

Hantrais, Linda (2004): Family Policy Matters. Responding to family change in Europe. Bristol UK.

Hartard, Susanne u. Carsten Stahmer (Hg.) (2002): Magische Dreiecke. Berichte für eine nachhaltige Gesellschaft. Band 3: Sozio-ökonomische Berichtsysteme. Marburg.

Hauser, Richard (2005): Generationengerechtigkeit als Facette der sozialen Gerechtigkeit. Ms. (Zur Publikation vorgesehen in Festschrift für Heinz Lampert.)

Heckmann, Friedrich (2001): Integrationsforschung aus europäischer Perspektive. Zeitschrift für Bevölkerungswissenschaft 26: 341-356.

Heidenheimer, Arnold J. (1981). Education and Social Security Entitlements in Europe and America, in: Peter Flora u. Arnold J. Heidenheimer (Hg.): The Development of Welfare States in Europe and America. New Brunswick u. London, 269-304.

Hein, Eckhard, Bernd Mülhaupt u. Achim Truger (2004): WSI-Standortbericht 2004: Demographische Entwicklung – Ein Standortproblem? WSI-Mitteilungen 6/2004: 291-305.

Henke, Christina (2005): Zur Berechnung des Humankapitalbestands in Deutschland. iw-trends 1/2005.

Hentig, Hartmut von (2003): Die Schule neu denken: eine Übung in pädagogischer Vernunft. Weinheim.

Herbert-Quandt-Stiftung (Hg.) (2004): Gesellschaft ohne Zukunft? Bevölkerungsrückgang und Überalterung als politische Herausforderung (Sinclair-Haus-Gespräche 22). Bad. Homburg v. d. Höhe.

Herlth, Alois u. a. (Hg.) (1994): Abschied von der Normalfamilie? Partnerschaft kontra Elternschaft. Berlin u. a.

Herter-Eschweiler, Robert (1998): Die langfristige Geburtenentwicklung in Deutschland. Der Versuch einer Integration bestehender Erklärungsansätze zum generativen Verhalten (Schriftenreihe des Bundesinstituts für Bevölkerungsforschung, Bd. 27). Opladen.

Hessische Staatskanzlei (Hg.) (2003): Die Familienpolitik muss neue Wege gehen! Der »Wiesbadener Entwurf« zur Familienpolitik. Referate und Diskussionsbeiträge. Wiesbaden.

Hockerts, Hans Günter (1980): Sozialpolitische Entscheidungen im Nachkriegsdeutschland. Stuttgart.

Hoffmann-Nowotny, Hans-Joachim (1975): Sozial-strukturelle Konsequenzen der Kompensation eines Geburtenrückgangs durch Einwanderung, in: Franz-Xaver Kaufmann (Hg.): Bevölkerungsbewegung zwischen Quantität und Qualität. Stuttgart, 72-81.

Hoffmann-Nowotny, Hans-Joachim, Oliver Hämmig u. Jörg Stolz (2001): Desintegration, Anomie und Anpassungsmuster von Zuwanderern der zweiten Generation in der Schweiz. Zeitschrift für Bevölkerungswissenschaft 26: 377-386.

Holz, Klaus (Hg.) (2000): Staatsbürgerschaft – Soziale Differenzierung und politische Inklusion. Wiesbaden.

Homburg, Stefan (1995): Humankapital und endogenes Wachstum. Zeitschrift für Wirtschafts- und Sozialwissenschaften 115: 339-366.

Höhn, Charlotte u. Hermann Schubnell (1986): Bevölkerungspolitische Maßnahmen und ihre Wirksamkeit in ausgewählten europäischen Industrieländern. Zeitschrift für Bevölkerungswissenschaft 12: 3-51, 185-219.

Höpflinger, François (1997): Bevölkerungssoziologie. Weinheim.

Huinink, Johannes (1989): Das zweite Kind – sind wir auf dem Weg zur Ein-Kind-Familie? Zeitschrift für Soziologie 18: 192-207.

Huinink, Johannes (1995): Warum noch Familie? Zur Attraktivität von Partnerschaft und Elternschaft in unserer Gesellschaft. Frankfurt a. M.

Huinink, Johannes (1997): Elternschaft in der modernen Gesellschaft, in: Karl Gabriel u. a. (Hg.) (1997), 79-90.

Huinink, Johannes, Klaus Peter Strohmeier u. Michael Wagner (Hg.) (2001): Solidarität in Partnerschaft und Familie. Zum Stand familiensoziologischer Theoriebildung (Familie und Gesellschaft, Bd. 7). Würzburg.

Imhof, Arthur E. (1981): Die gewonnenen Jahre. Von der Zunahme unserer Lebensspanne seit dreihundert Jahren oder von der Notwendigkeit einer neuen Einstellung zu Leben und Sterben. Ein historischer Essay. München.

Imhof, Arthur E. (Hg.) (2001): Leben wir zu lange? Die Zunahme unserer Lebensspanne seit 300 Jahren – und die Folgen. Köln.

Inglehart, Ronald (1990): Kultureller Umbruch. Wertwandel in der westlichen Welt. Frankfurt a. M. u. New York.

Institut der deutschen Wirtschaft (Hg.) (2004): Perspektive 2050. Ökonomik des demographischen Wandels. Köln.

Institut für Demoskopie (2004): Einflussfaktoren auf die Geburtenrate. Ergebnisse einer Repräsentativbefragung der 18- bis 44-jährigen Bevölkerung. Vervielfältigt, Allensbach.

Jöhr, Walter Adolf (1964): Schätzungsurteil und Werturteil, in: Norbert Kloten, Wilhelm Krelle, Heinz Müller u. Fritz Neumark (Hg.): Systeme und Methoden in den Wirtschafts- und Sozialwissenschaften. Erwin von Beckerath zum 75, Geburtstag. Tübingen, 155-168.

Kälvermark, Ann-Sofie (1980): More Children of Better Quality? Aspects of Swedish Population Policy in the 1930s. Uppsala.

Kaufmann, Franz-Xaver (1960): Die Überalterung – Ursachen, Verlauf, wirtschaftliche und soziale Auswirkungen des demographischen Alterungsprozesses. Zürich u. St. Gallen.

Kaufmann, Franz-Xaver (1975): Makro-soziologische Überlegungen zu den Folgen eines Bevölkerungsrückgangs in industriellen Gesellschaften, in: ders. (Hg.): Bevölkerungsbewegung zwischen Quantität und Qualität. Stuttgart, 45-71.

Kaufmann, Franz-Xaver (1980): Kinder als Außenseiter der Gesellschaft. Merkur, Deutsche Zeitschrift für europäisches Denken Nr. 387, 34: 761-771.

Kaufmann, Franz-Xaver (1983): Warum nicht Bevölkerungspolitik? in: Sabine Rupp u. Karl Schwarz (Hg.): Beiträge aus der bevölkerungswissenschaftlichen Forschung. FS für Hermann Schubnell. Boppard a. Rh., 35-44.

Kaufmann, Franz-Xaver (1988): Familie und Modernität, in: Kurt Lüscher, Franz Schultheis u. Michael Wehrspaun (Hg.): Die ›postmoderne‹ Familie. Familiale Strategien und Familienpolitik in einer Übergangszeit. Konstanz, 391-415.

Kaufmann, Franz-Xaver (1990): Sozialpolitik und Bevölkerungsprozeß. in: Herwig Birg u. Rainer Mackensen (Hg.): Demographische Wirkungen politischen Handelns. Frankfurt a. M. u. New York, 103-124 (auch in Kaufmann 2002a, 145-160).

Kaufmann, Franz-Xaver (1990a): Ursachen des Geburtenrückgangs in der Bundesrepublik Deutschland und Möglichkeiten staatlicher Gegenmaßnahmen. Zeitschrift für Bevölkerungswissenschaft 16: 383-396.

Kaufmann, Franz-Xaver (1994): Läßt sich Familie als gesellschaftliches Teilsystem begreifen? in: Alois Herlth u. a. (Hg.): Abschied von der Normalfamilie? Partnerschaft kontra Elternschaft. Heidelberg, 42-63.

Kaufmann, Franz-Xaver (1995): Zukunft der Familie im vereinten Deutschland. München.

Kaufmann, Franz-Xaver (1997): Herausforderungen des Sozialstaats. Frankfurt a. M.

Kaufmann, Franz-Xaver (2002): Sozialpolitik zwischen Gemeinwohl und Solidarität, in: Herfried Münkler u. Karsten Fischer (Hg.): Gemeinwohl und Gemeinsinn. Rhetoriken und Perspektiven sozial-moralischer Orientierung. Berlin,19-54.

Kaufmann, Franz-Xaver (2002a): Sozialpolitik und Sozialstaat. Soziologische Analysen. Opladen. (2. erw. Aufl., Wiesbaden 2005.)

Kaufmann, Franz-Xaver (2002b): Politics and Policies towards the Family in Europe: A Framework and an Inquiry into their Differences and Convergences, in: Kaufmann u. a. (Hg.) (2002), 419-490.

Kaufmann, Franz-Xaver (2003): Varianten des Wohlfahrtsstaats. Der deutsche Sozialstaat im internationalen Vergleich. Frankfurt a. M.

Kaufmann, Franz-Xaver (2003a): Sozialpolitisches Denken. Die deutsche Tradition. Frankfurt a. M.

Kaufmann, Franz-Xaver (2003b): Die Entstehung sozialer Grundrechte und die wohlfahrtsstaatliche Entwicklung (Nordrhein-Westfälische Akademie der Wissenschaften, Vorträge G 387). Paderborn.

Kaufmann, Franz-Xaver (2004): Sozialstaatliche Solidarität und Umverteilung im internationalen Wettbewerb in: Wolfgang Streeck u. a. (Hg.): Solidarität jenseits des Nationalstaates. Frankfurt a. M. u. New York, 51-70.

Kaufmann, Franz-Xaver, Alois Herlth u. Klaus Peter Strohmeier (1980): Sozialpolitik und familiale Sozialisation – Zur Wirkungsweise öffentlicher Sozialleistungen. (Schriftenreihe des Bundesministers für Jugend, Familie und Gesundheit Bd. 76), Stuttgart.

Kaufmann, Franz-Xaver u. Leisering, Lutz (1984): Studien zum Drei-Generationenvertrag. Materialien des Instituts für Bevölkerungsforschung und Sozialpolitik (IBS) der Universität Bielefeld, Bd. 15.

Kaufmann, Franz-Xaver, Klaus Peter Strohmeier u. Gero Federkeil (1992): Wirkungen politischen Handelns auf den Bevölkerungsprozess (Schriftenreihe des Bundesinstituts für Bevölkerungsforschung, Bd. 21). Wiesbaden.

Kaufmann, Franz-Xaver, Anton Kuijsten, Hans-Joachim Schulze u. Klaus Peter Strohmeier (Hg.) (1997): Family Life and Family Policies in Europe. Volume 1: Structures and Trends in the 1980s. Oxford.

Kaufmann, Franz-Xaver, Anton Kuijsten, Hans-Joachim Schulze u. Klaus Peter Strohmeier (Hg.) (2002): Family Life and Family Policies in Europe. Volume 2: Problems and Issues in Comparative Perspective. Oxford.

Kellermann, Paul (1976): Herbert Spencer, in: Dirk Käsler (Hg.): Klassiker des soziologischen Denkens. München, Bd. I, 159-200.

Kelley, A. C. (2001): Population, Economic Development, and Poverty, in: International Encyclopedia of the Social & Behavioral Sciences. Amsterdam 2001, Vol. 17, 11784-11789.

Kempe, Wolfram (2000): Steigende Erwerbsneigung kompensiert demographischen Rückgang der erwerbsfähigen Bevölkerung in der Zukunft. Wirtschaft im Wandel 4/2000: 91-97.

Keyfitz, Nathan (1971): On the momentum of population growth. Demography 8: 71-80.

Keynes, John Maynard (1937): Some Economic Consequences of a Declining Population. The Eugenics Review XXIX/1: 13-17.

Kistler, Ernst (2002) Humankapital und langfristige Arbeitsmarktperspektiven. BRAIN – Das Informationsmagazin der Berufsakademie Heidenheim zum Studienjahr 2002/2003: 4-6.

Klages, Helmut (1988): Wertedynamik. Über die Wandelbarkeit des Selbstverständlichen. Zürich.

Klocke, Andreas u. Klaus Hurrelmann (Hg.) (2001): Kinder und Jugendliche in Armut: Umfang, Auswirkungen und Konsequenzen. Opladen.

Klös, Hans-Peter u. Reinhold Weiß (Hg.) (2003): Bildungs-Benchmarking Deutschland. Was macht ein effizientes Bildungssystem aus? Köln.

Knudsen, Lisbeth B. (2002): Induced Abortion and Family Formation in Europe, in: Kaufmann u. a. (Hg.) (2002), 217-251.

Koch, Heleni (1988): Bevölkerung und Neuerungsaktivität. Auswirkungen demographischer Faktoren auf Invention und Innovation (Ifo-Studien zur Bevölkerungsökonomie 5). Ifo-Institut für Wirtschaftsforschung e. V., München.

Köchling; Annegret u. a. (Hg.) (2000): Innovation und Leistung mit älterwerdenden Belegschaften. München u. Mering.

Kohli, Martin (1989): Moralökonomie und Generationenvertrag, in: Max Haller u. a. (Hg.): Kultur und Gesellschaft. Verhandlungen des 24. Deutschen Soziologentages, des 11. Österreichischen Soziologentages und des 8. Kongresses der Schweizerischen Gesellschaft für Soziologie in Zürich 1988. Frankfurt a. M., 532-555.

Kohli, Martin (2002): Generationengerechtigkeit ist mehr als Rentenfinanzierung. Zeitschrift für Gerontologie und Geriatrie 35: 129-138.

Kohli, Martin u. Marc Szydlik (Hg.) (2000): Generationen in Familie und Gesellschaft. Opladen.

Koselleck, Reinhart u. Paul Widmer (Hg.) (1980): Niedergang. Studien zu einem geschichtlichen Thema. Stuttgart.

Kränzl-Nagl, Renate, Johanna Mierendorff u. Thomas Olk (Hg.) (2003): Kindheit im Wohlfahrtsstaat. Frankfurt a. M. u. New York.

Krebs, Angelika (2002): Wieviel Natur schulden wir der Zukunft? Eine Kritik am zukunftsethischen Egalitarismus, in: Dieter Birnbacher u. Gerd Brudermüller (Hg.) (2002), 157-183.

Kreisky, Eva, Sabine Lang u. Birgit Sauer (Hg.) (2001): EU – Geschlecht – Staat. Wien.

Krug, Walter (1967): Quantitative Beziehungen zwischen materiellem und immateriellem Kapital. Jahrbücher für Nationalökonomie und Statistik 180: 36-71.

Krüger, Jürgen (1996): Generationensolidarität oder Altenmacht – Was trägt (künftig) den Generationenvertrag? Zur politischen Soziologie der staatlichen Alterssicherung. Zeitschrift für Sozialreform 42: 625-656.

Krüsselberg, Hans-Günter (2002): Ökonomische Analyse der werteschaffenden Leistungen von Familie im Kontext von Wirtschaft und Gesellschaft – mit Schlußfolgerung und Überleitung, in: ders. u. Heinz Reichmann (Hg.): Zukunftsperspektive Familie und Wirtschaft. Vom Wert von Familie für Wirtschaft, Staat und Gesellschaft. Grafschaft, 87-130.

Kuijsten, Anton (2002): Variation and Change in the Forms of Private Life in the 1980s, in: Franz-Xaver Kaufmann u. a. (Hg.) (2002), 19-68.

Künzler, Jan (2002): Paths Towards a Modernization of Gender Relations, Policies, and Family Building, in: Franz-Xaver Kaufmann u. a. (Hg.) (2002), 252-298.

Kuller, Christiane (2004): Familienpolitik im föderativen Sozialstaat. Die Formierung eines Politikfeldes in der Bundesrepublik 1949-1975. München.

Lampert, Heinz (1996): Priorität für die Familie. Plädoyer für eine rationale Familienpolitik. Berlin.

Lehr, Ursula (2003): Die Jugend von gestern – und die Senioren von morgen. Aus Politik und Zeitgeschichte B 30/2003: 3-5.

Leienbach, Volker (Red.) (1984): Entwicklung des Gesundheitswesens bei schrumpfender Bevölkerung (Schriftenreihe der Gesellschaft für Versicherungswissenschaft und -gestaltung Nr. 7). Köln.

Leipert, Christian (Hg.) (2003): Demographie und Wohlstand. Neuer Stellenwert für Familie in Wirtschaft und Gesellschaft. Opladen.

Leisering, Lutz (1992): Sozialstaat und demographischer Wandel. Frankfurt a. M. u. New York.

Leisering, Lutz (2000): Wohlfahrtsstaatliche Generationen, in: Martin Kohli u. Marc Szydlick (Hg.): Generationen in Familie und Gesellschaft. Opladen, 59-76.

Lengerer, Andrea (2004): Familienpolitische Regimetypen in Europa und ihre Bedeutung für den Wandel der Familie. Zeitschrift für Bevölkerungswissenschaft 29/1: 99-121.

Lewis, Jane (Hg.) (1993): Women and Social Policies in Europe. Work, Family, and the State. Aldershot.

Lewontin, Richard C. (1968): The Concept of Evolution, in: International Ecyclopedia of the Social Sciences, Vol. 5, 202-210.

Linde, Hans (1984): Theorie der säkularen Nachwuchsbeschränkung 1800-2000. Frankfurt a. M. u. New York.

Linder, Peter (1982): Aufwendungen für die nachwachsende und ältere Generation und Auswirkungen der demographischen Entwicklung. Baden-Württemberg in Wort und Zahl 30: 282-287, 314-321.

Lipp, Wolfgang (1988): Biologische Kategorien auf dem Vormarsch? Herausforderung und Aufgabe einer künftigen Soziologie. Würzburg.

List, Friedrich (1927): Das natürliche System der politischen Ökonomie (1837). Berlin.

List, Friedrich (1930): Das nationale System der politischen Ökonomie (1841). 5. Aufl. Jena.

Loeffelholz, Hans Dietrich von u. Dietrich Thränhardt (1996): Kosten der Nichtintegration ausländischer Zuwanderer. Hg. vom Ministerium für Arbeit, Gesundheit und Soziales des Landes Nordrhein-Westfalen. Düsseldorf.

Lotka, Alfred. J. (1939): Théorie analytique des associations biologiques, IIème partie: Analyse démographique avec application particulière à l'espèce humaine. Paris.

Lüscher, Kurt (1977): Sozialpolitik für das Kind, in: Christian von Ferber und Franz-Xaver Kaufmann (Hg.): Soziologie und Sozialpolitik (Sonderheft 19 der Kölner Zeitschrift für Soziologie und Sozialpsychologie). Opladen, 591-628.

Lüscher, Kurt (Hg.) (1979): Sozialpolitik für das Kind. Stuttgart.

Lüscher, Kurt (1991) Widersprüchliche Vielfalt – Neue Perspektiven zum juristischen und soziologischen Verständnis von Ehe und Familie, in: Bitburger Gespräche – Jahrbuch 2001. München,15-37.

Lüscher, Kurt (2001): Soziologische Annäherungen an die Familie. Zeitschrift für Bevölkerungswissenschaft 26: 173-201.

Lüscher, Kurt (2003): Warum Familienpolitik? Argumente und Thesen zu ihrer Begründung. Hg. von der Eidgenössischen Koordinationskommission für Familienfragen. Bern.

Lüscher, Kurt (2005): Ambivalenz – Eine Annäherung an das Problem der Generationen, in: Ulrike Jureit u. Michael Wildt (Hg.): Generationen. Hamburg (im Druck).

Lüthy, Herbert (1954): Frankreichs Uhren gehen anders. Zürich.

Luhmann, Niklas (1990): Sozialsystem Familie, in: ders. (Hg.): Soziologische Aufklärung 5: Konstruktivistische Perspektiven. Opladen, 196-217.

Luhmann, Niklas (1991): Das Kind als Medium der Erziehung. Zeitschrift für Pädagogik 37: 19-40.

Luhmann, Niklas (1997): Die Gesellschaft der Gesellschaft, 2 Halbbd. Frankfurt a. M.

Luptácik, Mikulás (1988): Der Bevölkerungsfaktor in der Wirtschaftstheorie – Literaturüberblick, in: Günther Chaloupek u. a. (Hg.): Bevölkerungsrückgang und Wirtschaft. Szenarien bis 2051 für Österreich. Heidelberg, 17-70.

Lutz, Wolfgang, Warren C. Sanderson u. Sergei Scherbov (2004): The End of World Population Growth in the 21st Century. New Challenges for Human Capital Formation and Sustainable Development. London u. Sterling, VA.

Mackenroth, Gerhard (1952): Die Reform der Sozialpolitik durch einen deutschen Sozialplan. Verhandlungen auf der Sondertagung des Vereins für Sozialpolitik – Gesellschaft für Wirtschafts- und Sozialwissenschaften in Berlin 1952 (Schriften des Vereins für Sozialpolitik N. F. Bd. 4). Berlin, 39-76.

Mackenroth, Gerhard (1953): Bevölkerungslehre – Theorie, Soziologie und Statistik der Bevölkerung. Berlin u. a.

Mackensen, Rainer (1989): Bevölkerungssoziologie, in: Günter Endruweit u. Gisela Trammsdorff (Hg.): Wörterbuch der Soziologie. Stuttgart, Bd. 1, 71-81.

Mackensen, Rainer (2000): Nachwuchsbeschränkung: Ansatz, Theorie und Methode bei Hans Linde. Zeitschrift für Bevölkerungswissenschaft 25: 291-325.

Mackensen, Rainer (Hg.) (2004): Bevölkerungslehre und Bevölkerungspolitik im »Dritten Reich«. Opladen.

Mai, Ralf (2004): Abwanderung aus Ostdeutschland. Frankfurt a. M.

Mannheim, Karl (1964): Das Problem der Generationen (1928), in: ders. (Hg.): Wissenssoziologie – Auswahl aus dem Werk. Neuwied, 509-565.

Marshall, Thomas H. (1992): Bürgerrechte und soziale Klassen. Zur Soziologie des Wohlfahrtsstaates. Frankfurt a. M. u. New York.

Mayer, Karl Ulrich (1989): Bevölkerungswissenschaft und Soziologie, in: Rainer Mackensen u. a. (Hg.): Bevölkerungsentwicklung und Bevölkerungstheorie in Geschichte und Gegenwart. Frankfurt a. M. u. New York, 255-280.

Mayer, Susanne (2002): Deutschland armes Kinderland. Wie die Egogesellschaft unsere Zukunft verspielt. Frankfurt a. M.

Mayer, Tilman (1999): Die demographische Krise. Eine integrative Theorie der Bevölkerungsentwicklung. Frankfurt a. M. u. New York.

McDaniel, Susan A. (2004): Generationing gender: Justice and the division of welfare. Journal of Aging Studies, Special Issue: »New Directions in Feminist Gerontology«, 18(1): 27-44.

McIntosh, C. Alison (1983): Population Policy in Western Europe: Responses to Low Fertility in France, Sweden and West Germany. New York.

Miegel, Meinrad u. Stefanie Wahl (1994): Das Ende des Individualismus. Die Kultur des Westens zerstört sich selbst. München u. a.

Miegel, Meinrad (2003): Die deformierte Gesellschaft. Wie die Deutschen ihre Wirklichkeit verdrängen. München.

Miller, Andreas (1962): Kultur und menschliche Fruchtbarkeit. Stuttgart.

Mohr, Hans (1997): Die Bedeutung des Sozialkapitals. In: Günter Clar, Julia Doré u. Hans Mohr (Hg.) (1997), 97-101.

Mühlfeld, Claus u. F. Schönweiss (1989): Nationalsozialistische Familienpolitik. Stuttgart.

Müller, Albrecht (2004): Die Reformlüge. 40 Denkfehler, Mythen und Legenden, mit denen Politik und Wirtschaft Deutschland ruinieren. München.

Mueller, Dennis C. (2002): The Political Economy of Aging Societies (mit Kommentaren von Jens Weidmann u. Dieter Ohr), in: Horst Siebert (Hg.): Economic Policy for Aging Societies. Heidelberg, 269-302.

Münch, Ursula (1990): Familienpolitik in der Bundesrepublik Deutschland. Maßnahmen, Defizite, Organisation familienpolitischer Staatstätigkeit. Freiburg i. Br.

Münch, Ursula (2005): Familienpolitik, in: Geschichte der Sozialpolitik in der Bundesrepublik Deutschland. Hg. vom Bundesministerium für

Arbeit und Sozialordnung und dem Bundesarchiv. Bundesrepublik Deutschland 1949-1957. Bd. 3, Kapitel III/10.1. Baden-Baden (im Druck).

Münz, Rainer, Wolfgang Seifert u. Ralf Ulrich (1999): Zuwanderung nach Deutschland. Strukturen, Wirkungen, Perspektiven. 2. Aufl., Frankfurt a. M.

Myrdal, Alva (1947): Nation and Family: The Swedish experiment in democratic family and population policy. London.

Myrdal, Alva u. Gunnar (1934): Kris i Befolkningsfrågan. Stockholm.

Naegele, Gerhard (1999): Demographie und Sozialepidemiologie – Zur These vom demographisch bedingten Anstieg der Gesundheitsausgaben, in: Gerhard Igl u. Gerhard Naegele (Hg.): Perspektiven einer sozialstaatlichen Umverteilung im Gesundheitswesen. München, 63-85.

Nagler, Heinz, Riklef Rambow u. Ulrike Sturm (Hg.) (2004): Der öffentliche Raum in Zeiten der Schrumpfung. Berlin.

Nell-Breuning, Oswald von u. Cornelius G. Fetsch (1981): Drei Generationen in Solidarität. Rückbesinnung auf den echten Schreiber-Plan. Köln.

Nellesen-Strauch, Dagmar (2003): Der Kampf um das Kindergeld. Düsseldorf.

Nerlove, Marc (1974): Towards a New Theory of Population and Economic Growth, in: Theodore W. Schultz (ed.): Economics of The Family: Marriage, Children, and Human Capital. Chicago u. London, 527-545.

Nullmeier, Frank (2004): Der Diskurs der Generationengerechtigkeit in Wissenschaft und Politik. ZeS report 9/1: 3-9.

OECD (1988): Ageing Populations. The Social Policy Implications. Paris.

OECD (1998): Maintaining Prosperity in an Ageing Society. Paris.

OECD (2000): Reforms for an Ageing Society. Paris.

Oeppen, Jim u. James W. Vaupel (2002): Broken Limits to Life Expectancy. Science 296: 1029-1031.

O'Neill, John (1994): The Missing Child in Liberal Theory. Towards a Covenant Theory of Family, Community, Welfare, and the Civic State. Toronto.

Oswalt, Philipp (Hg.) (2004): Schrumpfende Städte. Band 1: Internationale Untersuchung. Ostfildern-Ruit.

Pack, Jochen u. a. (1999): Zukunftsreport demographischer Wandel: Innovationsfähigkeit in einer alternden Gesellschaft. Bonn.

Parsche, Rüdiger u. a. (2003): Steuerlich induzierte Kinderlasten: Empirische Entwicklung in Deutschland (Ifo Forschungsberichte 19). Institut für Wirtschaftsforschung an der Universität München.

Pechstein, Matthias (1994): Familiengerechtigkeit als Gestaltungsgebot für die staatliche Ordnung (Studien und Materialien zur Verfassungsgerichtsbarkeit 59). Baden-Baden.

Pfeiffer, Friedhelm u. Martin Falk (1999): Der Faktor Humankapital in der Volkswirtschaft. Berufliche Spezialisierung und technologische Leistungsfähigkeit. Baden-Baden.

Pflüger, Friedbert (2004): Ein neuer Weltkrieg? Die islamistische Herausforderung des Westens. München.

Pfundt, Karen (2004) Die Kunst, in Deutschland Kinder zu haben. Berlin.

Pingali, P. (2001): Population and Technological Change in Agriculture, in: International Encyclopedia of the Social & Behavioral Sciences. Amsterdam, Vol. 17, 11 742-11 744.

Plünnecke, Axel u. Susanne Seyda (2004): Bildung, in: Institut der deutschen Wirtschaft (Hg.) (2004), 121-143.

Prognos A. G. (1995): Perspektiven der gesetzlichen Rentenversicherung für Gesamtdeutschland vor dem Hintergrund veränderter politischer und ökonomischer Rahmenbedingungen. Hg. vom Verband Deutscher Rentenversicherungsträger. Frankfurt a. M.

Prognos-Gutachten (1998): Auswirkungen veränderter ökonomischer und rechtlicher Rahmenbedingungen auf die gesetzliche Rentenversicherung in Deutschland. Hg. vom Verband Deutscher Rentenversicherungsträger. Frankfurt a. M.

Raffelhüschen, Bernd u. Jan Walliser (1997): Was hinterlassen wir zukünftigen Generationen? Ergebnisse der Generationenbilanzierung, in: Eckard Knappe u. Albrecht Winkler (Hg.): Sozialstaat im Umbruch. Herausforderungen an die deutsche Sozialpolitik. Frankfurt a. M. u. New York, 65-89.

Rambow, Riklef (2004): Wie es ist: Der öffentliche Raum in Zeiten der Schrumpfung, in: Heinz Nagler, Riklef Rambow u. Ulrike Sturm (Hg.) (2004), 6-16.

Rieniets, Tim (2004): Weltweites Schrumpfen, in: Philipp Oswalt (Hg.) (2004), 20-33.

Robinson, J. A. u. T. N. Srinivasan (1997): Long-Term Consequences of Population Growth: Technological Change, Natural Resources, and the Environment, in: Mark R. Rosenzweig u. Oded Stark (Hg.): Handbook of Population and Family Economics. Amsterdam u. a., Vol. 1B, 1175-1298.

Roloff, Juliane (2003): Verhalten von Frauen in West- und Ostdeutschland bei einer ungewollten Schwangerschaft und die Akzeptanz des Schwangerschaftsabbruchs – ein Zeitvergleich. Mitteilungen des Bundesinstituts für Bevölkerungsforschung 24/1: 16-20.

Romer, P. M. (1990): Endogenous technological Change. Journal of Political Economy 98/5, Part 2: 71-102.

Rosenow, Joachim, Frieder Naschold u. a. (1994): Die Regulierung von Altersgrenzen. Strategien von Unternehmen und die Politik des Staates. Berlin.

Rothenberger, Wolfgang (1995): Demoskopische Befunde zum demogra-

phischen Wandel in Deutschland, in: Hans Thomas (Hg.) (1995): Bevölkerung, Entwicklung, Umwelt. Herford, 229-254.

Rürup, Bert u. Sandra Gruescu (2003): Nachhaltige Familienpolitik im
Interesse einer aktiven Bevölkerungsentwicklung. Hg. vom Bundesministerium für Familie, Senioren, Frauen und Jugend, Berlin.

Ruland, Franz (2004): Familie und Alterssicherung. Zeitschrift für das gesamte Familienrecht 51/7: 493-500.

Samuelson, Paul Anthony (1958): An Exact Consumption-loan Model of
Interest with or without the Social Contrivance of Money. Journal of
Political Economy 66: 467-482.

Sauvy, Alfred (1948): Social and Economic Consequences of Aging of Western European Populations. Population Studies, Vol. II. No. 1.

Sauvy, Alfred (1954): Théorie générale de la population, vol. II: Biologie
sociale. Paris.

Sauvy, Alfred (1968): Population II: Population Theories, in: David L. Sills
(Hg.): International Encyclopedia of the Social Sciences. O. O., Bd. 12,
349-358.

Schader-Stiftung u. a. (Hg.) (2005): Zuwanderer in der Stadt: Empfehlungen zur stadträumlichen Integrationspolitik. Darmstadt.

Schimank, Uwe (1995): Theorien gesellschaftlicher Differenzierung. Opladen.

Schimany, Peter (2003): Die Alterung der Gesellschaft. Ursachen und Folgen des demographischen Umbruchs. Frankfurt a. M.

Schirrmacher, Frank (2004): Das Methusalem-Komplott. München.

Schmähl, Winfried (2001): Generationenkonflikte und ›Alterslast‹ – Einige
Anmerkungen zu Einseitigkeiten und verengten Perspektiven in der
wissenschaftlichen und politischen Diskussion, in: Irene Becker, Notburga Ott ù. Gabriele Rolf (Hg.): Soziale Sicherung in einer dynamischen Gesellschaft. Festschrift für Richard Hauser zum 65. Geburtstag.
Frankfurt a. M. u. New York.

Schmähl, Winfried (2003): Wem nutzt die Rentenreform? Offene und ver-
steckte Verteilungseffekte des Umstiegs zu mehr privater Altersvorsorge. Die Angestelltenversicherung 50/7: 349-363.

Schmähl, Winfried (2005): ›Generationengerechtigkeit‹ als Begründung für
eine Strategie ›nachhaltiger‹ Alterssicherung in Deutschland, in: Gerhard Huber u. a. (Hg.): Einkommensverteilung, technischer Fortschritt
und struktureller Wandel. Festschrift für Peter Kalmbach. Marburg,
441-458.

Schmähl, Winfried u. Heinz Rothgang (2004): Familie und Pflegeversicherung: Verfassungsrechtlicher Handlungsbedarf, Handlungsmöglichkeiten und ein Gestaltungsvorschlag. Zeitschrift für Wirtschaftspolitik
53: 181-191.

Schmähl, Winfried u. Volker Ulrich (Hg.) (2001): Soziale Sicherungssysteme und demographische Herausforderungen. Tübingen.

Schmidt, Renate u. Liz Mohn (Hg.) (2004): Familie bringt Gewinn. Innovation durch Balance von Familie und Arbeitswelt. Gütersloh.

Schmidt, Uwe (2002): Deutsche Familiensoziologie. Entwicklung nach dem Zweiten Weltkrieg. Wiesbaden.

Schneider, Norbert F. (1996): Bewußt kinderlose Ehepaare. Zeitschrift für Frauenforschung 14: 128-137.

Schneider, Norbert F. (2001): Alleinerziehen: Vielfalt und Dynamik einer Lebensform. München.

Schönhoven, Klaus u. Bernd Braun (Hg.) (2004): Generationen in der Arbeiterbewegung. München.

Schreiber, Wilfrid (1955): Existenzsicherheit in der industriellen Gesellschaft. Hg. vom Bund Katholischer Unternehmer (Unveränderter Neudruck 2004). Köln.

Schülein, Johann August (1990): Die Geburt der Eltern. Über die Entstehung der modernen Elternposition und den Prozeß ihrer Aneignung und Vermittlung. Opladen.

Schultheis, Franz (1988): Sozialgeschichte der französischen Familienpolitik. Frankfurt a. M. u. New York.

Schultz, Theodore W. (1986): In Menschen investieren: Die Ökonomik der Bevölkerungsqualität (engl. Berkeley 1981). Tübingen.

Schultz, Theodore W. (Hg.) (1974): Economics of the Family: Marriage, Children and Human Capital. Chicago u. London.

Schulze, Hans-Joachim (1993): Family Policy and the Autonomy of the Family: Hypotheses and Design of an Empirical Project, in: Anton Kuijsten (Hg.): Family Structure and Family Policy. Netherlands Graduate School of Research in Demography. Amsterdam.

Schulze, Hans-Joachim u. Jan Künzler (1997): Familie und Modernisierung: kein Widerspruch, in: Karl Gabriel u. a. (Hg.) (1997), 91-105.

Schulze, Hans-Joachim u. Hartmann Tyrell (2002): What Happened to the European Family in the 1980s? The Polarization Between the Family and other Forms of Private Life, in: Franz-Xaver Kaufmann u. a. (Hg.) (2002), 69-119.

Schwarz, Karl (1987): Demographische Wirkungen der Familienpolitik in Bund und Ländern nach dem Zweiten Weltkrieg. Zeitschrift für Bevölkerungswissenschaft 13: 409-450.

Schwarz, Karl (1991): Kinderzahl der Frauen der Geburtsjahrgänge 1865-1955. Zeitschrift für Bevölkerungswissenschaft 17: 149-157.

Schwarz, Karl (1997): 100 Jahre Geburtenentwicklung. Zeitschrift für Bevölkerungswissenschaft 22: 481-491.

Schwarz, Karl (1999): Bedeutung des Haushaltseinkommens für die Zahl der Kinder der Ehen mit abgeschlossener Familienbildung in den alten Bundesländern. Zeitschrift für Bevölkerungswissenschaft 24: 365-370.

Schwarz, Karl (1999a): Rückblick auf eine demographische Revolution. Zeitschrift für Bevölkerungswissenschaft 24: 228-279.

Schwarz, Karl (2001): Bericht 2000 über die demographische Lage in Deutschland. Zeitschrift für Bevölkerungswissenschaft 26: 3-54.

Schwarz, Karl (2003): Betrachtungen eines Demographen zu Ehe und Familie um das Jahr 2000. Zeitschrift für Bevölkerungswissenschaft 28: 423-442.

Siebert, Horst (2002): Economic Perspectives for Aging Societies – The Issues, in: ders. (Hg.): Economic Policy for Aging Societies. Heidelberg, 1-6.

Sikora, R. I. u. Brian Barry (Hg.) (1978): Obligations to Future Generations. Philadelphia.

Simm, Regina (1987): Partnerschaftsdynamik und Familienentwicklung. Materialien des Instituts für Bevölkerungsforschung und Sozialpolitik (IBS) der Universität Bielefeld, Bd. 25.

Simon, Julian L. (1983): The Present Value of Population Growth in the Western World. Population Studies 37: 5-21.

Simon, Julian L. (1984): Research on Population and Productivity Growth, in: Gunter Steinmann (Hg.): Economic Consequences of Population Change in Industrialized Countries. Heidelberg, 50-57.

Singer, Wolf (2002): Was kann ein Mensch wann lernen? Frühe Kindheit 5/1: 4-9.

Sinn, Hans-Werner (2003): Das demographische Defizit. Die Fakten, die Folgen, die Ursachen und die Politikimplikationen, in: Christian Leipert (Hg.): Demographie und Wohlstand. Opladen, 57-88.

Sinn, Hans-Werner (2003 a): Ist Deutschland noch zu retten? München.

Sinn, Hans-Werner, u. a. (2001): EU-Erweiterung und Arbeitskräftemigration: Wege zu einer schrittweisen Annäherung des Arbeitsmarktes (Ifo Beiträge zur Wirtschaftsforschung 2). München.

Skirbekk, Vegard (2004): Age and Individual Productivity: A Literature Survey. Vienna Yearbook of Population Research 2004, 133-153.

Sommer, Bettina (2001): Entwicklung der Bevölkerung bis 2050. Ergebnisse der 9. koordinierten Bevölkerungsvorausberechnung des Bundes und der Länder. Wirtschaft und Statistik 2001/1: 22-29.

Spektorowski, Alberto (2004): The Eugenic Temptation in Socialism: Sweden, Germany, and the Sowjet Union (Comparative Studies in Society and History 46/1). Cambridge/Mass.

Statistisches Bundesamt (Hg.) 1995: Im Blickpunkt: Familien heute. Stuttgart.

Statistisches Bundesamt (2000): Bevölkerungsentwicklung Deutschlands bis zum Jahr 2050. Ergebnisse der 9. koordinierten Bevölkerungsvorausberechnung. Wiesbaden.

Statistisches Bundesamt (2003): Bevölkerung Deutschlands bis 2050. 10. koordinierte Bevölkerungsvorausberechnung. Wiesbaden.

Statistisches Bundesamt (2003 a): Kinder in der Sozialhilfe 2001. Wiesbaden.

Steinmann, Gunter (1986): Bevölkerungsentwicklung und technischer Fortschritt, in: Bernhard Felderer (Hg.): Beiträge zur Bevölkerungsökonomie (Schriften des Vereins für Sozialpolitik N. F. Bd. 153). Berlin, 85-115.

Stichweh, Rudolf (2000): Zur Theorie der politischen Inklusion, in: Klaus Holz (Hg.) (2000), 159-170.

Stiftung für die Rechte zukünftiger Generationen (Hg.) (2003): Handbuch Generationengerechtigkeit. München.

Strohmeier, Klaus Peter (1988): Geburtenrückgang als Ausdruck von Gesellschaftswandel. Soziologische Erklärungsversuche der Bevölkerungsentwicklung in der Bundesrepublik, in: Bevölkerungsentwicklung und Bevölkerungspolitik in der Bundesrepublik. Stuttgart, 55-83.

Strohmeier, Klaus Peter (1991): Die Polarisierung der Lebensformen in der Bundesrepublik Deutschland: Neue Probleme der Stadtpolitik, in: Bernhard Blanke (Hg.): Staat und Stadt. Opladen, 177-209.

Strohmeier, Klaus Peter (2002): Family Policy – How Does it Work? in: Franz-Xaver Kaufmann, Anton Kuijsten, Hans-Joachim Schulze u. Klaus Peter Strohmeier (Hg.) (2002), 321-362.

Strohmeier, Klaus Peter u. Annett Schulz (2004): Familienforschung für die Familienpolitik? Expertise zu Händen des Ministeriums für Gesundheit, Soziales, Frauen und Familie des Landes Nordrhein-Westfalen. Manuskript Fakultät für Sozialwissenschaft, Ruhr Universität Bochum, November 2004.

Strulik, Torsten (2004): Nichtwissen und Vertrauen in der Wissensökonomie. Frankfurt a. M. u. New York.

Suhr, Dieter (1988): Gleiche Freiheit. Allgemeine Grundlagen und Reziprozitätsdefizite in der Geldwirtschaft. Augsburg.

Suhr, Dieter (1990): Transferrechtliche Ausbeutung und verfassungsrechtlicher Schutz von Familien, Müttern und Kindern. Der Staat 29: 69-86.

Surkyn, Johan u. Ron Lesthaeghe (2004): Wertorientierungen und die ›second demographic transition‹ in Nord-, West- und Südeuropa. Eine aktuelle Bestandsaufnahme. Zeitschrift für Bevölkerungswissenschaft 29/1: 63-98.

Szydlik, Marc (2000): Lebenslange Solidarität? Generationenbeziehungen zwischen erwachsenen Eltern und Kindern. Opladen.

Tabah, Léon (1988): The Demographic and Social Consequences of Demographic Aging, in: United Nations, Department of International Economic and Social Affairs: Economic and Social Implications of Population Aging. New York, 121-144.

Teitelbaum, Michael S. (2001): Population Pressure, Resources and the Environment: Industrialized World, in: International Encyclopedia of the Social & Behavioral Sciences. Amsterdam, Vol. 17, 11 805-11 809.

Teitelbaum, Michael S. u. Jay M. Winter (1985): The Fear of Population Decline. Orlando u. London.

Tettinger, Peter J. (2001): Der grundgesetzlich gewährleistete besondere Schutz von Ehe und Familie, in: Ehe und Familie unter veränderten gesellschaftlichen Rahmenbedingungen (Essener Gespräche zum Thema Staat und Kirche 35). Münster, 117-153.

Tinbergen, Jan (1942): Zur Theorie der langfristigen Wirtschaftsentwicklung. Weltwirtschaftliches Archiv 55: 511-549.

Torremocha, Isabel Madruga (2002): Lone-Parenthood and Social Policies for Lone-parent Families in Europe, in: Franz-Xaver Kaufmann u. a. (Hg.) (2000), 175-216.

Tremmel, Jörg (2003): Generationengerechtigkeit – Versuch einer Definition, in: Stiftung für die Rechte zukünftiger Generationen (Hg.): Handbuch Generationengerechtigkeit. 2. Aufl. München, 27-78.

Ullrich, Carsten G. (2000): Die soziale Akzeptanz des Wohlfahrtsstaates: Ergebnisse, Kritik und Perspektiven einer Forschungsrichtung. Soziale Welt 51: 131-152.

United Nations (1953): The Determinants and Consequences of Population Trends. New York.

United Nations (1956): The Aging of Populations and Its Economic and Social Implications. New York.

United Nations (1988): Economic and Social Implications of Population Aging. Proceedings of the International Symposium on Population Structure and Development, Tokyo, 10-12 September 1987. New York.

United Nations (2001): World Population Prospects – The 2000 Revision, Highlights. New York.

Van de Kaa, Dirk (1987): Europe's Second Demographic Transition. Population Studies Vol. 42, No. 1. Washington DC.

Verdoorn, P. J. (1956): Complementarity and Long-Range Projections. Econometrica 24: 429-450.

Vogel, Dita (1996): Zuwanderung und Sozialstaat. Frankfurt a. M.

Wagner, Adolf (1988): Die Auswirkungen der Bevölkerungsentwicklung auf Wirtschaftswachstum und Beschäftigung, in: Ivar Cornelius (Hg.): Bevölkerungsentwicklung und Bevölkerungspolitik in der Bundesrepublik. Stuttgart, 103-115.

Weinert, Franz E. (1992): Altern in psychologischer Perspektive, in: Paul B. Baltes u. Jürgen Mittelstrass (Hg.): Zukunft des Alterns und gesellschaftliche Entwicklung. Berlin, 180-203.

Weinert, Franz E. (1997): Grenzen der Entwicklung des Humankapitals aus der Sicht der psychologischen Lerntheorie, in: Günter Clar, Julia Doré u. Hans Mohr (Hg.) (1997), 137-156.

Weisser, Gerhard (1956): Distribution II Politik, in: Handwörterbuch der Sozialwissenschaften. Göttingen u. a., Bd. 2, 635-654.

Wenig, Alois (1985): Übervölkerung – eine Kriegsursache? Kyklos 38: 365-391.

Wessig, Kerstin (2003): Die Ganztagsschule: Mehr Leben in der Schule –

mehr Schule im Leben? In: Hessische Staatskanzlei (Hg.) (2003), 365-378.

Wettig-Danielsmeier, Inge u. Ruth Winkler (Hg.) (1987): Frauenerwerbsarbeit – Fallstrick oder Lebensperspektive? Marburg.

Wiesner, Reinhard (2003): Die rechtliche Stellung von Kindern im Sozialstaat, in: Renate Kränzl-Nagl, Johanna Mierendorff u. Thomas Olk (Hg.) (2003), 153-182.

Williams, Fiona (2004): Rethinking Families. London.

Williamson, Oliver E. (1975): Markets and Hierarchies. New York u. London.

Wingen, Max (1994): Zur Theorie und Praxis der Familienpolitik. Frankfurt a. M.

Wingen, Max (1997): Familienpolitik. Grundlagen und aktuelle Probleme. Stuttgart.

Wingen, Max (2003): Bevölkerungsbewußte Familienpolitik: Grundlagen, Möglichkeiten und Grenzen. Wien.

Wingen, Max (2004): Die Geburtenkrise ist überwindbar: Wider die Anreize zum Verzicht auf Nachkommenschaft. Grafschaft.

Wissenschaftlicher Beirat für Familienfragen (1979): Leistungen für die nachwachsende Generation in der Bundesrepublik Deutschland. Schriftenreihe des Bundesministeriums für Jugend. Familie und Gesundheit, Bd. 73. Stuttgart.

Wissenschaftlicher Beirat für Familienfragen (1998): Kinder und ihre Kindheit in Deutschland. Eine Politik für Kinder im Kontext von Familienpolitik. Schriftenreihe des Bundesministeriums für Familie, Senioren, Frauen und Jugend, Bd. 154. Stuttgart.

Wissenschaftlicher Beirat für Familienfragen (2001): Gerechtigkeit für Familien. Zur Begründung und Weiterentwicklung des Familienlasten- und Familienleistungsausgleichs. Schriftenreihe des Bundesministeriums für Familie, Senioren, Frauen und Jugend, Bd. 202. Stuttgart.

Wöhlke, Manfred, Charlotte Höhn u. Susanne Schmid (2004): Demographische Entwicklung in und um Europa – Politische Konsequenzen. Baden-Baden.

Wolf, Jürgen u. Martin Kohli (1998): Die politische Macht der Älteren und der Generationenkonflikt, in: Wolfgang Clemens u. Gertrud Backes (Hg.) (1998), 147-169.

World Bank (1994): Averting the Old Age Crisis: Policies to Protect the Old and Promote Growth. New York.

Zacher, Hans F. (2004): Das soziale Staatsziel, in: Josef Isensee u. Paul Kirchhof (Hg.): Handbuch des Staatsrechts, 3. Aufl. Heidelberg, Band II: Verfassungsstaat, 659-784.

Zapf, Wolfgang (1984): Welfare Production: Public versus Private. Social Indicators Research 14: 263-274.

Zimmermann, Klaus F. (1986): Die ökonomische Theorie der Familie, in:

Bernhard Felderer (Hg.): Beiträge zur Bevölkerungsökonomie (Schriften des Vereins für Sozialpolitik N. F. Bd. 153). Berlin, 11-63.

Zimmermann, Klaus F. (Hg.) (2003): Reformen – jetzt! So geht es mit Deutschland wieder aufwärts. Wiesbaden.

Zukunftskommission Gesellschaft 2000 der Landesregierung Baden-Württemberg (1999): Solidarität und Selbstverantwortung. Von der Risikogesellschaft zur Chancengesellschaft. Bericht und Empfehlungen. Stuttgart.

Verzeichnis der Abbildungen und Tabellen

edition suhrkamp
»Kultur und Konflikt«

Unter dem Titel »Kultur und Konflikt« ist 1994 eine Publikationsreihe des Forschungsschwerpunktes in der *edition suhrkamp* eröffnet worden, die von Wilhelm Heitmeyer, Günter Albrecht, Otto Backes und Rainer Dollase herausgegeben wird.

Das Gewalt-Dilemma. Gesellschaftliche Reaktionen auf fremdenfeindliche Gewalt und Rechtsextremismus. Herausgegeben von Wilhelm Heitmeyer. es 1905. 464 Seiten

Die bedrängte Toleranz. Ethnisch-kulturelle Konflikte, religiöse Differenzen und die Gefahren politisierter Gewalt. Herausgegeben von Wilhelm Heitmeyer und Rainer Dollase in Zusammenarbeit mit Johannes Vossen. es 1979. 507 Seiten

Bundesrepublik Deutschland: Auf dem Weg von der Konsens- zur Konfliktgesellschaft. Herausgegeben von Wilhelm Heitmeyer. Zwei Bände in Kassette. es 2004 und es 2034. 1138 Seiten

Verlockender Fundamentalismus. Türkische Jugendliche in Deutschland. Von Wilhelm Heitmeyer, Jochen Müller und Helmut Schröder. es 1767. 277 Seiten

Die Krise der Städte. Analysen zu den Folgen desintegrativer Stadtentwicklung für das ethnisch-kulturelle Zusammenleben. Herausgegeben von Wilhelm Heitmeyer, Rainer Dollase und Otto Backes. es 2036. 470 Seiten

NF 316/1/11.00

Die Bindung der Unverbindlichkeit. Mediatisierte Kommunikation in modernen Gesellschaften. Von Uwe Sander. es 2042. 297 Seiten

Politisierte Religion. Ursachen und Erscheinungsformen des modernen Fundamentalismus. Herausgegeben von Heiner Bielefeldt und Wilhelm Heitmeyer. es 2073. 494 Seiten

Schattenseiten der Globalisierung. Rechtsradikalismus, Rechtspopulismus und separatistischer Regionalismus in westlichen Demokratien. Herausgegeben von Dieter Loch und Wilhelm Heitmeyer. es 2093. 544 Seiten

NF 316/2/11.00